012 sports

いちばんわかりやすい
テーピング
図解テクニック

テーピングアドバイザー　齋藤 隆正 著

いちばんわかりやすい

テーピング 図解テクニック

C・O・N・T・E・N・T・S

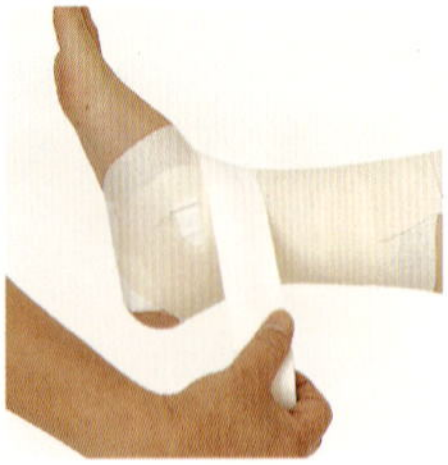
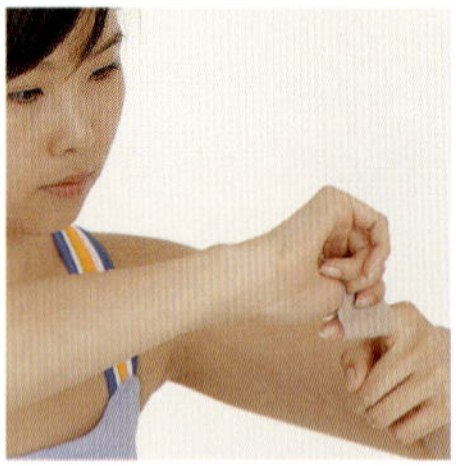
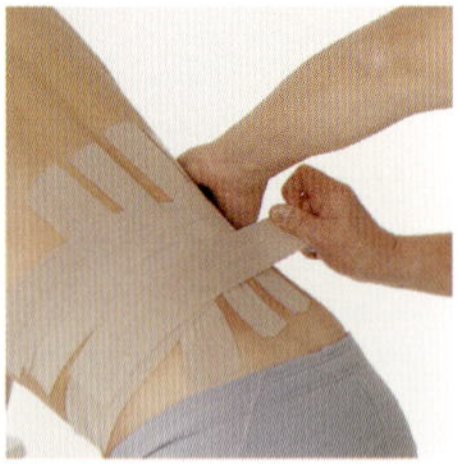

Main chapter

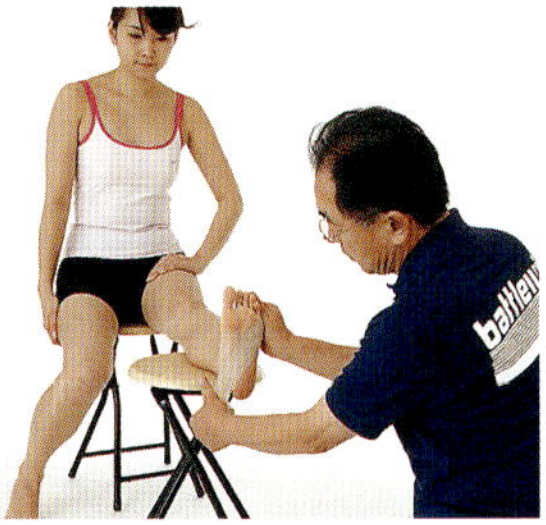

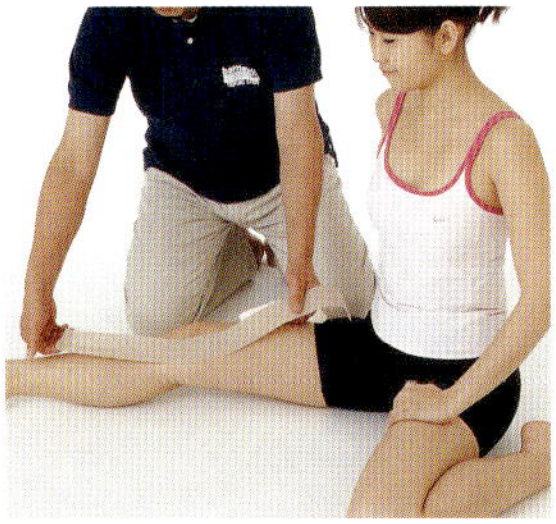

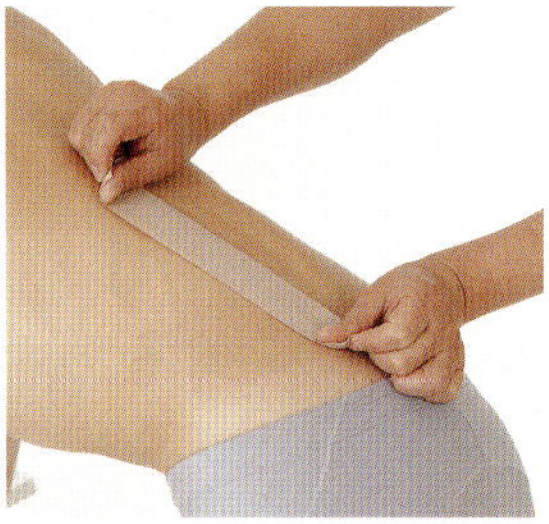

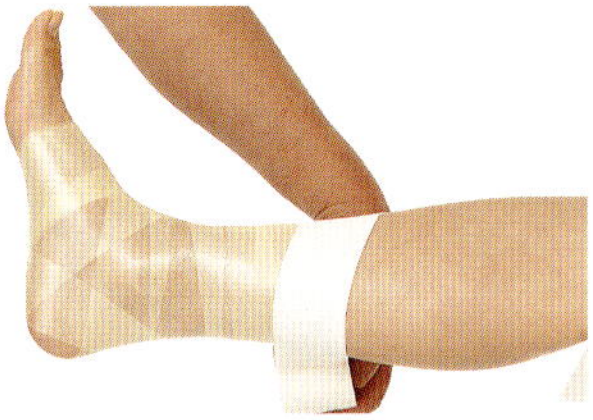

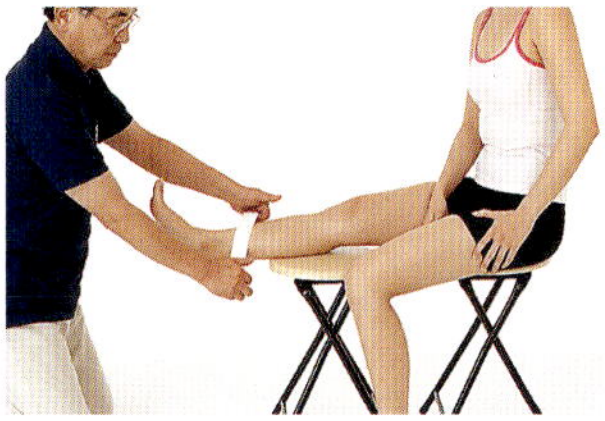

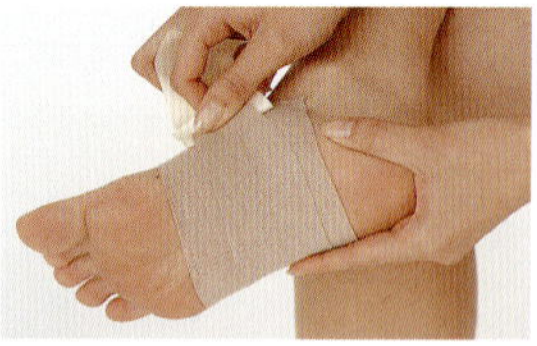

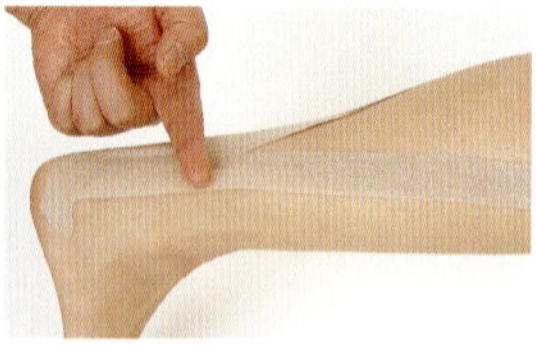

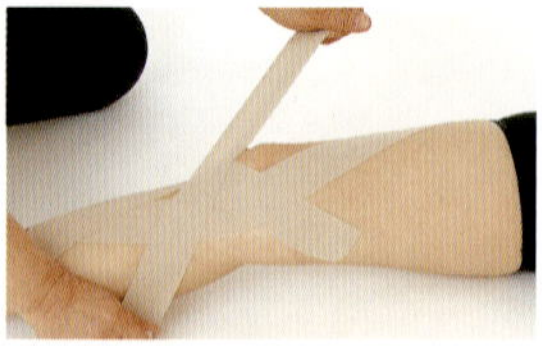

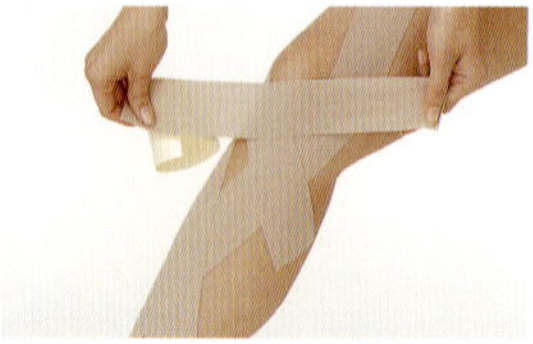

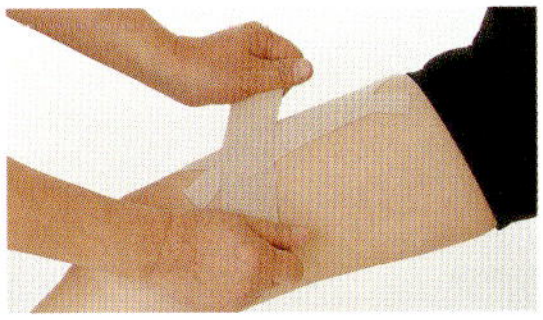

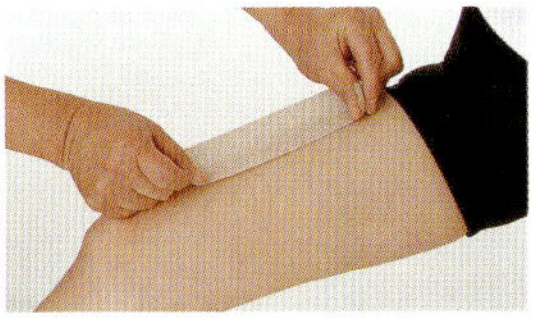

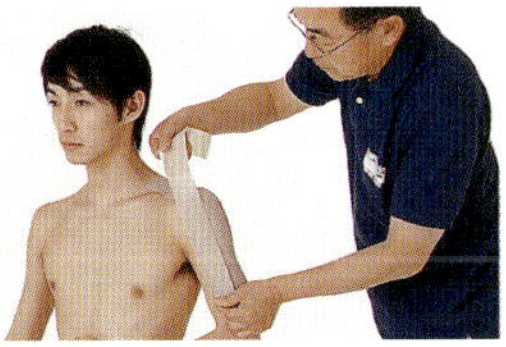

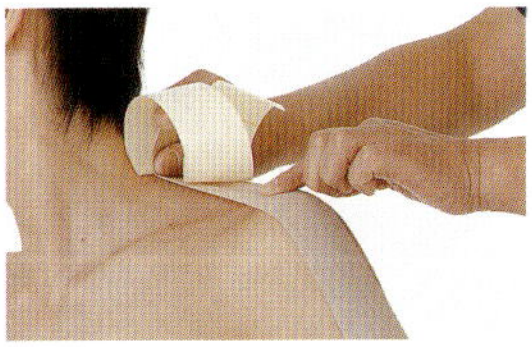

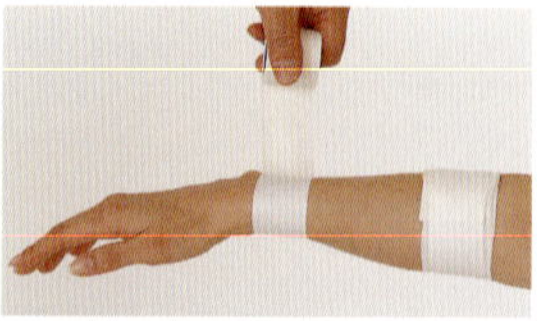

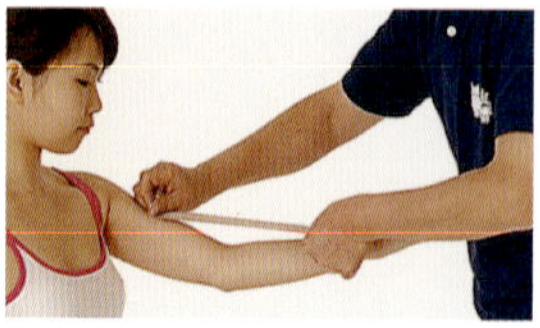

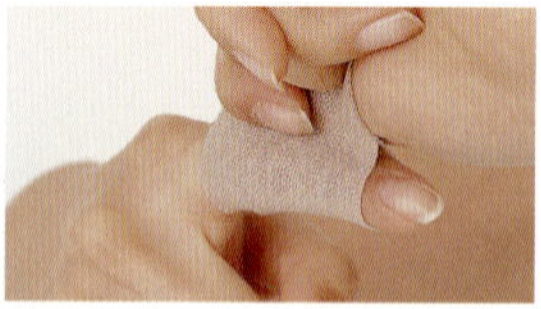

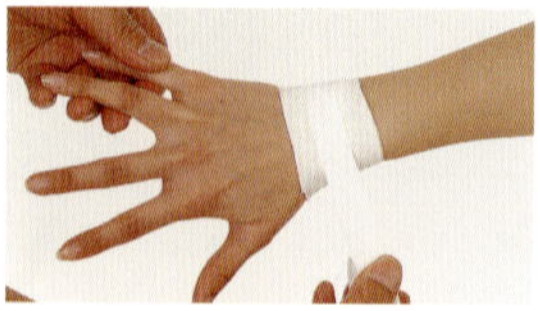

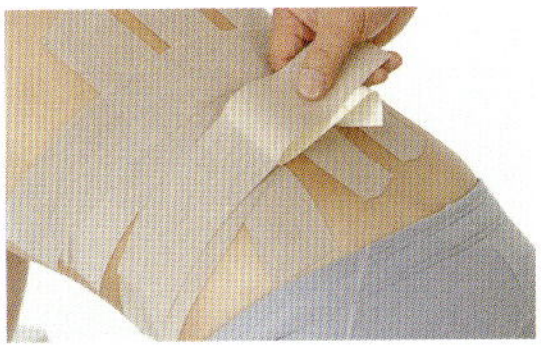

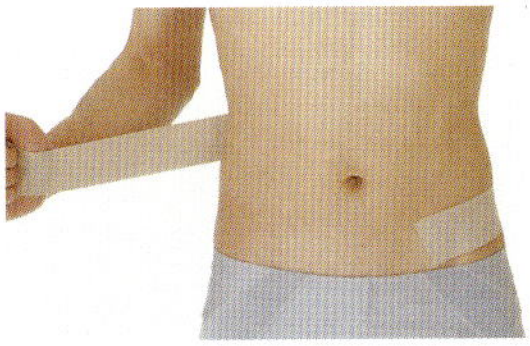

本書の見方と特長

全体のポイントをピックアップ!

その部位のテーピングのポイントをダイジェストで解説!

その部位に多い傷害を紹介!

テープの巻き方・貼り方を具体的に紹介!

部位別テーピングテクニック

足関節(足首) 足首を内側にひねる 内反ねんざが圧倒的に多い

Point
- ひねると痛い方向と反対方向にテープで引っ張る。
- 基本になる「アンカー」は足首を直角にした状態で巻く。

足関節に多い傷害 **足首を内側にひねる「内反《ないはん》ねんざ」が大半**

足関節を痛める場合の多くは、足首を内側にひねる「内反ねんざ」です。足首を内側にひねると外側の靱帯《じんたい》(骨と骨とをつなぐひも状の繊維《せんい》)が伸びたり、損傷《そんしょう》したりして足関節が痛みます。

外側にひねって内側の靱帯を痛める「外反《がいはん》ねんざ」も起こりますが、人体の構造上、足首は外側にはひねりにくいため、内反ねんざに比べるとごくわずかです。

内反ねんざは運動中はもちろん、歩いたりちょっと走ったときなど、日常生活でよく起こります。

「内反ねんざ」を起こしやすいケース

テーピングのポイント **「内反ねんざ」ではテープを外側に引っ張るように巻く**

テーピングの基本は、痛いほうにいかないようにテープで引っ張るということで、この考え方はどの部位でも共通します。足首を内側にひねると痛いときは、内側にひねらないようにテープで外側に引っ張ればいいわけです。

外側にひねると痛い「外反ねんざ」の場合も、内反ねんざと同じように、外側に引っ張るようにテープを巻きます。内側に引っ張るように巻くと、内反ねんざを起こしやすくなるからです。

ただし、外反ねんざのときは、内反ねんざのときよりテープを軽く引っ張るように、ゆるめに巻くのがポイントです。

「内反ねんざ」のテーピングではここに注意!

「アンカー」は足首を直角にして巻く

アンカーはテーピングのベースになるテープですが、足首を直角にして筋肉に力を入れた状態で、ふくらはぎの下あたりに対して直角に巻くことがポイントです。足を太くした状態でアンカーを巻かないと、力を入れたときにきつすぎてしまうからです。

足関節だけに使うテクニックを覚える

足関節のテーピングでは、「ホースシュー」「スターアップ」「フィギュアエイト」「ヒールロック」といった、この部位だけに使う独特の巻き方があります。ともに、ひねりを防ぎ足首を安定させるためのテクニックです。

運動するときは強めに、運動後・日常時は軽めに巻く

運動するときと、運動後・日常生活、予防のときのテーピングは、当然変えなければいけませんが、基本は同じです。違うのは強度だけです。運動するときは強めに、日常生活では軽めにし、あとは運動によって強度を変えていきます。

足関節(足首) / 足底・アキレス腱 / ひざ関節 / 大腿部・下腿部 / 肩 / ひじ関節 / 手関節(手首)・手指 / 腰

具体的な症状

テープの種類と幅 アンダーラップテープ 伸縮テープ 非伸縮テープ キネシオロジーテープ

テーピングのポイントを解説!

テーピングの手順を具体的に紹介!

運動時と運動後・日常生活に分けて表示!

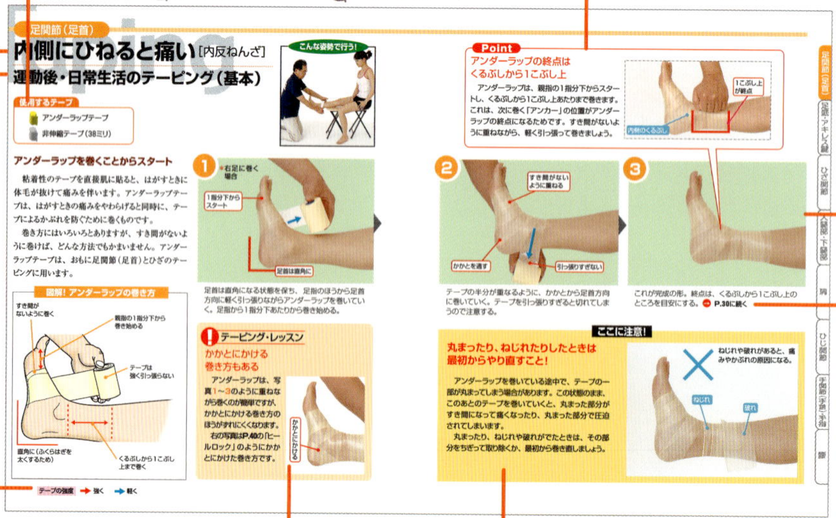

足関節(足首)

内側にひねると痛い[内反ねんざ]

運動後・日常生活のテーピング(基本)

使用するテープ
- アンダーラップテープ
- 非伸縮テープ(38ミリ)

こんな姿勢で行う!

アンダーラップを巻くことからスタート

粘着性のテープを直接肌に貼ると、はがすときに体毛が抜けて痛みを伴います。アンダーラップテープは、はがすときの痛みをやわらげると同時に、テープによるかぶれを防ぐために巻くものです。

巻き方にはいろいろとありますが、すき間がないように巻けば、どんな方法でもかまいません。アンダーラップテープは、おもに足関節(足首)とひざのテーピングに用います。

図解! アンダーラップの巻き方

テープの強度 → 強く → 軽く

1

足首は直角になる状態を保ち、足指のほうから足首方向に軽く引っ張りながらアンダーラップを巻いていく。足指から1指分下あたりから巻き始める。

テーピング・レッスン

かかとにかける巻き方もある

アンダーラップは、写真1～3のように重ねながら巻くのが簡単ですが、かかとにかける巻き方のほうがずれにくくなります。

右の写真はP.40の「ヒールロック」のようにかかとにかけた巻き方です。

Point

アンダーラップの終点はくるぶしから1こぶし上

アンダーラップは、親指の1指分下からスタートし、くるぶしから1こぶし上あたりまで巻きます。これは、次に巻く「アンカー」の位置がアンダーラップの終点になるためです。すき間がないように重ねながら、軽く引っ張って巻きましょう。

2

テープの半分が重なるように、かかとから足首方向に巻いていく。テープを引っ張りすぎると切れてしまうので注意する。

3

これが完成の形。終点は、くるぶしから1こぶし上のところを目安にする。 P.30に続く

ここに注意!

丸まったり、ねじれたりしたときは最初からやり直すこと!

アンダーラップを巻いている途中で、テープの一部が丸まってしまう場合があります。この状態のまま、このあとのテープを巻いていくと、丸まった部分がすき間になって痛くなったり、丸まった部分で圧迫されてしまいます。

丸まったり、ねじれや破れがでたときは、その部分をちぎって取り除くか、最初から巻き直しましょう。

足関節(足首) / 足底・アキレス腱 / ひざ関節 / 大腿部・下腿部 / 肩 / ひじ関節 / 手関節(手首)・手指 / 腰

次ページへ続く場合に表示!

テープを巻く強さの意味

このテーピングで知っておきたいワンポイントレッスン!

注意しなければならない点をピックアップ!

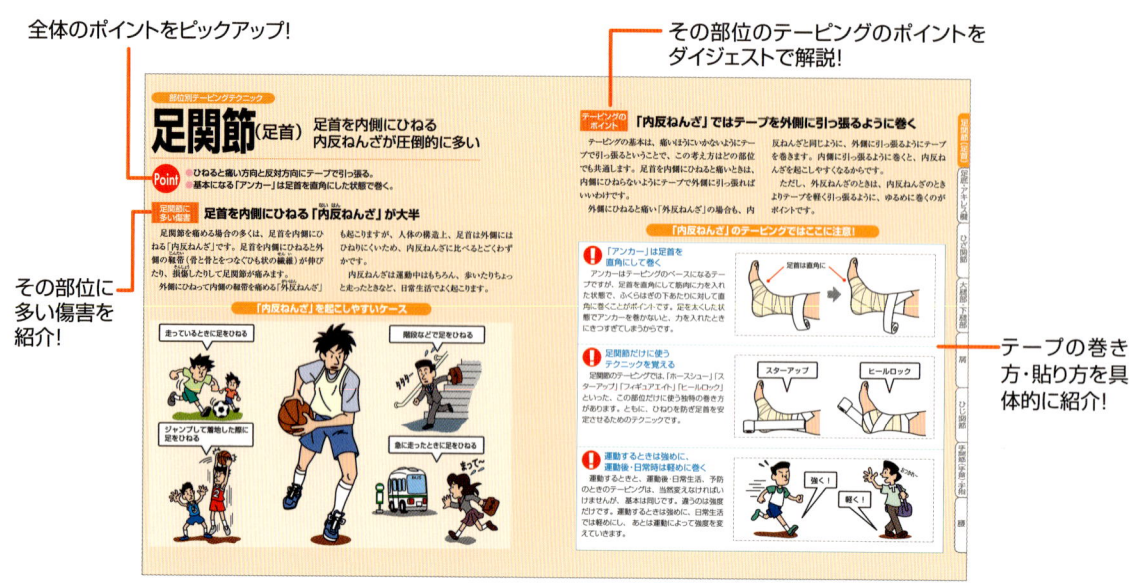

Introduction

テーピングの基礎知識

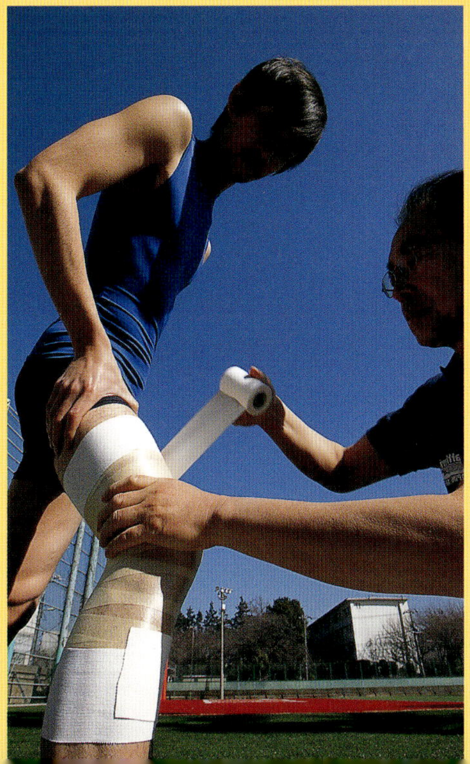

テーピングの目的

痛いほうにいかないようにテープで制限する

目的　ここ数年でテーピングの層が広がっている

テーピングというと、スポーツ選手が試合や練習のときにするものと思っている人も多いと思います。たしかに、運動する人にとってテーピングは必要不可欠なものですが、ここ数年でテーピングの層が広がってきています。

中高年の人がひざや腰の痛みをやわらげる、または予防するためにテーピングするという基本的なものから、X脚やO脚の矯正《きょうせい》まで、日常生活で起こる不快な症状の解消を目的にテーピングが普及してきています。従来からあるスポーツテーピングに加えて、生活の中までテーピングが入ってきているわけです。

また、「一度痛いめにあったから、もうやりたくない」という思いから始める再発予防のテーピングもあります。これは運動でも生活でも共通しますが、テーピングの最大の目的はあくまで「予防」ということになると思います。

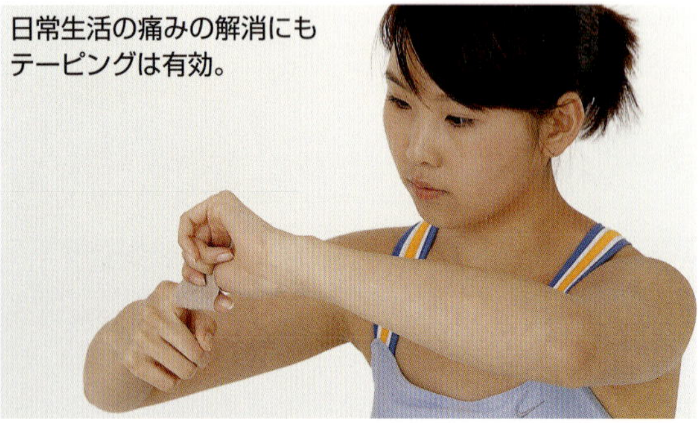
日常生活の痛みの解消にもテーピングは有効。

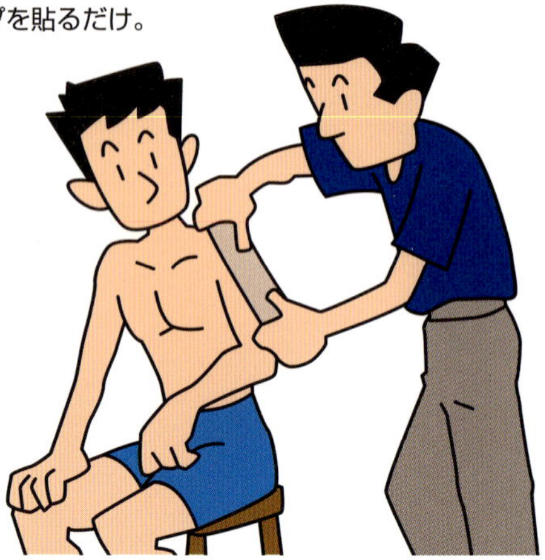
テーピングの原理は簡単。痛いほうにいかないようにテープを貼るだけ。

目的　痛い方向と反対側にテープで引っ張るだけ

テーピングは、痛い方向にいかないようにテープで動く範囲（可《か》動《どう》域《いき》）を制限するために行います。つまり、痛い方向と反対側に引っ張るようにテープを巻いたり、貼ったりすればいいのです。

たとえば、足首を内側にひねると痛い場合は、内側にひねらないように外側に引っ張るようにテープを貼ります。腕を伸ばすとひじが痛い場合は、痛いところまで伸びないように動く範囲をテープで制限すればいいわけです。

テーピングの理論はじつにシンプルです。むずかしいことではないということを、まず理解してほしいと思います。

スポーツするときのテーピング

患部をしっかり固め、短時間の運動に有効

テーピングの基礎知識

スポーツテーピング 長時間のテーピングは巻く強さを最小限にする

運動するときのテーピングは、患部をがっちり固めてほとんど動かないようにします。これがスポーツテーピングです。がっちり巻けば血行が悪くなりますので、あくまで運動する短時間だけしか使えません。長時間テーピングしたい場合は、本数を減らして巻く強さも最小限にして動く範囲を制限します。これが運動後や日常生活のテーピングです。

ただし、ケガの程度によっては、運動するときでも軽めのテーピングでも大丈夫な場合があります。つまり、痛めている筋肉を使う頻度や負荷《ふか》がどのぐらいかかるかということでテーピングのやり方が変わってくるのです。

スポーツテーピング ケガをした直後のテーピングは患部をガチガチに固めない

運動時にケガをしたら、患部をすぐに冷やして（アイシング）テーピングをしますが、この場合はシンプルなテーピングでかまいません。かん違いされやすいのですが、ケガをした直後にテープでガチガチに固めてしまうと、患部の腫《は》れもあり血行が悪くなります。

スポーツテーピングと運動後･日常生活のテーピングは別ものではなく、同じ延長線で考えてほしいのです。

ただし、痛みの度合いはさまざまですし、場合によってはテーピングをすることで悪化してしまうこともありますので、まずはドクターの診断を受けてください。

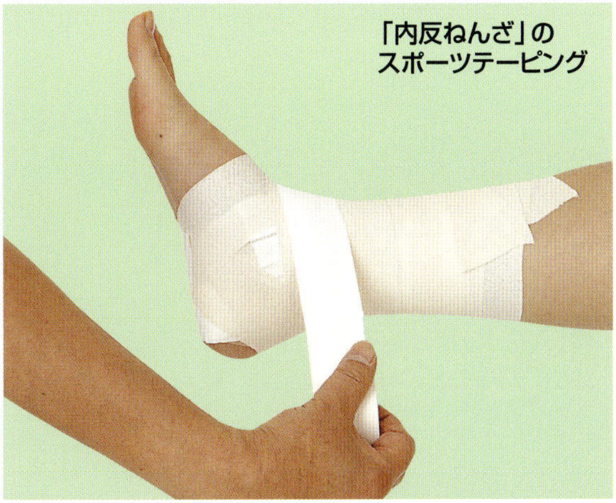

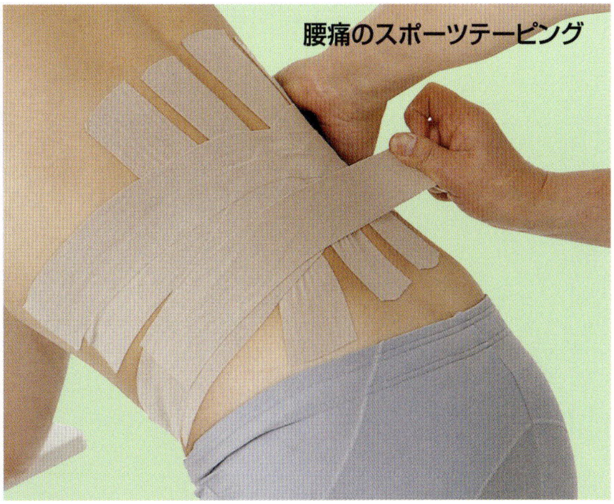

患部を固めて動かないようにするのがスポーツテーピング。

運動後・日常生活のテーピング

運動後や日常の不快な症状の改善、不安の解消にも有効

運動後の
テーピング

日常の運動や運動後にもテーピングは有効

テーピングは、若い人のハードな種目に限って行うものではありません。軽いスポーツでも活用できますし、むしろ中高年の方にこそテーピングの重要性を理解してほしいと思います。

たとえば、毎日ウォーキングを欠かさずに行っている人が足首が少し痛い場合で、どうしても休みたくないときはテーピングが有効です。

また、ママさんバレーの試合が迫っていて、どうしても練習を休めないのにひざが少し痛い場合は、テーピングで痛くないように固定できれば、仲間といっしょに練習できます。

このように、日常生活の運動でもテーピングは有効なのです。

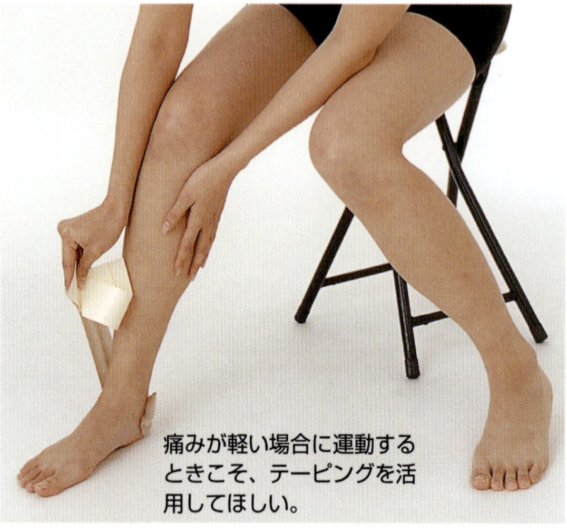

痛みが軽い場合に運動するときこそ、テーピングを活用してほしい。

運動後の
テーピング

日常生活で起こる痛みもテーピングで解消できる

テーピングは、日常生活で起こる痛みにも活用できます。

以前、知人の宝石デザイナーから「どうしても今日中にやらなきゃいけない仕事があるのに腱しょう炎になってしまった。痛くて手が動かせないのでなんとかしてほしい」と相談されたことがあります。そこで手首とひじにテーピングをしてあげたら、痛みもなく仕事ができたそうです。

そのほか、保育士の方が子どもを抱っこするときに肩が痛い場合、バイオリニストがひじが痛い場合などでも、テーピングをすれば仕事に支障をきたしません。

また、日常生活でぞうきんを絞るときにひじに痛みが出る場合もテーピングでカバーできます。この症状は一種の「テニスエルボー」ですが、テニスをやる人だけに起こるのではなく、たとえば登山をする人にもテニスエルボーが起こります。ピッケルを持つ手の動きとラケットを持つ手の動きに共通点があるからです。

このように考えると、スポーツをする人、しない人にかかわらず、痛みには共通点があり、とくに区別することはないのです。スポーツテーピングと日常生活のテーピングが延長線上にあることを理解いただければと思います。

運動後のテーピング

フォームの矯正などにも テーピングは効果的

テーピングは、野球のフォームの改善、ゴルフのスライス防止、X脚やO脚の矯正《きょうせい》に役立ちます。

たとえば、X脚やO脚の矯正のためのテーピングでは普通の足の状態になるようにテープを貼ります。その状態で歩くと、ふだん使わない足の筋肉を使うので痛くなってきますが、徐々に筋肉が使い方を覚えてきて、やがて足の形が正常の形になってくるわけです。

また、腎臓《じんぞう》病の人が行う人工透析《とうせき》では、水分を取り除いてしまうため、ふくらはぎがつるそうです。治療をやめてしまうほどの痛みがあるようで、あるときふくらはぎにつり防止のテーピングをしてあげたら、効果テキメンでつらなくなりました。

では、テーピングはずっと続けなければいけないかというと、そうでもないのです。人によっても違いますが、ある程度テーピングを続けていると、テーピングをしなくてもつらなくなります。テーピングによって使いすぎる筋肉を使わないように、もっと使わなければいけない筋肉を使えるようにしてあげることで正常に戻るということだと思います。つまり、自然治癒《ちゆ》力が増してくるということです。テーピングにはこのような力もあるのです。

運動後や日常生活で起こる痛みの解消、フォームの改善、X脚やO脚の矯正など、テーピングの用途は幅広い。

テープの巻き方

テーピング効果を最大限にするための基本を覚えておく

Point 1 ゆがみがないように きっちり巻く

テープは、ゆがみがないようにきっちり巻くことが基本です。テープには戻ろうとする性質があるので、動く範囲を制限しても、ゆがみがあるとテープが浮き上がりやすくなり、テーピングの効果がなくなってしまいます。

また、テープが浮いていると皮膚がすれ、発熱して水泡《すいほう》になります。つまり、靴ずれみたいな状態になり、かぶれてしまうのです。

テープがゆがんでいると、テーピングの効果がないだけでなく、症状が悪化することもある。

Point 2 違和感がないぐらいの 強さで巻く

テーピングでむずかしいのは、どのくらいの強さで巻けばよいかということです。言葉で「ここは強く」「ここは軽めに」と表現しても、初めての方にはよくわからないでしょう。

理想としては、たとえばひざのテーピングをした場合、立った状態で何も違和感がない、せいぜい強めのサポーターを巻いている感覚ぐらいで、テープによって戻されて痛い方向にはいかない、これがベストだと思います。

私の講習会では、受講者に「思いっきり憎しみを込めて巻いてください」などと表現して巻いてもらい、「これだけ強く巻いてるのに平気だ」ということを理解してもらうようにしています。実際に巻いてもらうと、人に巻くときにも強さがわかります。

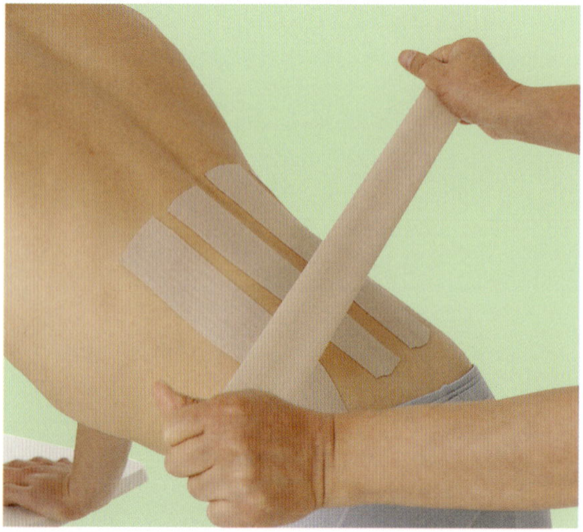

強く巻かなければならないところ、強く巻いてはいけないところをまちがえない。

Point 3 テープを巻く前に痛む位置を確認する

テープを巻くときは、その前に痛いところを確認しておきます。ひじを曲げると痛い場合は、まず痛いところまで伸ばして、そこから痛くないところまで少し戻します。その位置がテーピングのスタート地点です。どこの位置で痛いかというのはケースによって異なるので、テーピングする前にチェックしなければなりません。

また、巻く強さのことを「テンション」といいますが、テープは同じテンションにすることも大切です。たとえば足首のテーピングで、強弱ばらばらで巻いていくと、ヒモでグルグル巻きにしたみたいな状態になるので、よくありません。

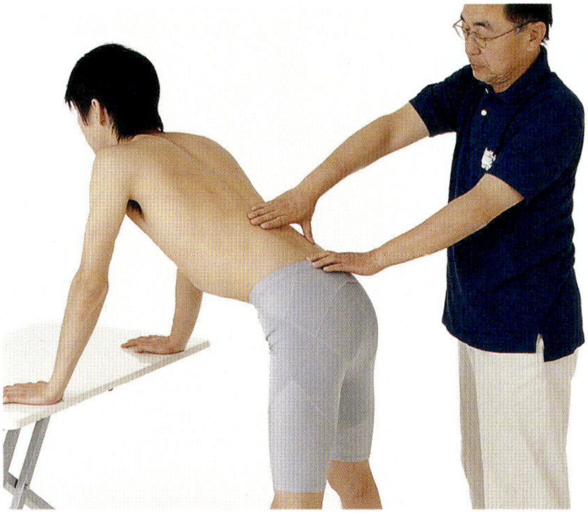

どちらに動かすと痛いのかを確認して、痛い方向にいかないようにテープを巻く。

Point 4 軽く動いてテーピングの効果をチェックする

テーピングは巻いただけで終わらせてはいけません。軽く動いてみて、ゆるまないか、きつすぎないかなどテーピングの効果をしっかりチェックする必要があります。初めてテーピングをしたときは、きつく感じるものですが、動いているうちに、ちょうどよくなることが多いものです。少し動かしたあとで違和感があった場合は、やり直してください。

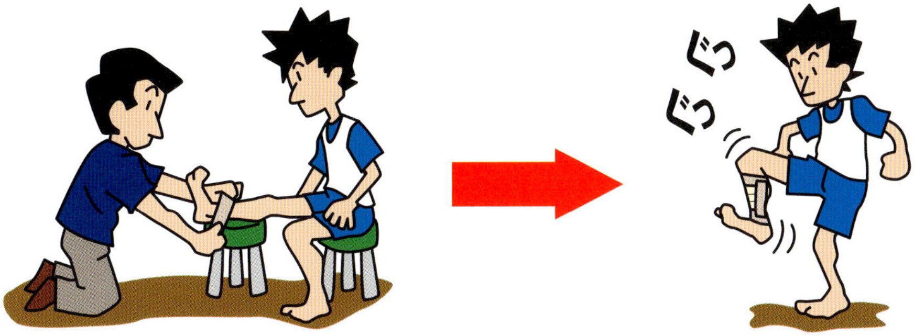

テープを巻き終わったら、必ずテーピング効果を確認する。巻いただけで終わりにしてはいけない。

テープの扱い方

持つ、伸ばす、貼る、切る、はがす―正しい方法をマスターする

持ち方 伸ばし方

伸縮テープは3段階に伸ばして貼る

テープはロール状になっていますが、そのまま巻いていく場合とあらかじめカットして使う場合があります。ロール状に巻いていく場合は、まっすぐ伸ばせるようにテープを持ちます。

カットしたテープは、テープの端を人さし指、中指、薬指で持ちます。3段階に伸ばせるテープでは、そのままの状態を1段階とすると、スーッと引っ張って最初に止まる位置が2段階、目一杯伸ばした状態が3段階になります。伸縮テープは3段階に伸ばすようにします。

●ロール状のテープの持ち方

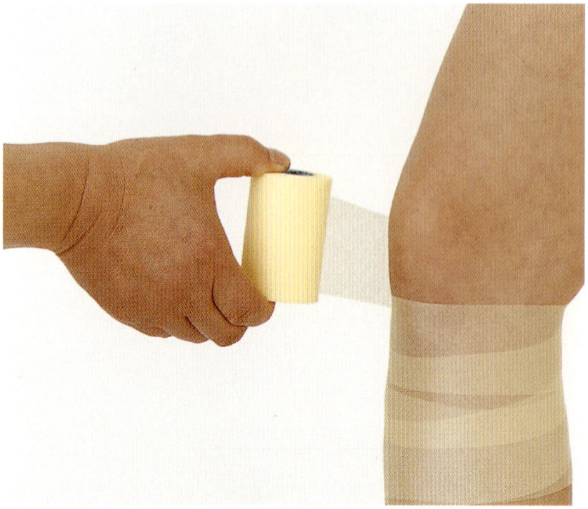

ロールの両端を持ったりして、テープをまっすぐ引っ張るようにする。

●切ったテープの持ち方・伸ばし方

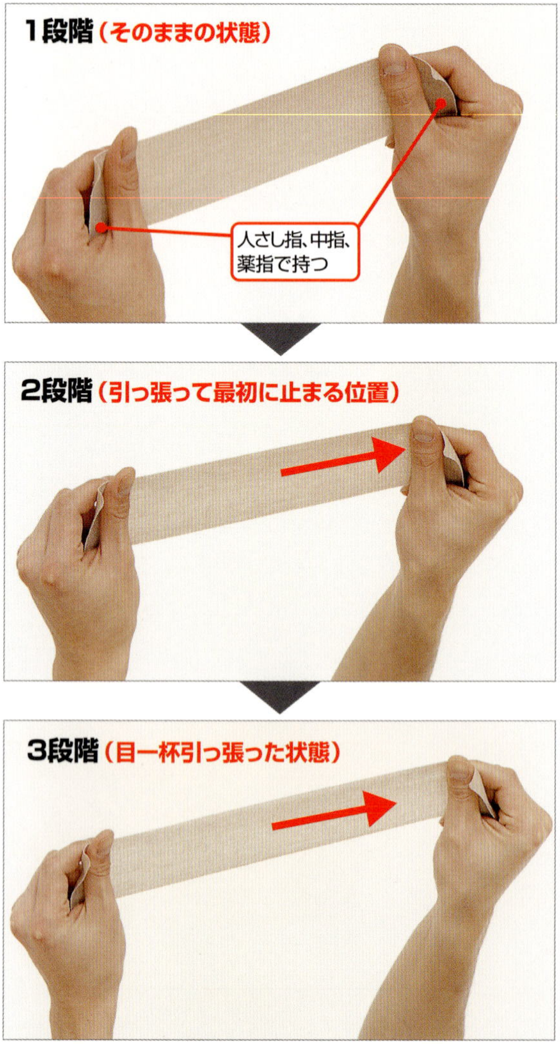

伸縮テープは「そのまま」「軽く引っ張る」「目一杯引っ張る」の3段階で貼るのが基本。

貼り方 テープの両端は浮かせておき最後に貼るとかぶれない

テープを貼るときに大切なのは、シワがないようにすることです。シワがあると、その部分がかぶれやすくなります。また、テープを引っ張りながら貼ると皮膚がかぶれてしまいます。両端は1センチほど浮かせておきます。

●切ったテープの貼り方

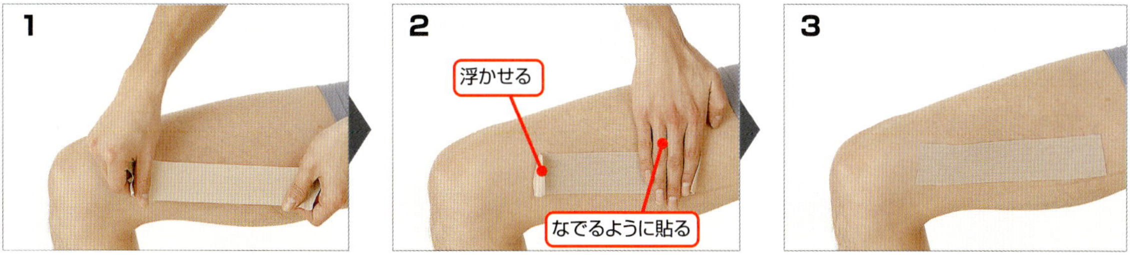

1 テープの両端を持つ。

2 両端はかぶれ防止のため浮かせる。

3 両端を貼って完成。

切り方 テープの端の糸を親指で押さえてカットする

コットンテープであれば、要領さえつかめば指先で簡単に切れます。ポイントは、いちばん端の糸を親指の腹でしっかり押さえておくことです。これだけでテープは簡単に切れます。力任せに切ると切り口がきたなくなったり、テープにシワができてしまいます。

また、テープを押して切らないことも大切です。なかなか切れない場合は、ハサミを使うようにしてください。

●コットンテープの切り方

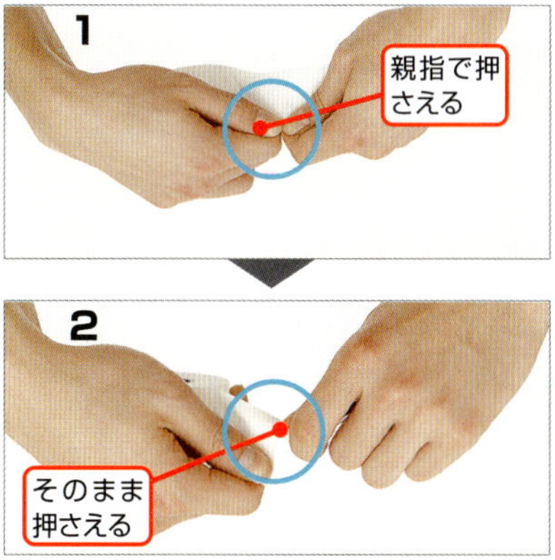

1 テープの端の糸を両手の親指の腹でしっかり押さえて持つ。

2 ロールを持っているほうを押すようにカットする。

はがし方 テープを引っ張るのではなく肌をテープからはがす

「直接肌にテープを貼るとはがすときに痛いのでは？」と思うでしょう。たしかにテープを引っ張ってはがすと、毛が抜けたり皮膚が引っ張られるので痛くなります。毛に沿うようにして肌や毛をテープからはがす要領で行えば、痛みはほとんどありません。

●テープのはがし方

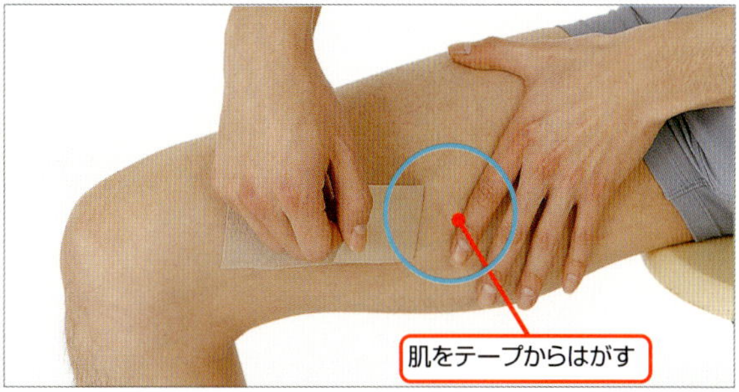

テープを引っ張るのではなく、肌をテープからはがす。

テーピングの基本テクニック

運動する人だけでなく、一般の人も知っておきたい

テクニック

テーピングには基本になる巻き方がある

テーピングには、基本になる巻き方があり、それぞれ名称がつけられています。ほとんどが初めて聞く言葉だと思いますが、しっかり覚えておきましょう。ここでは、おもなテーピングテクニックを簡単に説明しておきます。

アンカー（→P30）

“船の碇《いかり》”という意味の基本になるテープです。碇がはずれると船はどこかに行ってしまうのと同じように、アンカーがはずれたらテーピングの意味がなくなります。きつくしっかり巻くのが基本です。

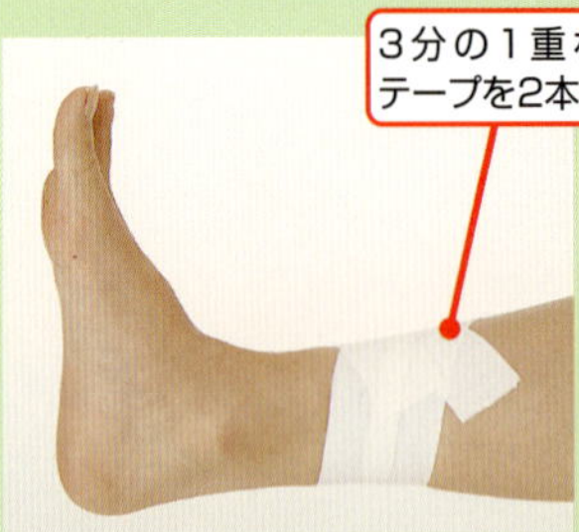
3分の1重ねて
テープを2本巻く

●ひざのアンカー

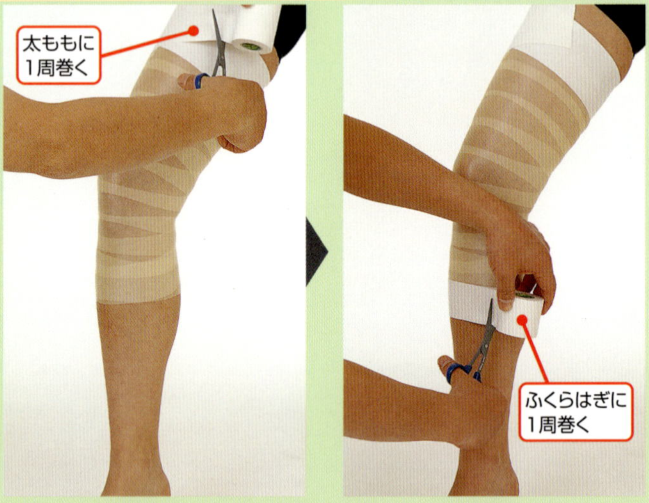
太ももに
1周巻く
ふくらはぎに
1周巻く

●足首のアンカー

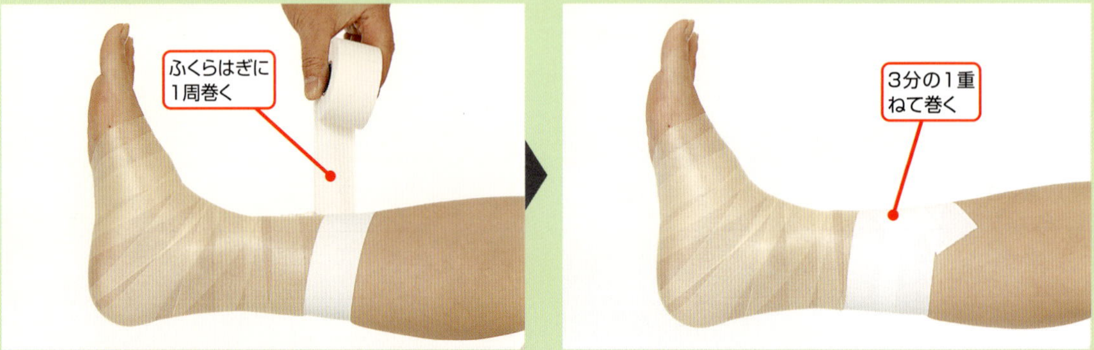
ふくらはぎに
1周巻く
3分の1重
ねて巻く

サポート（→P101）

動く範囲を制限するテープです。最初に動く範囲の制限、たとえばこれ以上伸ばすと痛いという場合に、少し戻してテープを貼ります。

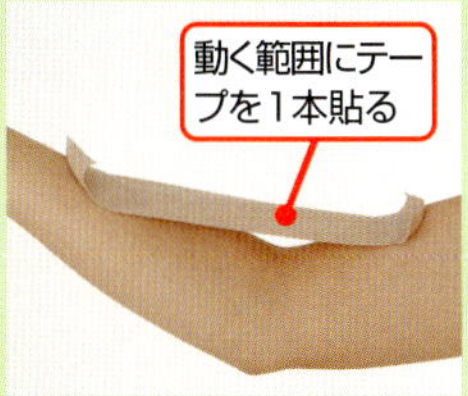
動く範囲にテープを1本貼る

●ひざのサポート

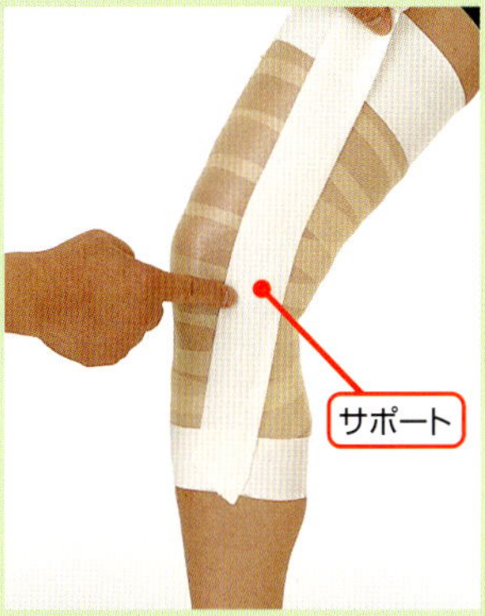
サポート

●指のサポート

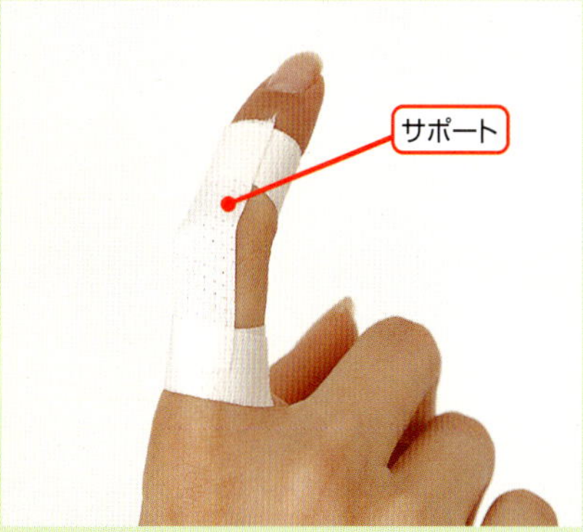
サポート

Xサポート（→P111）

文字どおり、クロスするように貼るサポートテープです。筋肉のひねりを防ぐために貼り、同時に縦のテープを補強します。

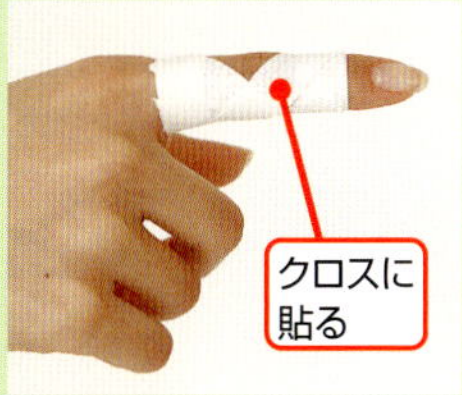
クロスに
貼る

●指のXサポート

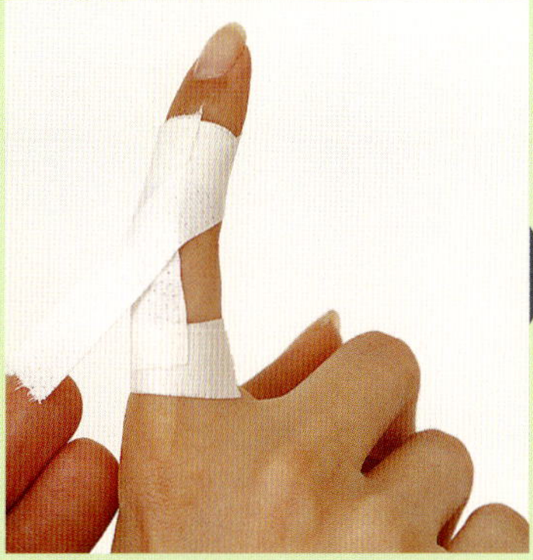

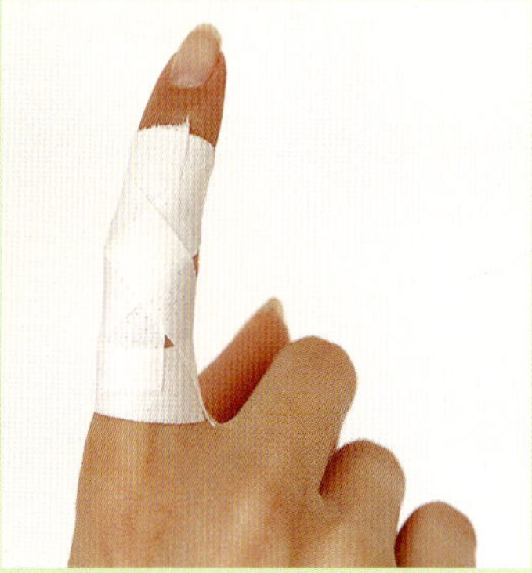

サーキュラー（→P34）

サポートテープを固定するためのテープです。サーキュラーの名前は、1周するという意味です。

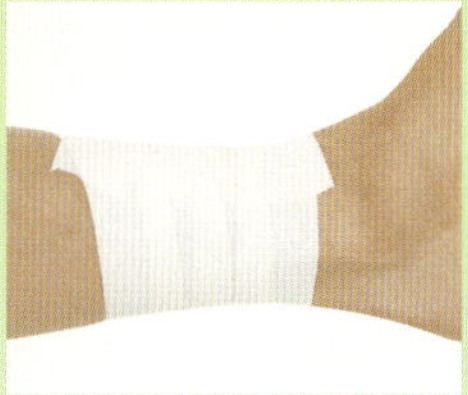

●足首のサーキュラー

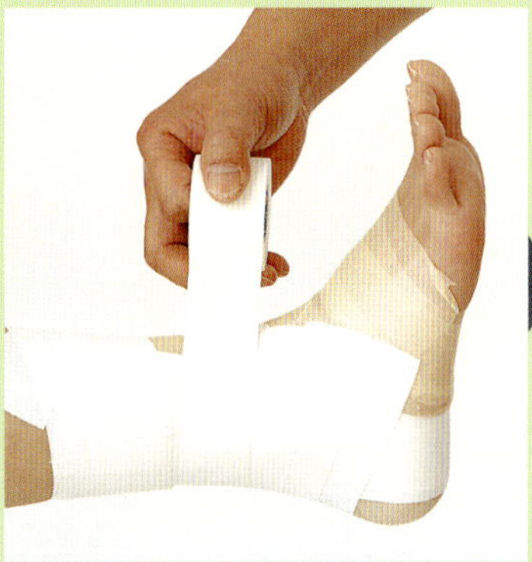

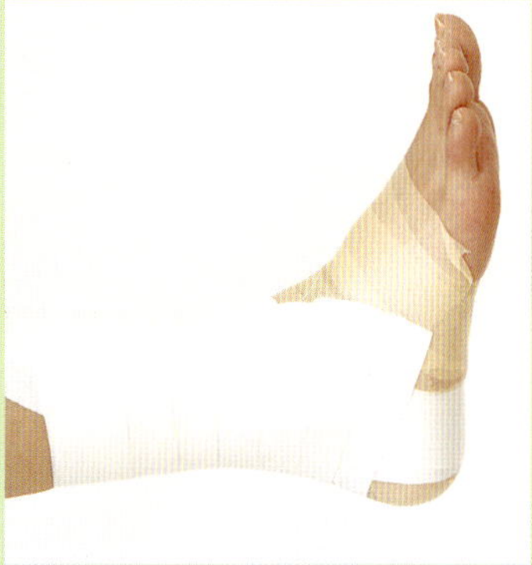

ホースシュー（→P34）

足首のテーピングで用いるアキレス腱を守るためのテクニックです。「馬の足」という意味で、かかとの角度に合わせて貼ります。

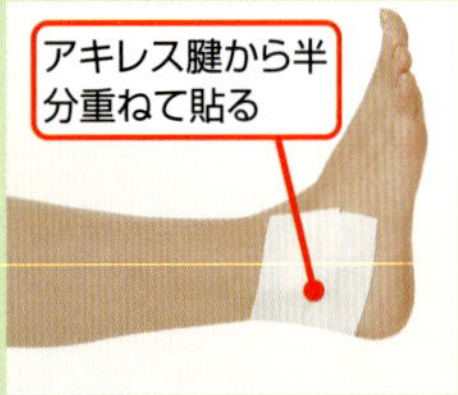

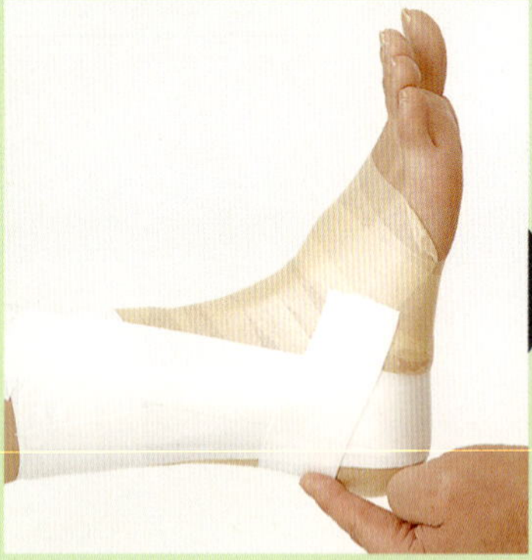

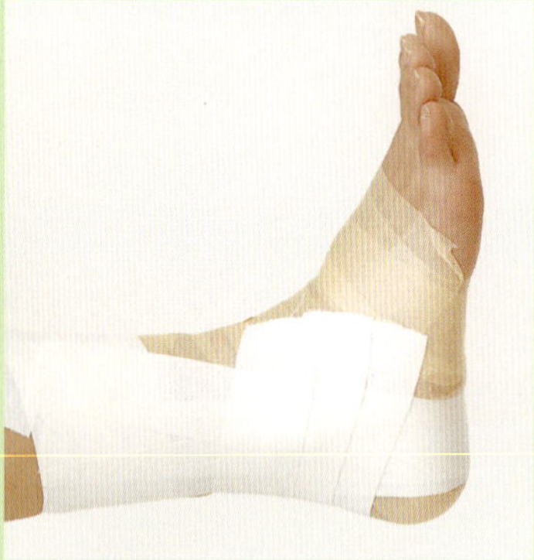

スターアップ（→P31）

足首のテーピングで用いるひねりを防ぐためのテクニックです。アンカーからかかとを通し、アンカーまで貼るテープです。

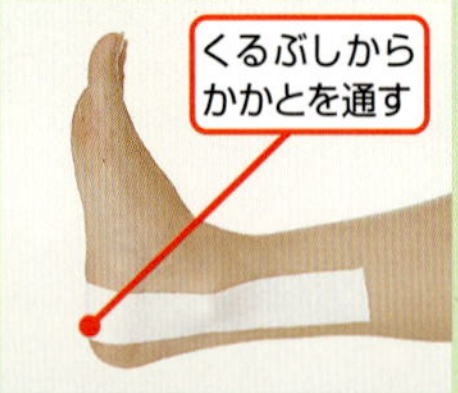

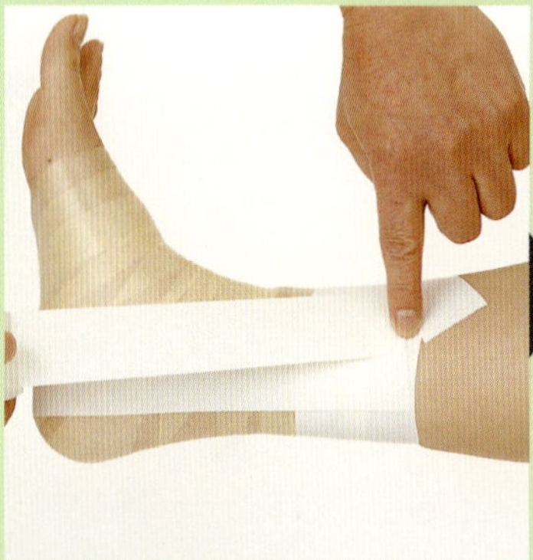

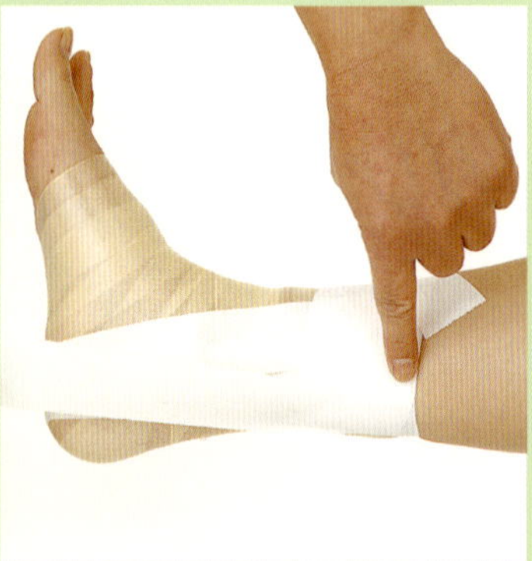

単独で巻いても意味がない！

テーピングの基本テクニックは**P.18～P.21**で紹介したとおりですが、それぞれ単独で巻いても意味がありません。順番通りに巻いていってはじめて、テーピングの効果があるのです。

●足首のテーピングの流れ

アンカー

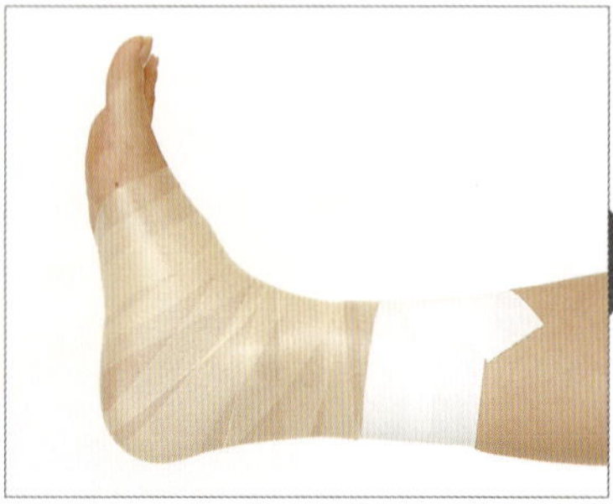

スターアップ

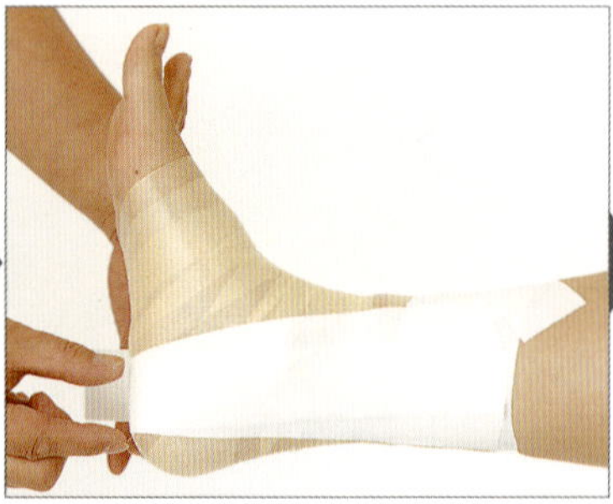

フィギュアエイト（→P36）

足首のテーピングで用いる全体を安定させるためのテクニックです。足の甲を中心に「8の字」を描くように巻きます。

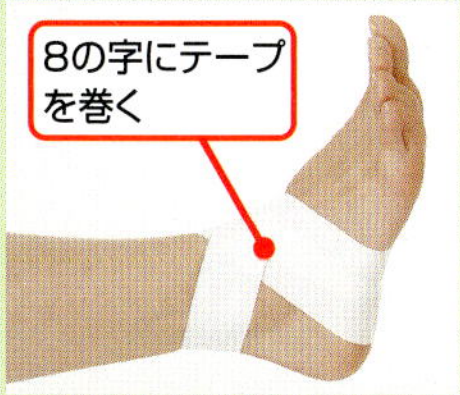
8の字にテープを巻く

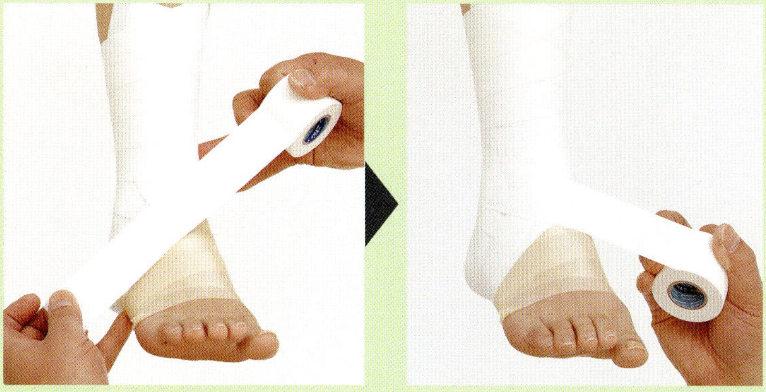

ヒールロック（→P40）

足首のテーピングで用いるかかとを固定するためのテクニックです。運動するときや、足首をひねるのが不安なときに行うテーピングです。

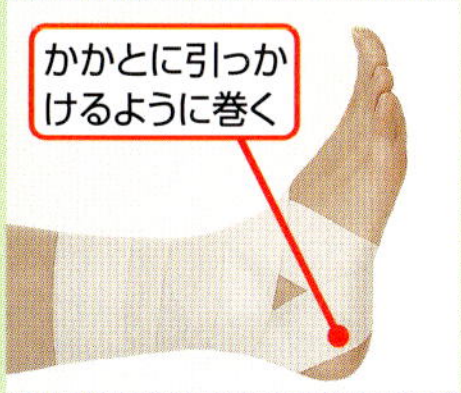
かかとに引っかけるように巻く

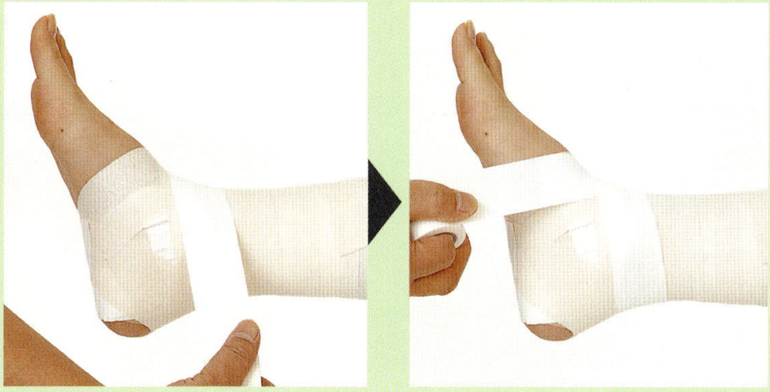

ホースシュー

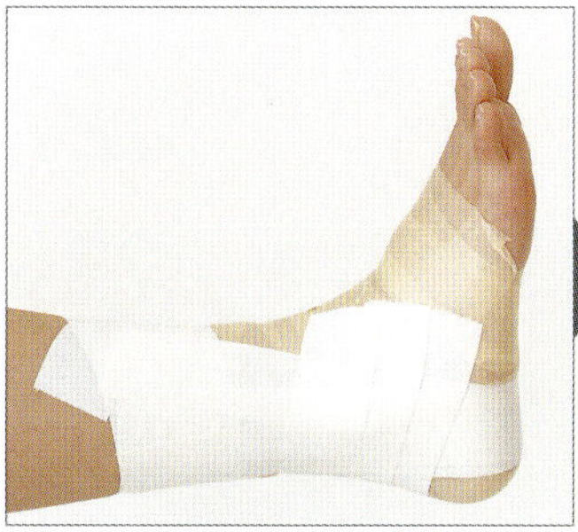

サーキュラー

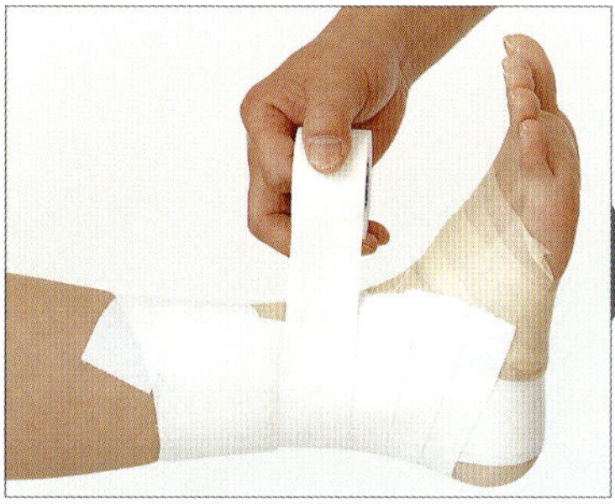

フィギュアエイト

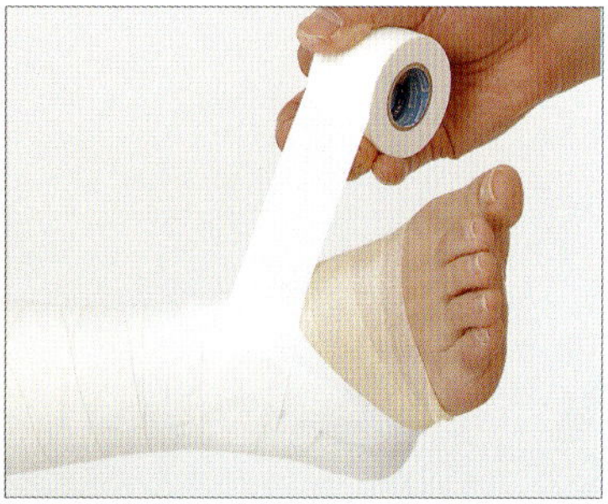

テーピングの基礎知識

テープの種類

それぞれの特性を知り、用途に応じて使い分ける

種類

大きく分けると「アンダーラップ」「伸びる」「伸びない」テープの3種類

アンダーラップは皮膚を保護するテープで、おもに足首とひざに使用します。

伸びない非伸縮テープは、動きを制限するための固定に使います。

伸びる伸縮テープは手で切れるものと切れないもの、剥離紙《はくりし》が付いているものがあります。それぞれ用途に応じて使い分けましょう。

アンダーラップテープ

足首とひざのテーピングのときに使う半透明のテープです。足首はテープをはがすとき痛くないように、ひざは突っ張る感じが出ないようにするために巻きます。幅は70ミリだけです。

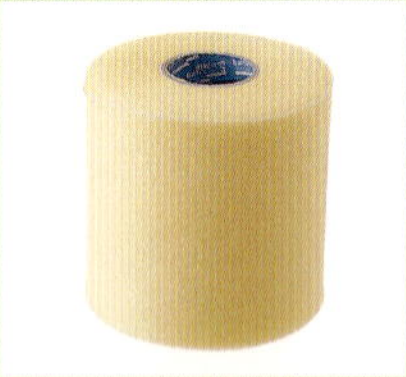

[用途]

- テープをはがすときの痛みの軽減。
- かぶれ防止など皮膚の保護。

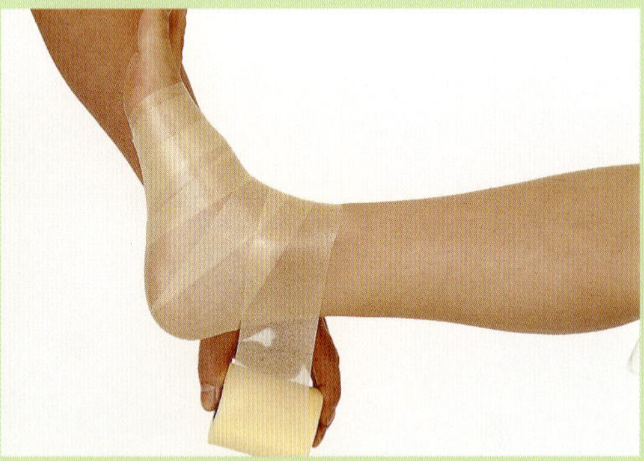

非伸縮コットンテープ

伸びないテープで、主に固定するときに使います。幅は12ミリ、19ミリ、25ミリ、38ミリ、50ミリの5種類があります。

[用途]

- スポーツをするときの固定。
- がっちり固めたいとき。

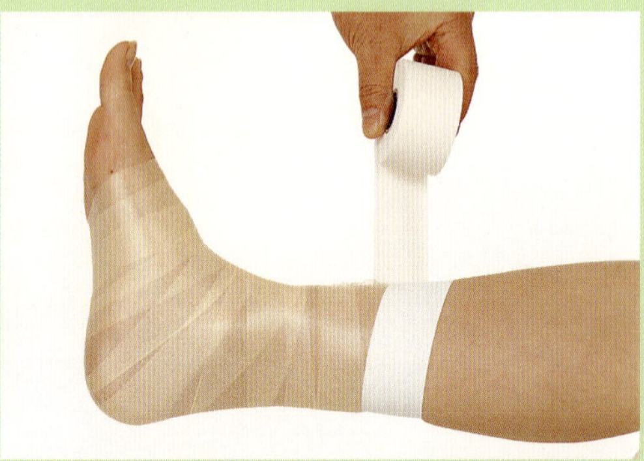

キネシオロジーテープはロール状のまま巻くケースと、切って貼るケースがある

キネシオロジーテープは剥離紙《はくりし》付きの伸びるテープで、伸縮テープに比べて粘着力が強いのが特徴です。主に運動後や日常生活のときの痛みや不安があるときに用いますが、切って使うことも多くなります。あらかじめ使う長さに切って、必要な本数を用意しておきましょう。

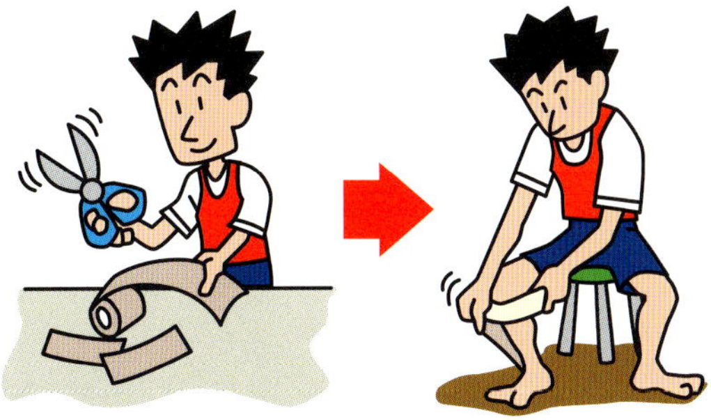

伸縮テープ

伸びるテープで、関節の動きが大きい部位に使います。幅は25ミリ、50ミリ、75ミリの3種類があります。手で切れるものと切れないものがあります。

［用途］
- スポーツするときの固定。
- 再発防止、不安なとき。

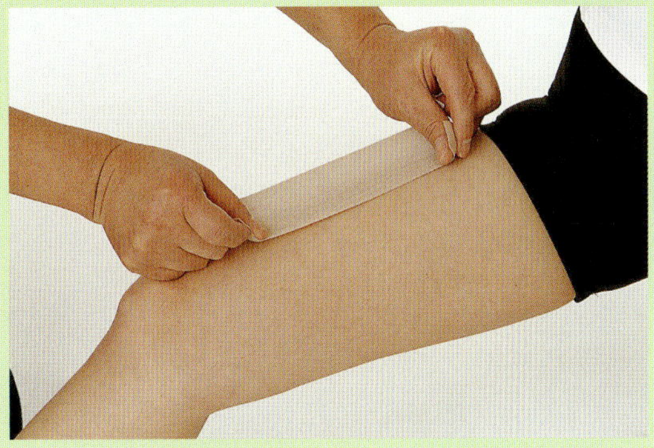

キネシオロジーテープ

剥離紙付きの伸びるテープで、運動後や日常生活、再発防止のときに使います。幅は25ミリ、38ミリ、50ミリ、75ミリの4種類があります。

［用途］
- 運動後・日常生活のとき。
- 再発防止・不安なとき。

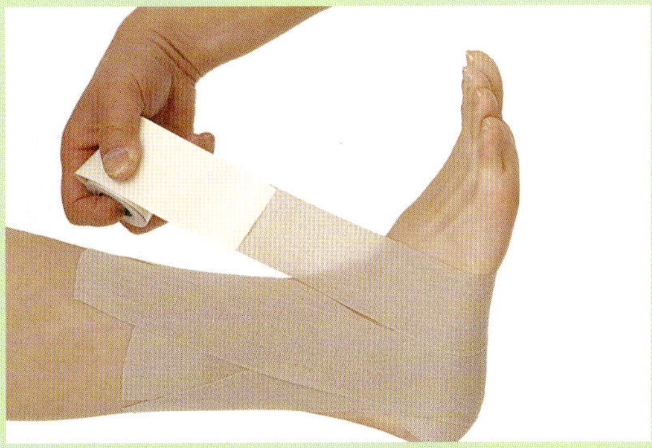

テーピングするときの注意点

運動する人だけでなく、一般の人も知っておきたい

注意1 巻いたり、貼ったりする方向をまちがえない

テーピングは、正しく行えば傷害を起こした部位の痛みを軽くできますが、方法をまちがえると症状が悪化してしまうことがあります。

たとえば、内側にひねると痛い場合は外側に引っ張るようにテープを貼りますが、反対に貼ってしまったらさらに内側にひねりやすくなり、逆効果になります。

正しいテーピングをするためには、どちらの方向に動かすと痛いのかをあらかじめ把握しておくことが重要です。伸ばすと痛い、曲げると痛い、ひねると痛いなど、症状を的確につかみ、痛い方向と反対側に引っ張るようにテープを貼らなければいけません。

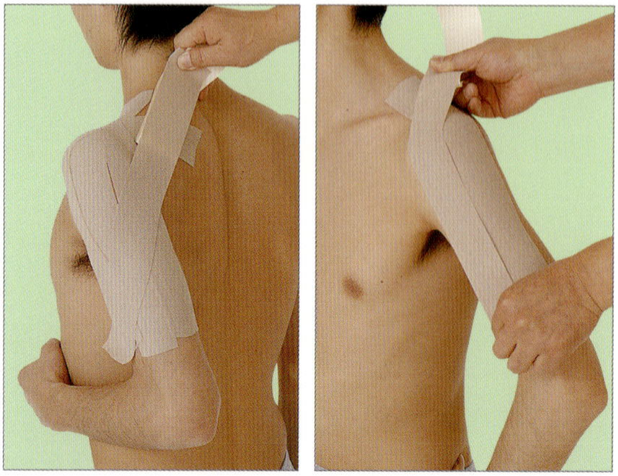

テープを貼る方向をまちがえるとテーピングをすることで症状が悪化してしまう。

注意2 かぶれ、血行障害に気をつける

テーピングで問題になるのが、皮膚のかぶれと血行障害です。

一般的に、シワにならないようにテープを貼ればかぶれを防げますが、皮膚が弱い人は正しく貼ってもかぶれてしまうことがあります。そのような人は、皮膚を休ませる日をつくったり、アンダーラップを巻いてからテープを貼るようにしましょう。

血行障害については、テープを巻く強さが問題になります。運動するときのテーピングでは、患部の動きを制限するためテープをきつめに巻きますが、長時間行うと血行障害のおそれがあります。

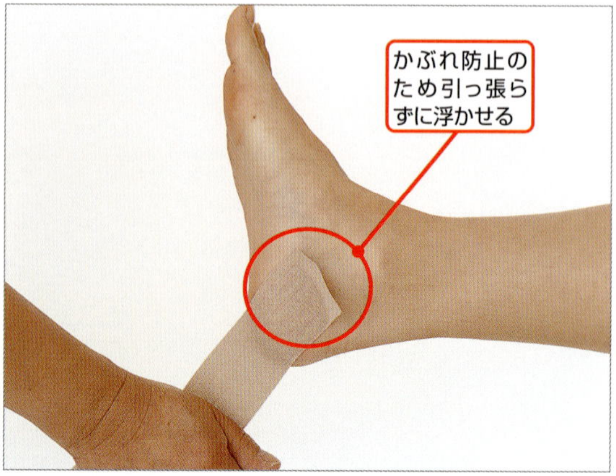
かぶれ防止の
ため引っ張ら
ずに浮かせる

かぶれやすい人は、アンダーラップを巻いてからテープを貼ることも考えて。

Main chapter

部位別
テーピング
テクニック

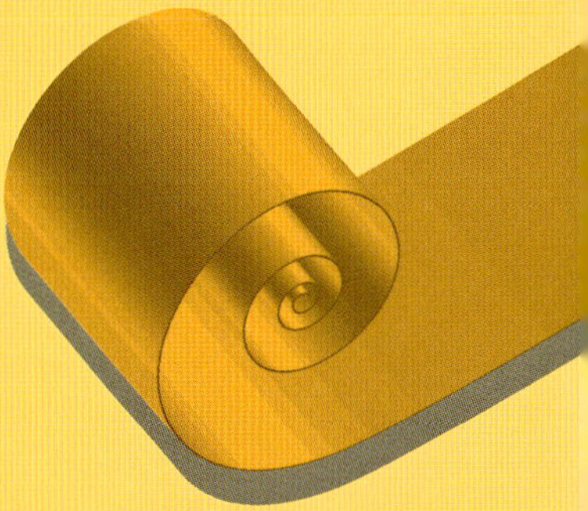

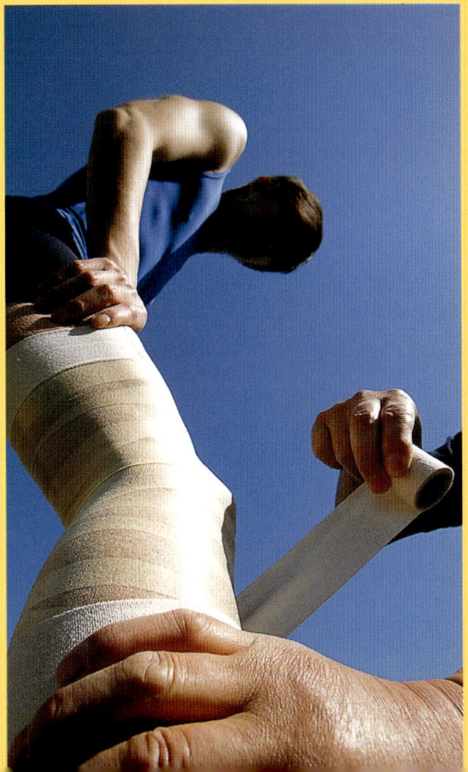

足関節（足首）

足首を内側にひねる内反ねんざが圧倒的に多い

Point

- ひねると痛い方向と反対方向にテープで引っ張る。
- 基本になる「アンカー」は足首を直角にした状態で巻く。

足関節に多い傷害　足首を内側にひねる「内反《ないはん》ねんざ」が大半

足関節を痛める場合の多くは、足首を内側にひねる「内反ねんざ」です。足首を内側にひねると外側の靭帯《じんたい》（骨と骨とをつなぐひも状の繊維《せんい》）が伸びたり、損傷《そんしょう》したりして足関節が痛みます。

外側にひねって内側の靭帯を痛める「外反《がいはん》ねんざ」も起こりますが、人体の構造上、足首は外側にはひねりにくいため、内反ねんざに比べるとごくわずかです。

内反ねんざは運動中はもちろん、歩いたりちょっと走ったときなど、日常生活でよく起こります。

「内反ねんざ」を起こしやすいケース

走っているときに足をひねる
ジャンプして着地した際に足をひねる
階段などで足をひねる
タタタ…
急に走ったときに足をひねる
BUS
まって〜

テーピングのポイント 「内反ねんざ」ではテープを外側に引っ張るように巻く

テーピングの基本は、痛いほうにいかないようにテープで引っ張るということで、この考え方はどの部位でも共通します。足首を内側にひねると痛いときは、内側にひねらないようにテープで外側に引っ張ればいいわけです。

外側にひねると痛い「外反ねんざ」の場合も、内反ねんざと同じように、外側に引っ張るようにテープを巻きます。内側に引っ張るように巻くと、内反ねんざを起こしやすくなるからです。

ただし、外反ねんざのときは、内反ねんざのときよりテープを軽く引っ張るように、ゆるめに巻くのがポイントです。

「内反ねんざ」のテーピングではここに注意！

「アンカー」は足首を直角にして巻く

アンカーはテーピングのベースになるテープですが、足首を直角にして筋肉に力を入れた状態で、ふくらはぎの下あたりに対して直角に巻くことがポイントです。足を太くした状態でアンカーを巻かないと、力を入れたときにきつすぎてしまうからです。

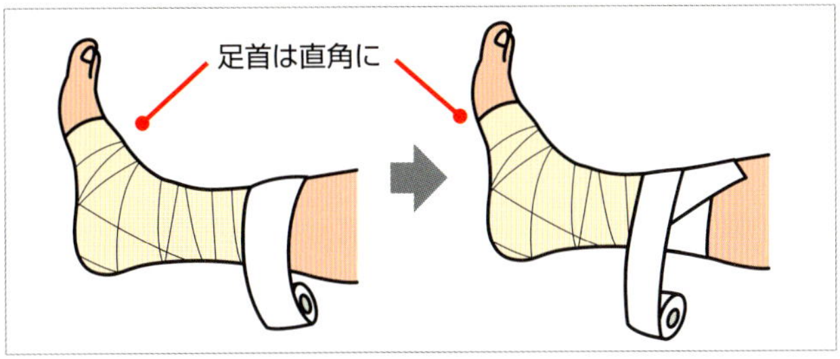

足関節だけに使うテクニックを覚える

足関節のテーピングでは、「ホースシュー」「スターアップ」「フィギュアエイト」「ヒールロック」といった、この部位だけに使う独特の巻き方があります。ともに、ひねりを防ぎ足首を安定させるためのテクニックです。

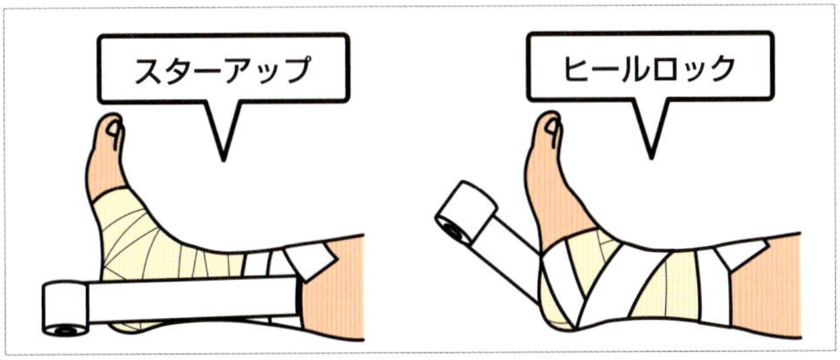

運動するときは強めに、運動後・日常時は軽めに巻く

運動するときと、運動後・日常生活、予防のときのテーピングは、当然変えなければいけませんが、基本は同じです。違うのは強度だけです。運動するときは強めに、日常生活では軽めにし、あとは運動によって強度を変えていきます。

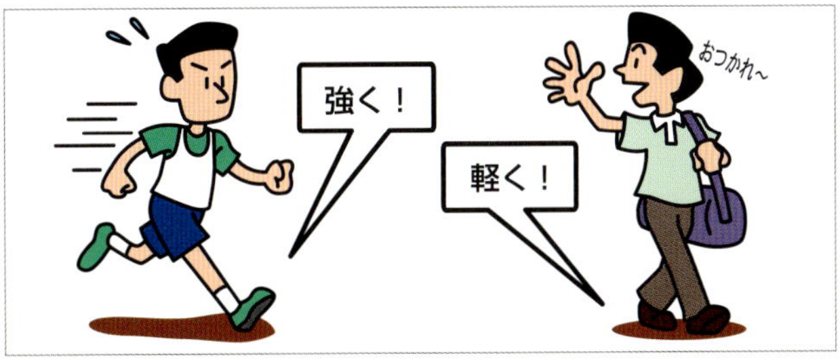

足関節（足首）

内側にひねると痛い［内反ねんざ］

運動後・日常生活のテーピング（基本）

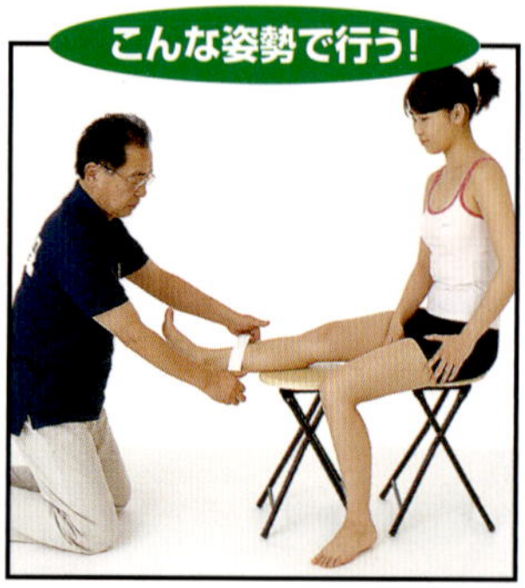

こんな姿勢で行う!

使用するテープ

- アンダーラップテープ
- 非伸縮テープ（38ミリ）

アンダーラップを巻くことからスタート

粘着性のテープを直接肌に貼ると、はがすときに体毛が抜けて痛みを伴います。アンダーラップテープは、はがすときの痛みをやわらげると同時に、テープによるかぶれを防ぐために巻くものです。

巻き方にはいろいろとありますが、すき間がないように巻けば、どんな方法でもかまいません。アンダーラップテープは、おもに足関節（足首）とひざのテーピングに用います。

図解! アンダーラップの巻き方

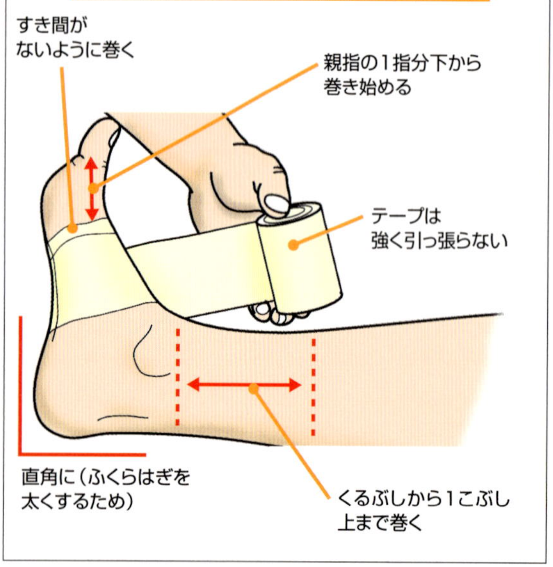

すき間が
ないように巻く
親指の1指分下から
巻き始める
テープは
強く引っ張らない
直角に（ふくらはぎを
太くするため）
くるぶしから1こぶし
上まで巻く

1

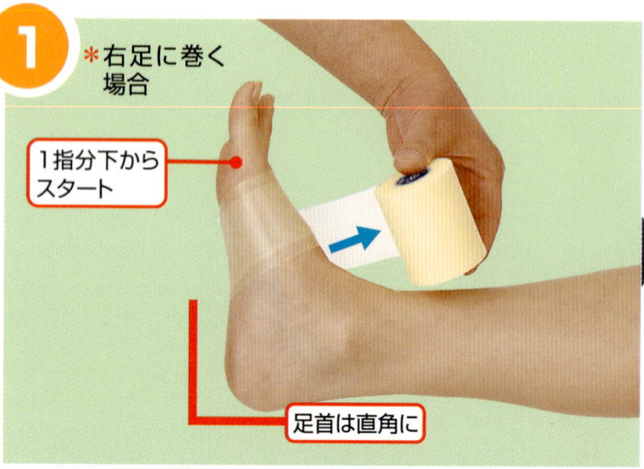

＊右足に巻く
場合
1指分下から
スタート
足首は直角に

足首は直角になる状態を保ち、足指のほうから足首方向に軽く引っ張りながらアンダーラップを巻いていく。足指から1指分下あたりから巻き始める。

テーピング・レッスン

かかとにかける巻き方もある

アンダーラップは、写真1～3のように重ねながら巻くのが簡単ですが、かかとにかける巻き方のほうがずれにくくなります。

右の写真はP.40の「ヒールロック」のようにかかとにかけた巻き方です。

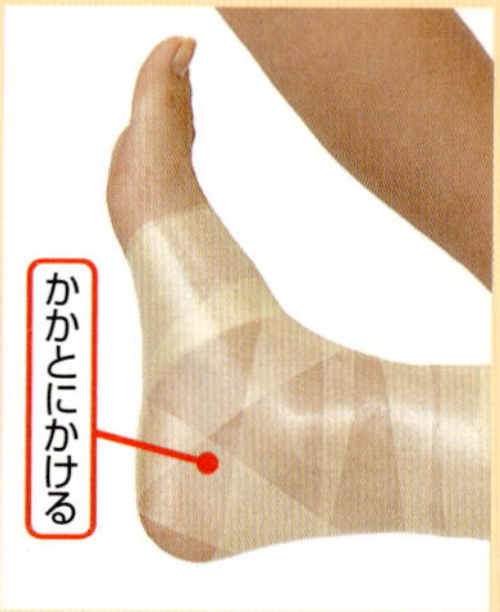

かかとにかける

テープの強度 →強く →軽く

Point

アンダーラップの終点はくるぶしから1こぶし上

アンダーラップは、親指の1指分下からスタートし、くるぶしから1こぶし上あたりまで巻きます。これは、次に巻く「アンカー」の位置がアンダーラップの終点になるためです。すき間がないように重ねながら、軽く引っ張って巻きましょう。

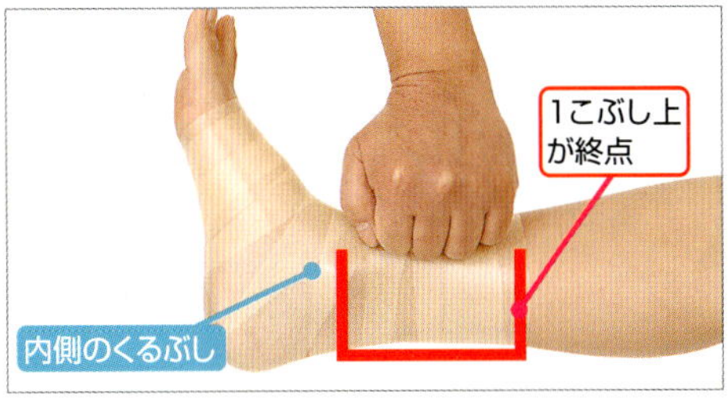

2

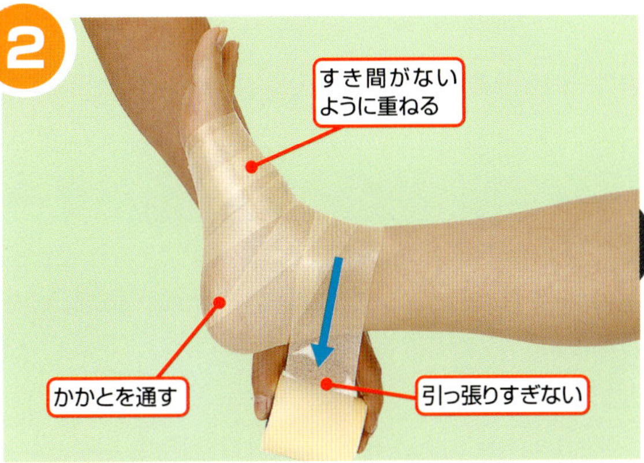

テープの半分が重なるように、かかとから足首方向に巻いていく。テープを引っ張りすぎると切れてしまうので注意する。

3

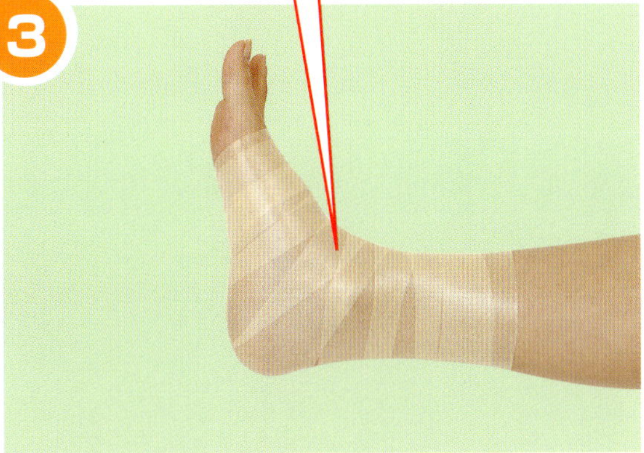

これが完成の形。終点は、くるぶしから1こぶし上のところを目安にする。 ➡ **P.30に続く**

ここに注意!

丸まったり、ねじれたりしたときは最初からやり直すこと!

アンダーラップを巻いている途中で、テープの一部が丸まってしまう場合があります。この状態のまま、このあとのテープを巻いていくと、丸まった部分がすき間になって痛くなったり、丸まった部分で圧迫されてしまいます。

丸まったり、ねじれや破れがでたときは、その部分をちぎって取り除くか、最初から巻き直しましょう。

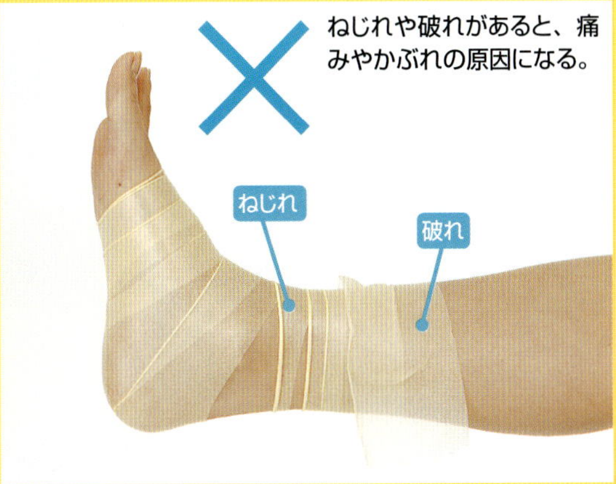

内側にひねると痛い［内反ねんざ］

運動後・日常生活のテーピング（基本）

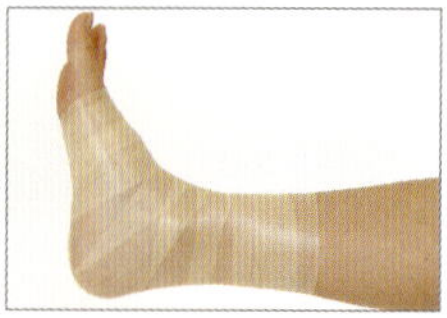

使用するテープ

非伸縮テープ（38ミリ）

P.29写真3から続けて

4

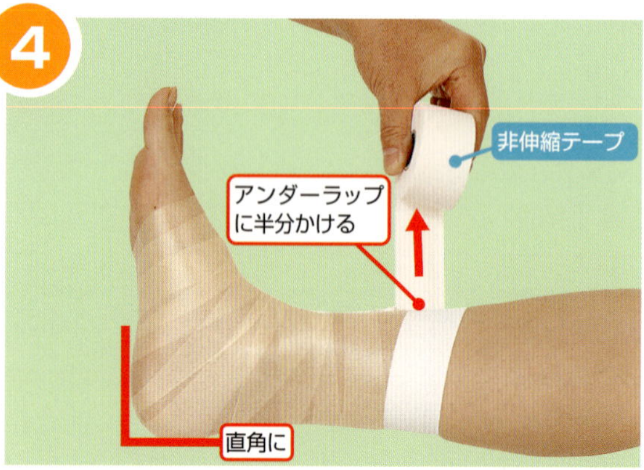
非伸縮テープ
アンダーラップ
に半分かける
直角に

1本目のテープは、アンダーラップに半分かけるように巻く。ややきつめに1周巻いて切る。

アンダーラップに半分かけるように アンカーを巻く（写真4～6）

アンカーは、テーピングのベースになるテープです。アンカーを正しく巻かないと、その後のテープがずれたりして無意味なものになってしまいます。足首に巻くアンカーは2本で、1本目をきつめにすることが重要です。

図解！ アンカーの巻き方

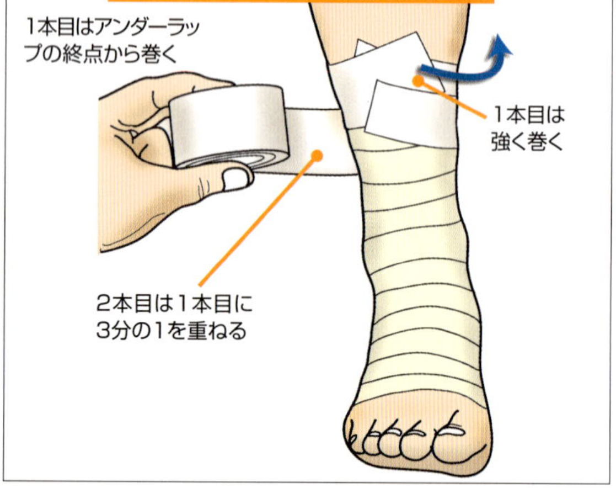
1本目はアンダーラッ
プの終点から巻く
1本目は
強く巻く
2本目は1本目に
3分の1を重ねる

5

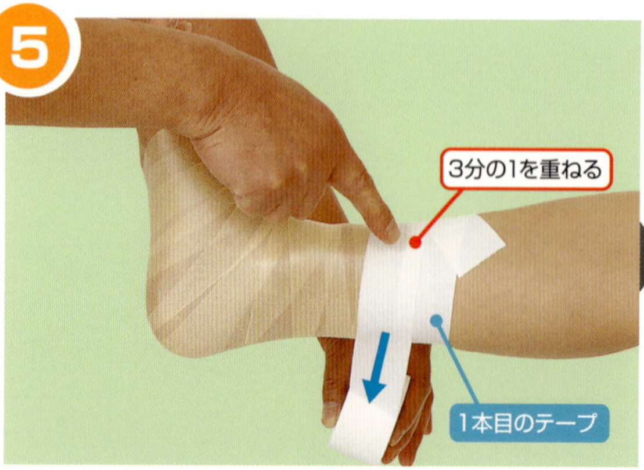
3分の1を重ねる
1本目のテープ

1本目のテープの下3分の1を重ねるように、2本目のテープを巻く。

6

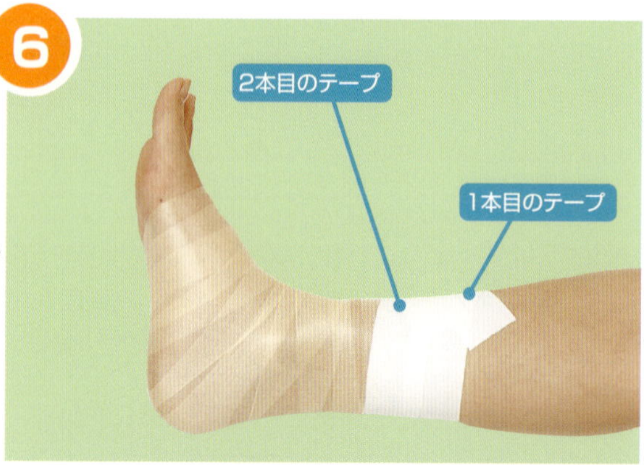
2本目のテープ
1本目のテープ

1本目のテープと同様に、1周させて切る。これでアンカーの完成。

テープの強度　強く　軽く

アンカーの位置から1本目のスターアップを巻く（写真7～9）

足首の内側へのひねり（内反《ないはん》）、外側へのひねり（外《がい》反《はん》）を制限するために巻くテープが「スターアップ」です。引っ張る強さによって足首の動く範囲が決まります。

図解！ スターアップ（1本目）の巻き方

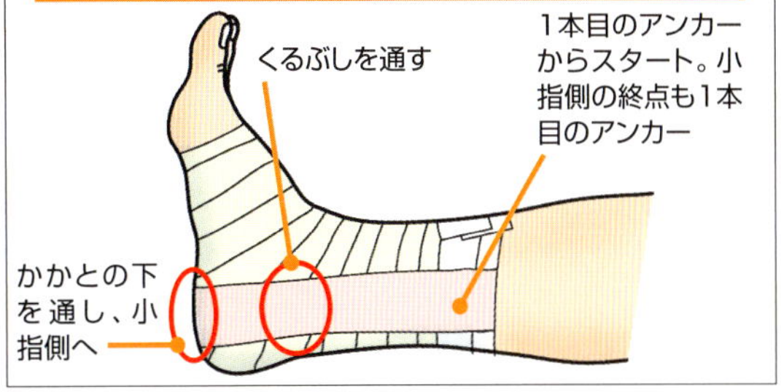

くるぶしを通す
1本目のアンカーからスタート。小指側の終点も1本目のアンカー
かかとの下を通し、小指側へ

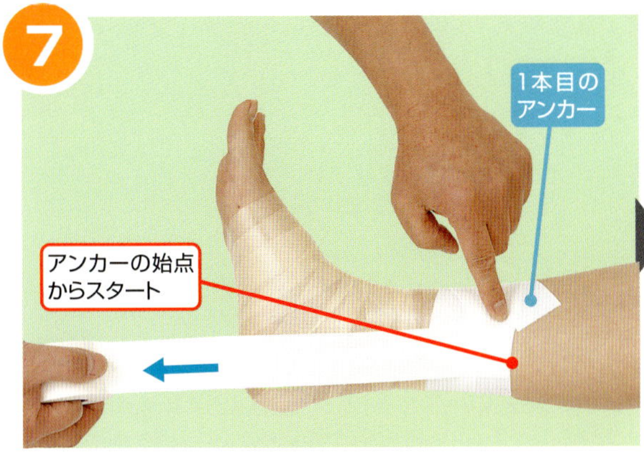

7
1本目のアンカー
アンカーの始点からスタート

1本目のアンカーの上端の位置からスタート。内側から足の裏へ、縦方向に貼る。

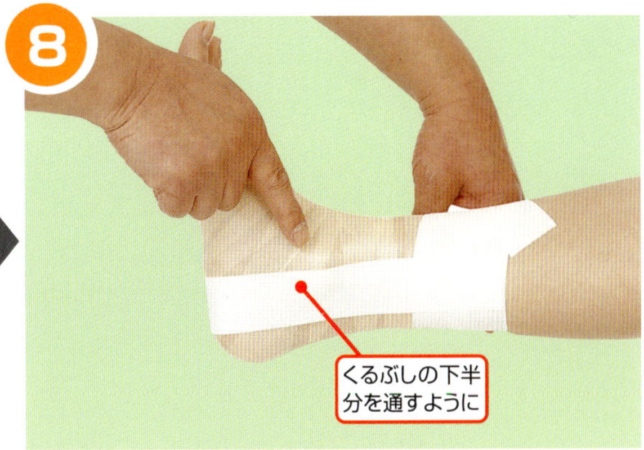

8
くるぶしの下半分を通すように

内側のくるぶしの下半分がかくれるようにテープを貼る。

マルチアングル（小指側）

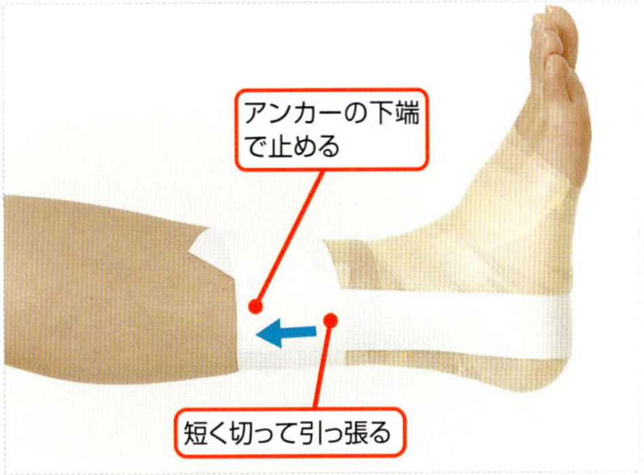

アンカーの下端で止める
短く切って引っ張る

外側の終点も内側と同じアンカーの上端。5ミリぐらい短く切り、テープを引っ張って固定する。続けて2・3本目をクロスに貼る。

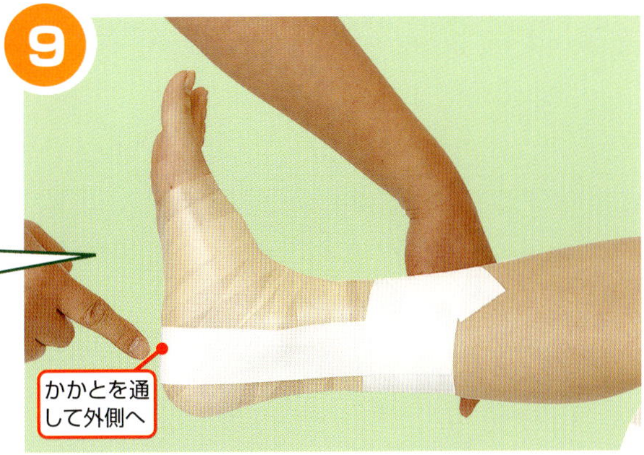

9
かかとを通して外側へ

かかとの下を通すように、外側に向かってテープを貼る。 → P.32に続く

内側にひねると痛い［内反ねんざ］

運動後・日常生活のテーピング（基本）

使用するテープ

非伸縮テープ（38ミリ）

P.31写真9から続けて

2・3本目のスターアップをクロスに貼る

スターアップ2・3本目のテープをかかとでクロスさせるように貼ります。かかと部分は、スターアップの3本のテープがちょうど重なる形になります。

10

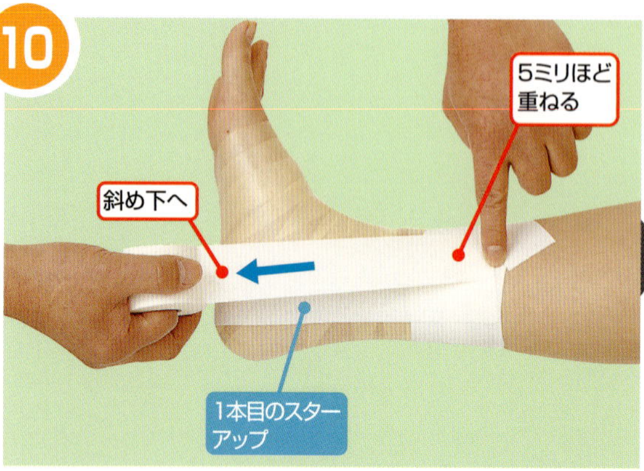

1本目の上5ミリぐらいを重ねるように、斜め下にテープを貼る。

11

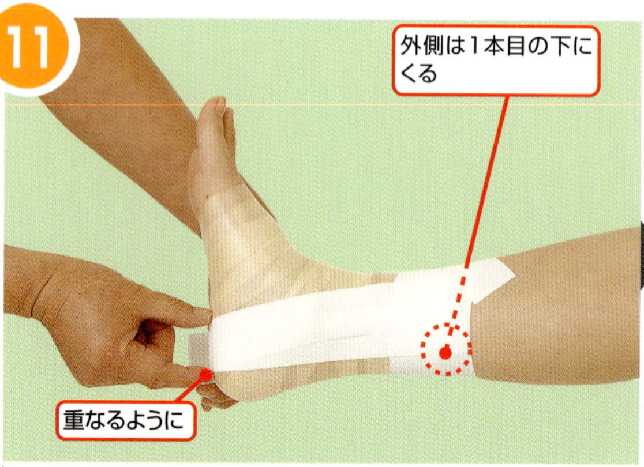

1本目のテープに重ねるようにかかとを通し、外側（小指側）に貼る。外側は1本目の下5ミリぐらいを重ねるようにする。

14

*小指側から見たところ

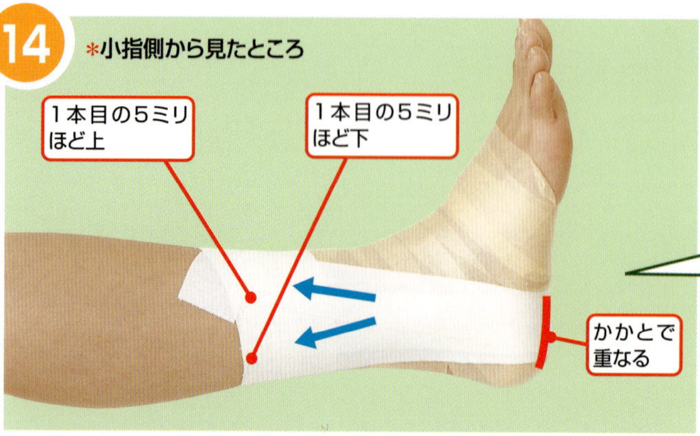

3本目のテープは1本目の上にくる。2本目と同じ位置で固定して、スターアップの完成。 →P.34に続く

マルチアングル（足の裏）

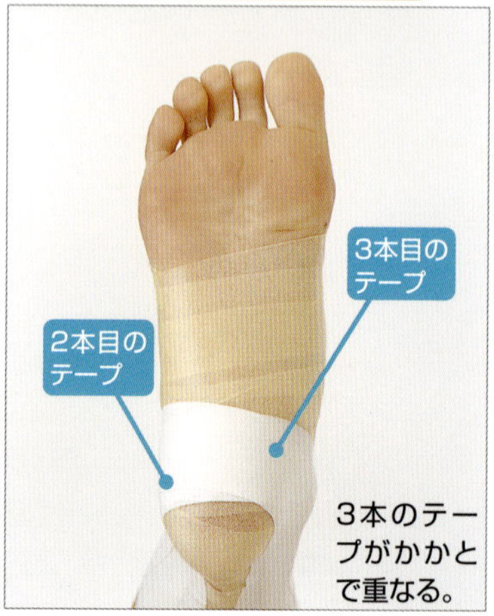

3本のテープがかかとで重なる。

テープの強度 → 強く → 軽く

図解！スターアップ（2・3本目）の巻き方

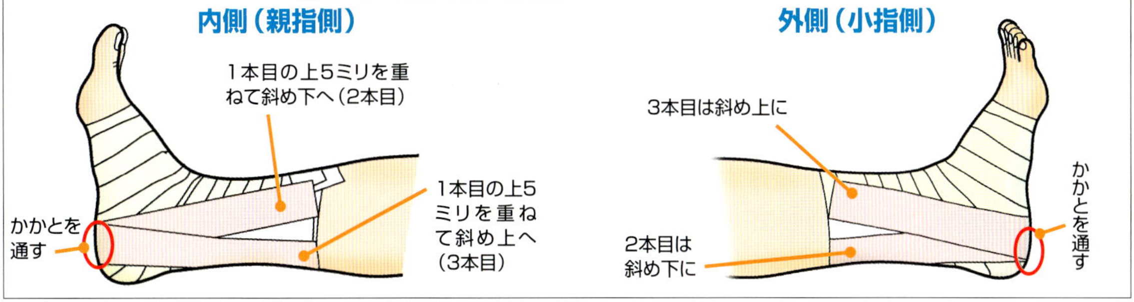

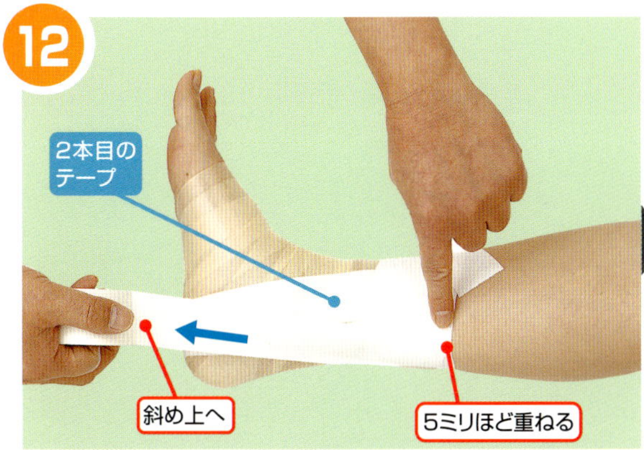

3本目のテープは、1本目の下5ミリぐらいを重ねるように斜め上に貼る。

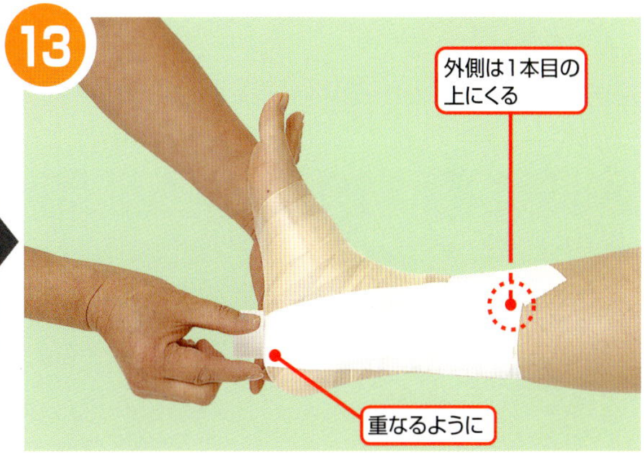

1・2本目のテープに重ねるようにかかとの下を通し、外側に貼る。

テーピング・レッスン　スターアップだけを巻くとこうなる！

内側（親指側）から見ると

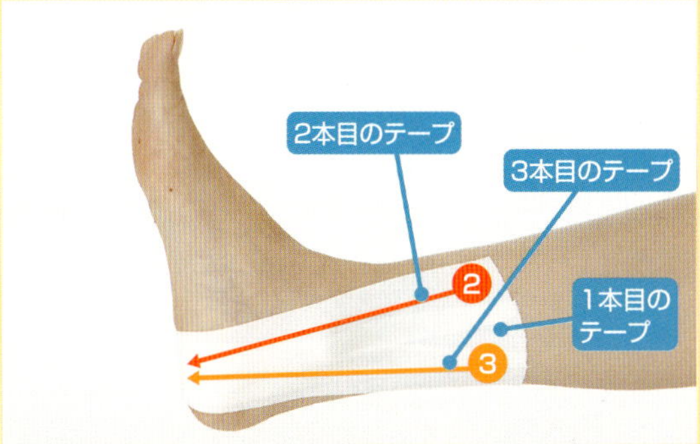

外側（小指側）から見ると

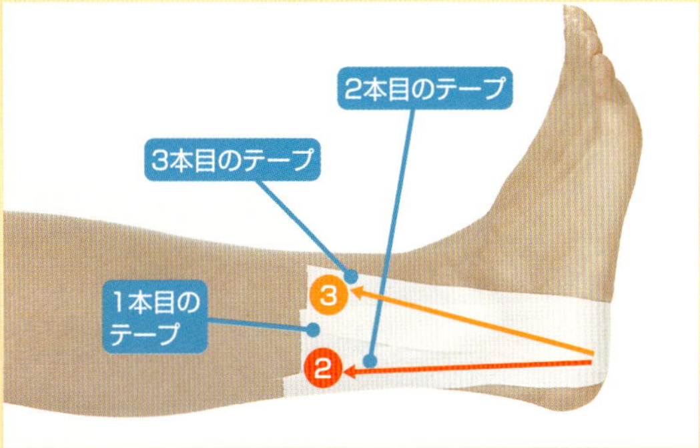

内側にひねると痛い［内反ねんざ］

運動後・日常生活のテーピング（基本）

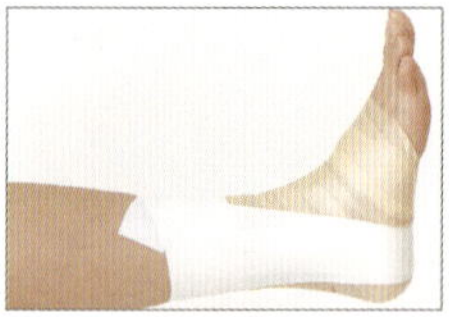

使用するテープ

非伸縮テープ（38ミリ）

P.32写真14から続けて

スターアップを補助するホースシューを巻く（写真15～17）

スターアップを補強して、内側・外側へのひねりを防止するのがホースシュー。足の外側（小指側）から内側（親指側）に3本のテープを貼ります。

図解！ ホースシューの貼り方

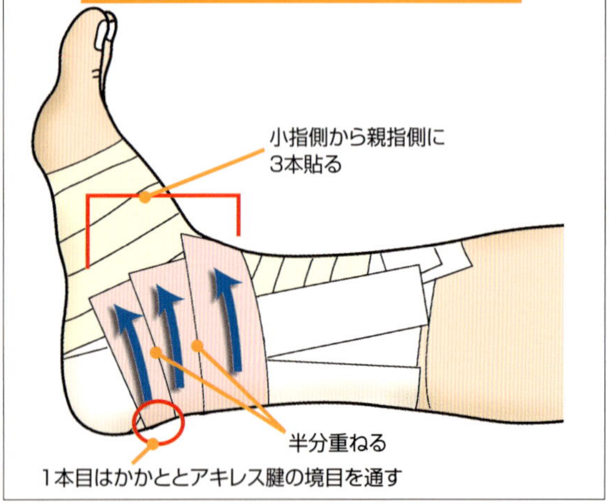

小指側から親指側に
3本貼る
半分重ねる
1本目はかかととアキレス腱の境目を通す

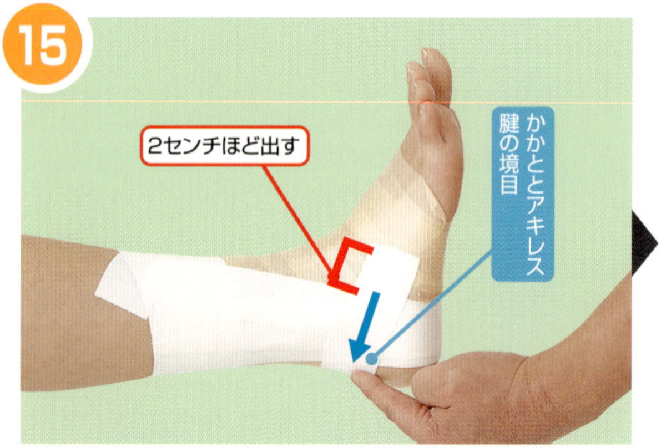

15
2センチほど出す
かかととアキレス腱の境目

テープの中央がかかととアキレス腱の境目を通るように、外側（小指側）から内側（親指側）に1本目のテープを貼る。

スターアップがかくれるまでサーキュラーを巻く（写真18・19）

スターアップのずれを防ぐテープがサーキュラー。足首を1周させるように、スターアップがかくれるまでテープを巻きます。

図解！ サーキュラーの貼り方

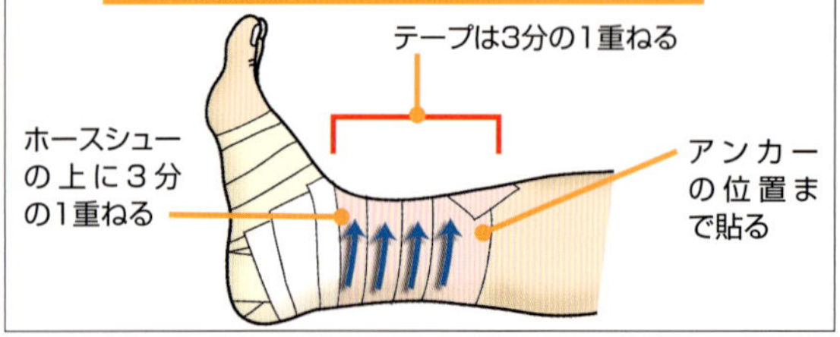

テープは3分の1重ねる
ホースシューの上に3分の1重ねる
アンカーの位置まで貼る

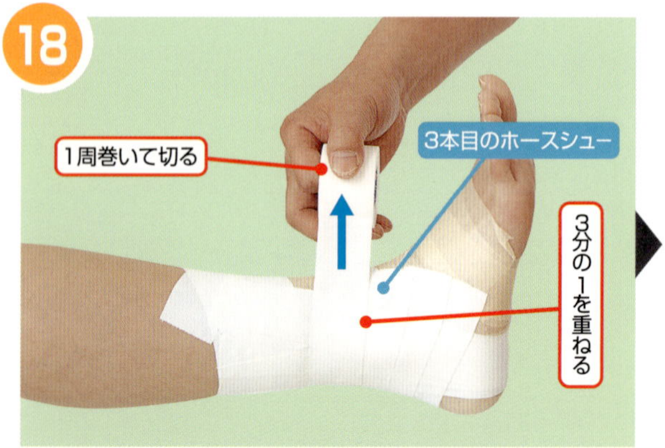

18
1周巻いて切る
3本目のホースシュー
3分の1を重ねる

3本目のホースシューの上3分の1を重ねるように、内側に足首を1周させて切る。

テープの強度　強く　軽く

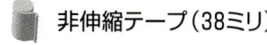

テーピング・レッスン

スターアップの補強とアキレス腱の保護がホースシューの目的

　スターアップの上側のテープは切れやすいので、2センチほど出してホースシューのテープを貼って補強します。また、かかとの骨にかけるようにテープを貼ることで、アキレス腱を保護します。

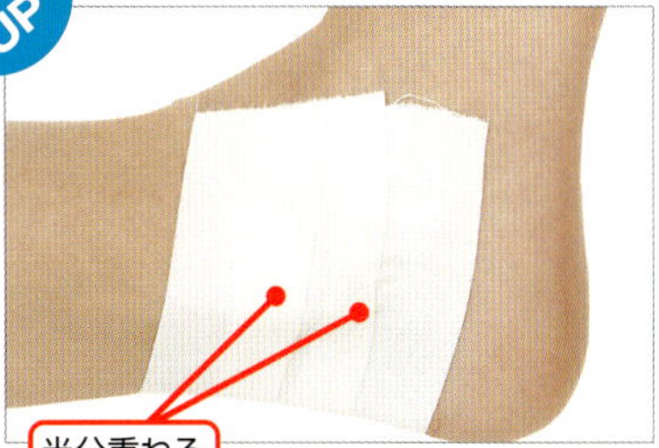

CLOSE UP
半分重ねる

16

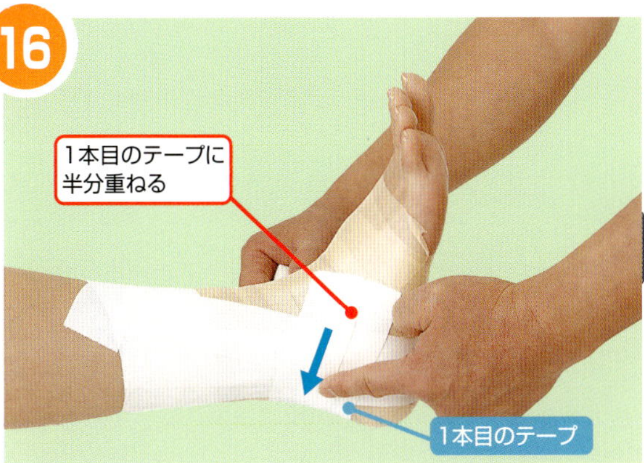

1本目のテープに半分重ねる
1本目のテープ

2本目のテープを、1本目の上半分と重ねるように内側に貼る。

17

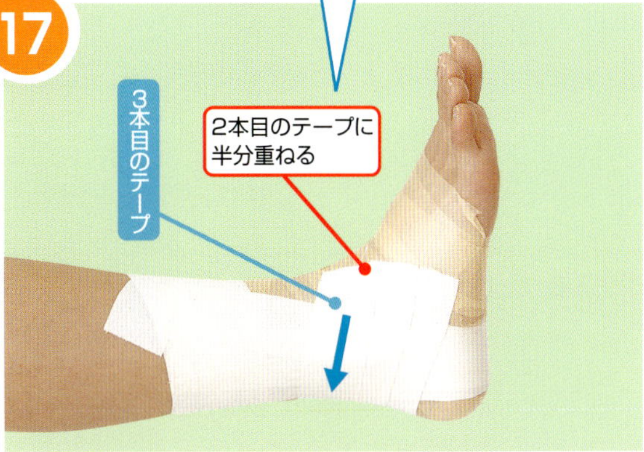

3本目のテープ
2本目のテープに半分重ねる

3本目のテープを、2本目の上半分と重ねるように内側に貼って、ホースシューの完成。

19

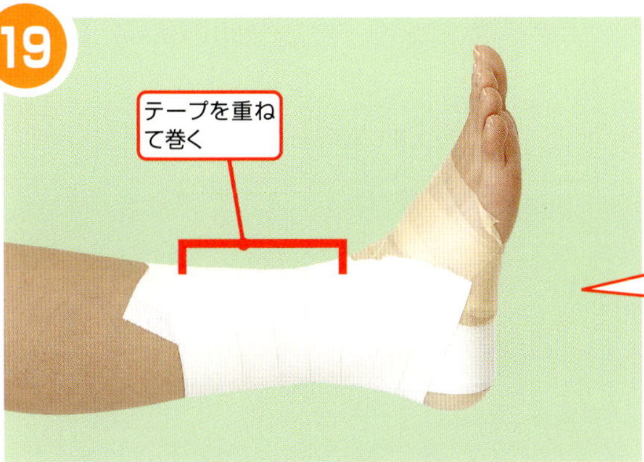

テープを重ねて巻く

2本目のテープを1本目の上3分の1と重なるように1周巻く。3本目からも同様にスターアップがかくれるまで巻き、サーキュラーの完成。→P.36に続く

Point

かかと側の角度と直角になるように巻く

　かかとからふくらはぎは、ゆるやかなカーブになっています。角度に合わせて、かかと側と直角になるようにテープを巻きます。

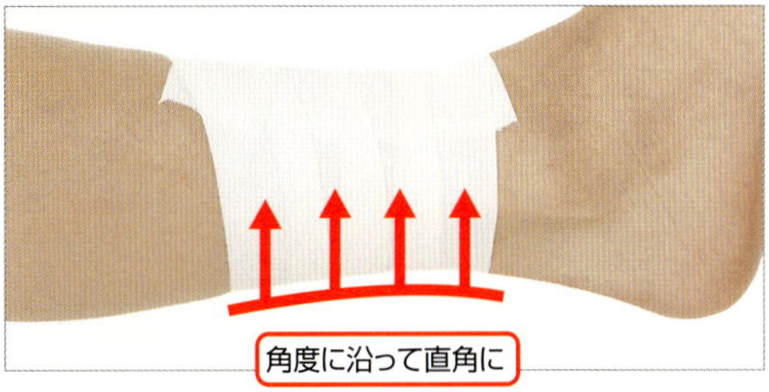

角度に沿って直角に

内側にひねると痛い［内反ねんざ］

運動後・日常生活のテーピング（基本）

使用するテープ

非伸縮テープ（38ミリ）

P.35写真19から続けて

最後にフィギュアエイトを巻いて完成

“8の字”にテープを巻くことで、足首の内側へのひねり（内反《ないはん》）を制限し、足首全体を安定させるのが「フィギュアエイト」です。

内反ねんざの運動後・日常生活のテーピングでは、フィギュアエイトまでが基本となります。

20

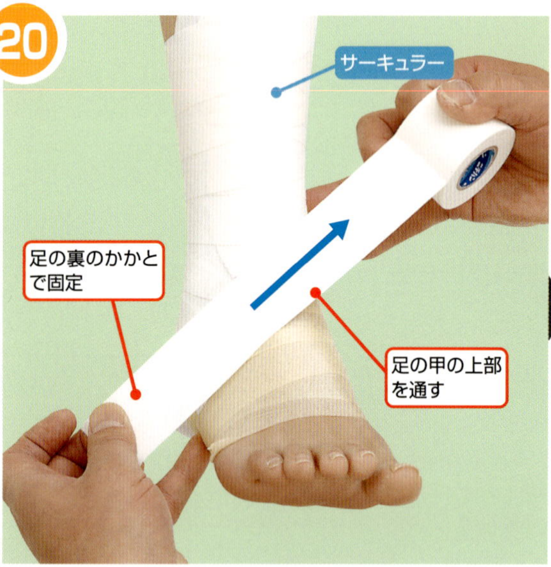

テープのスタートは足の裏のかかと部分。足の甲の上部を通すように、内側（親指側）へ巻く。

21

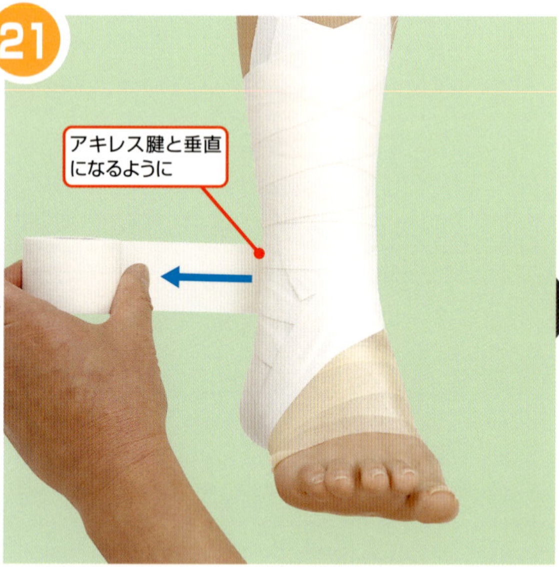

アキレス腱を通すように、縦方向と垂直にテープを巻く。

テーピング・レッスン　フィギュアエイトだけを巻くとこうなる！

1

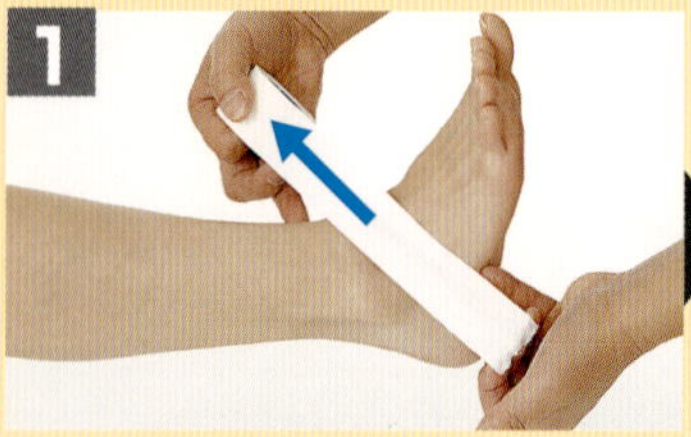

2

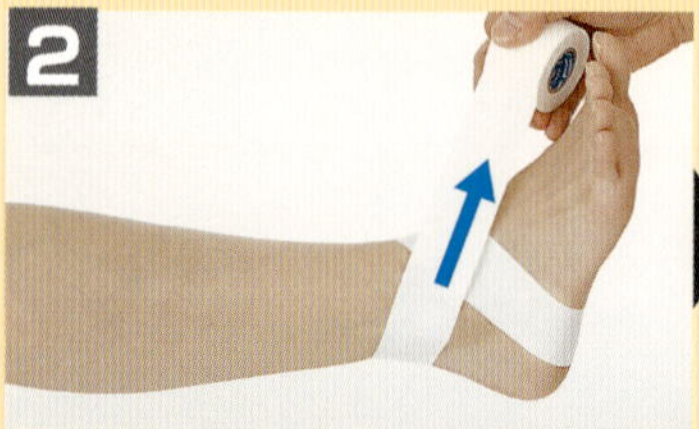

3

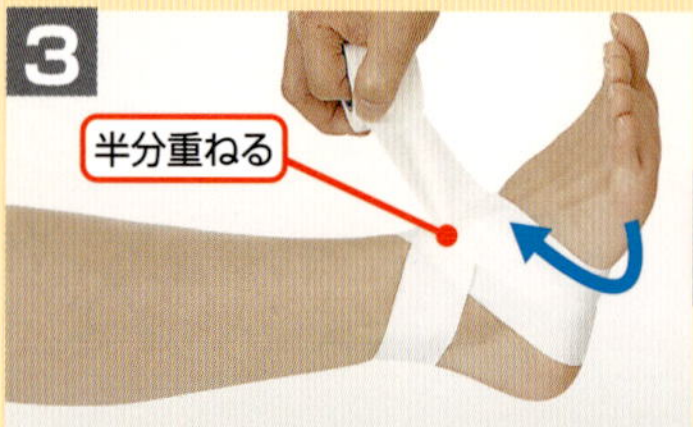

テープの強度　強く　軽く

図解！フィギュアエイトの巻き方

足の甲の上部を通して
アキレス腱へ
足の裏で
固定する
甲でクロスさせる
アキレス腱を通して
小指側へ

22

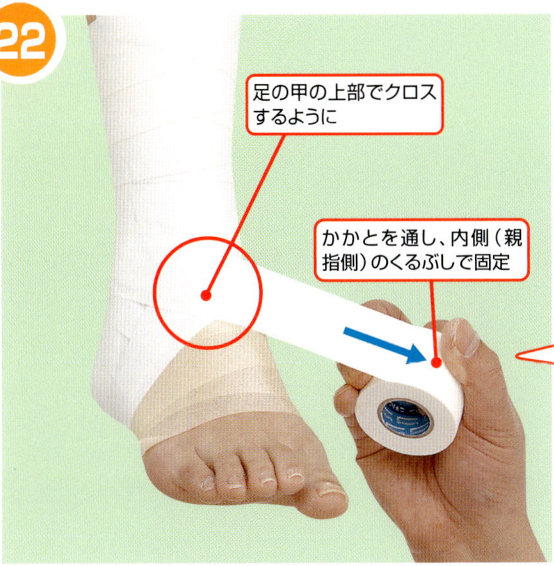
足の甲の上部でクロス
するように
かかとを通し、内側（親
指側）のくるぶしで固定

足の甲の上部のまん中でクロスするように内側に巻き、
かかとを1周させてくるぶし付近で固定する。

4

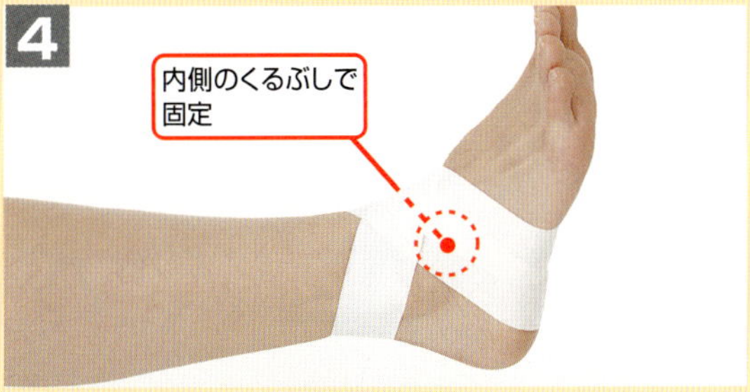
内側のくるぶしで
固定

Point

テーピングが終わったら
フィットしているか確かめる

内反ねんざでは、内側または外側にひねらない（内反・外反《がいはん》）ようにテープを巻きますが、足首の前後の動きは制限していません。

テーピングが終わったら、テープのフィット感を確かめるとともに、前後の動きについても写真のように動かして確認しましょう。

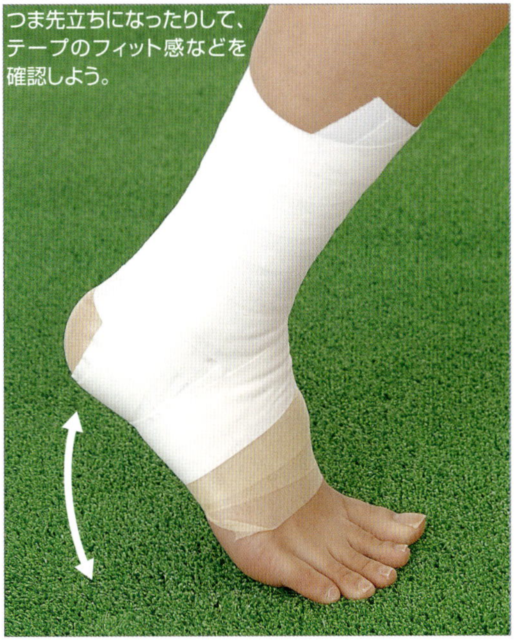
つま先立ちになったりして、
テープのフィット感などを
確認しよう。

足関節（足首）

内側にひねると痛い［内反ねんざ］

運動するときのテーピング

使用するテープ

- アンダーラップテープ
- 伸縮テープ（50ミリ）
- 非伸縮テープ（38ミリ）

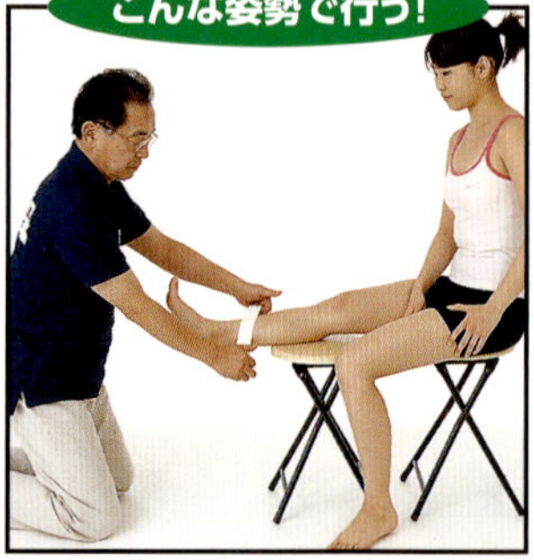
こんな姿勢で行う!

運動するときのテーピングはかかとを固定する「ヒールロック」を加える

足首を一度痛めると、完治しても痛める前と同じ運動をするには、精神的な不安を伴います。運動するときや、再発防止のテーピングは、**P.28〜P.37**で紹介したテーピングよりも、さらに強度を増す必要があります。そこで用いるのが「ヒールロック」という巻き方です。伸縮テープを使用することにより、かかとをしっかり固定しつつ足首をやわらかく包み込み、足首の動きを制限できます。

Point

スターアップの2本目は上から下へ 3本目は下から上へ貼る

2本目のテープは内側の上を起点に外側では下に、3本目は内側の下を起点に外側では上に貼ります。

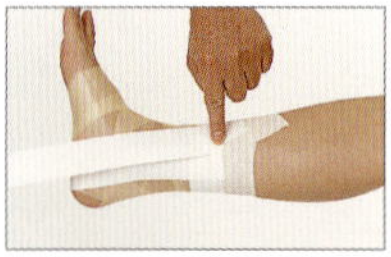

2本目は上から

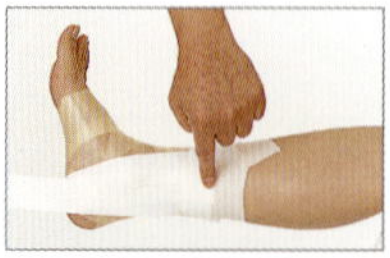

3本目は下から

1

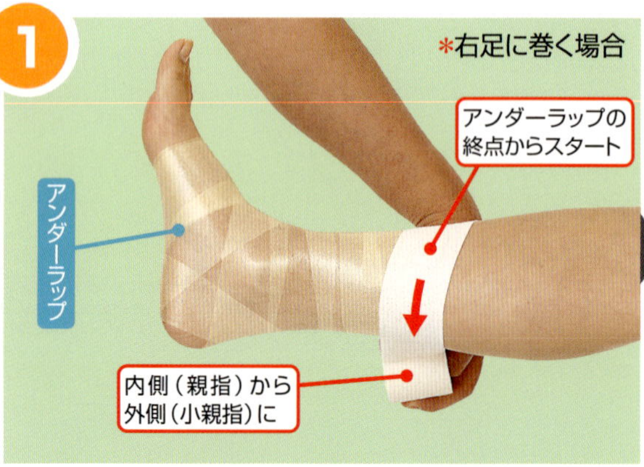
*右足に巻く場合
アンダーラップの終点からスタート
アンダーラップ
内側（親指）から外側（小親指）に

アンダーラップを巻き（→**P.28**）、その終点からテープを巻く（→**P.30「アンカー」**）。1本目はふくらはぎに負担をかけないように「伸縮テープ」を使用する。

4

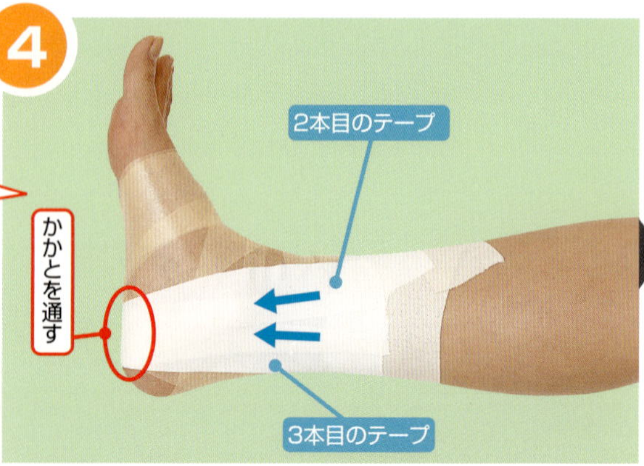
2本目のテープ
かかとを通す
3本目のテープ

写真**3**のテープ上5ミリぐらいを重ねるように、斜めにテープを貼る。3本目は写真**3**のテープ下5ミリぐらいを重ねるように貼る（→**P.32「スターアップ」**）。

テープの強度 ➡ 強く ➡ 軽く

テーピング・レッスン

写真1～6までの流れは、**P.28**～**P.35**までの日常生活のテーピングと同じですが、テープの種類と巻く位置が多少異なります。まず、「アンカー」と「ホースシュー」の1本目に伸縮テープを使うことです。そして、「スターアップ」の始点と終点がアンカーの2本目の位置になる点が違います。

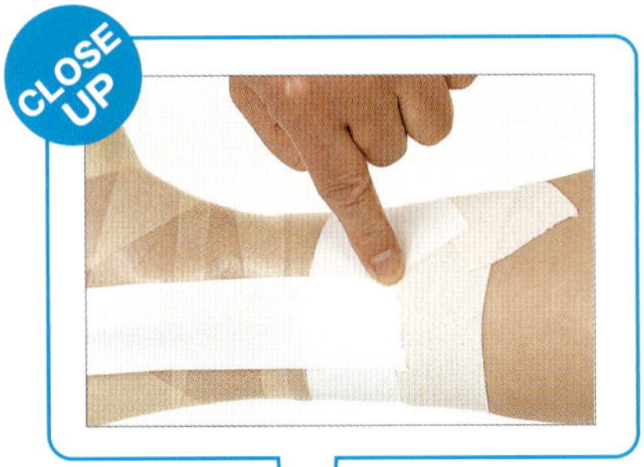
CLOSE UP

2

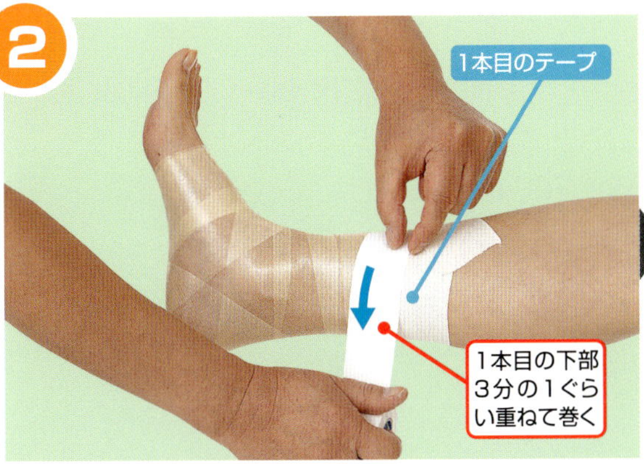
1本目のテープ
1本目の下部3分の1ぐらい重ねて巻く

1本目のテープ下3分の1を重ねるように、2本目のテープを巻く。しっかり止める必要があるので「非伸縮テープ」を使用する。

3

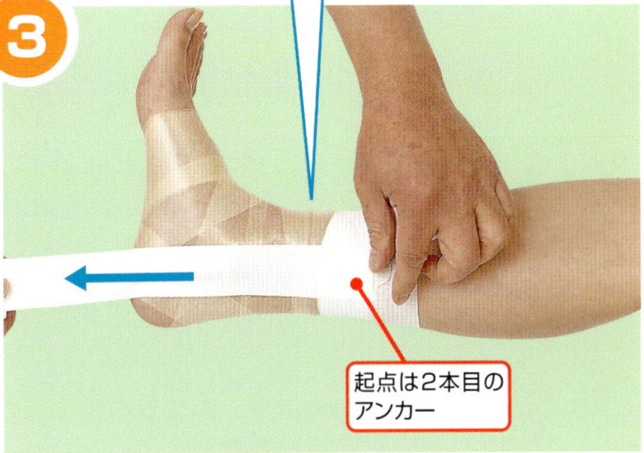
起点は2本目のアンカー

足首の動く範囲を制限するためのテープを巻く。アンカーの2本目の位置を始点に、足の裏を通すようにテープを1本貼る(→**P.31**「**スターアップ**」)。

5

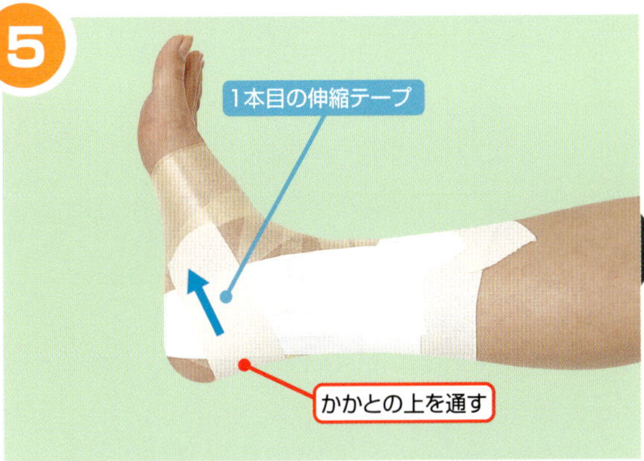
1本目の伸縮テープ
かかとの上を通す

写真3を補強するテープを貼る。1本目は「伸縮テープ」を使用し、かかとからアキレス腱にかかるところをフィットさせるように巻く(→**P.34**「**ホースシュー**」)。

6

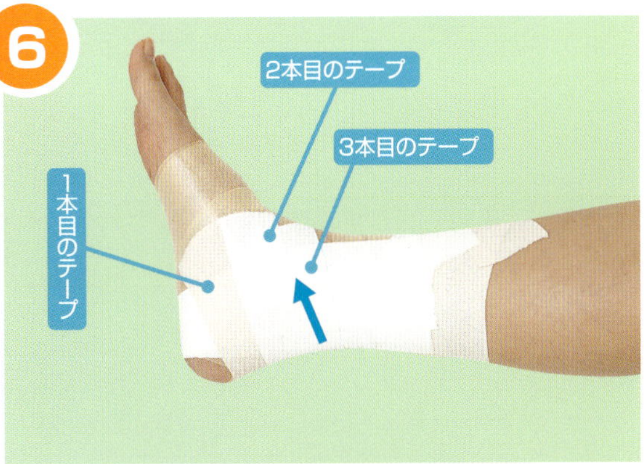
2本目のテープ
3本目のテープ
1本目のテープ

テープを1本目の上半分と重ねるように巻く。3本目も2本目の上半分と重ねるように巻く。ともに「非伸縮テープ」を使用する。 → **P.41に続く**

足関節（足首）

内側にひねると痛い［内反ねんざ］

運動するときのテーピング

かかとをしっかり固定するために
ヒールロックを巻く

足首を内側にひねると痛いときに運動する場合は、かかとをしっかり固定する必要があります。そのときに用いるのが「ヒールロック」です。

かかとを内側と外側からひっかけるように巻くのがヒールロックの特徴で、足首の内側へのひねり（内反《ないはん》）や外側へのひねり（外反《がいはん》）をさらに制限します。足首の前後の動き（背屈《はいくつ》・底屈《ていくつ》）には影響ありません。

図解！ヒールロックの巻き方

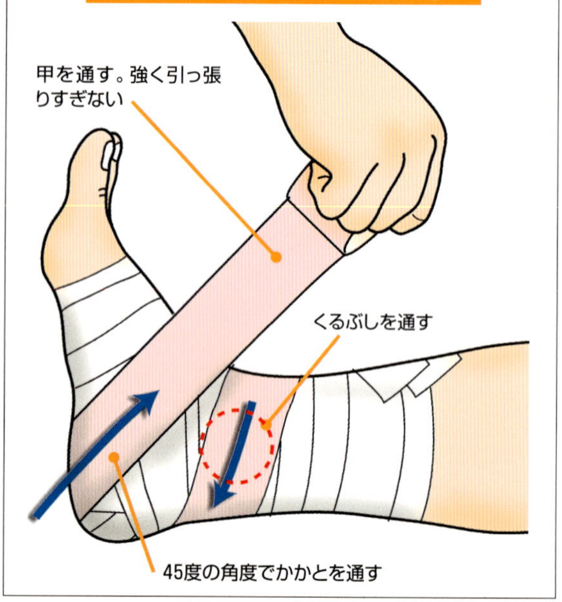
甲を通す。強く引っ張りすぎない
くるぶしを通す
45度の角度でかかとを通す

かかとをひっかけるように巻くことで、しっかりと固定することができる。

テーピング・レッスン ヒールロックだけを巻くとこうなる！

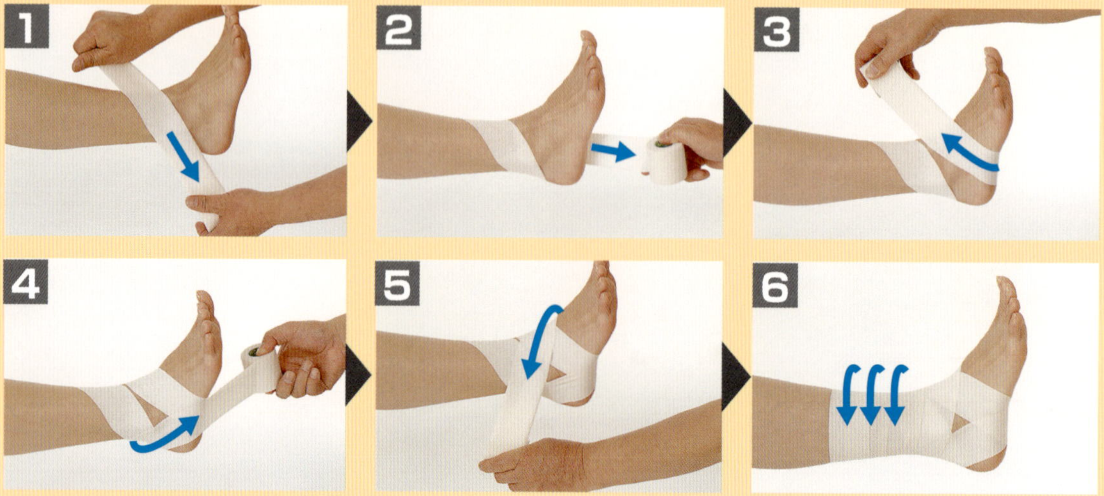
1
2
3
4
5
6

テープの強度 強く 軽く

テーピング・レッスン

アンダーラップをはがすのは テープのずれを防ぐため

P.39写真**6**までは、運動後・日常生活のテーピングとそれほど変わりませんでしたが、運動時は「ヒールロック」という巻き方をします。

まず、テープを巻いていない部分のアンダーラップをはがしますが、これはそのあとに巻くテープのずれを防ぐためです。アンダーラップを残したままだと、靴下をはいたときに固定したテープがずれたり、はがれたりしてテーピングをした意味がなくなってしまいます。

使用するテープ

伸縮テープ（50ミリ）

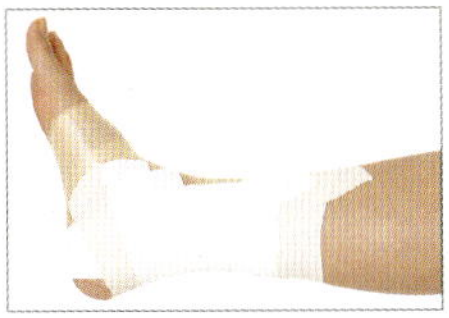

P.39写真6から続けて

7

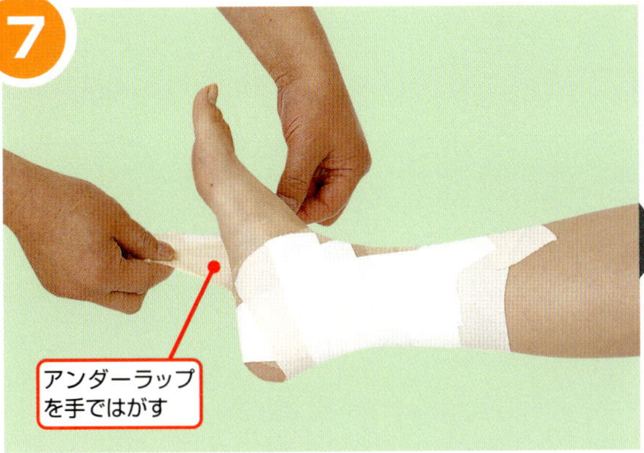

テープを巻いていない部分のアンダーラップをはがす。

8

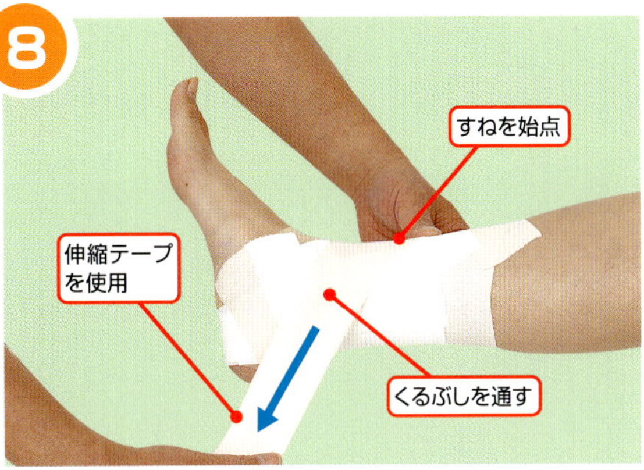

すねを始点にして内側のくるぶしを通し、外側（小指側）に伸縮テープを巻く。

9

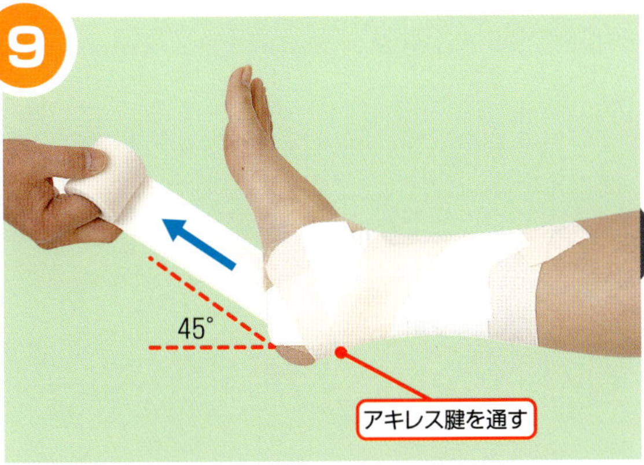

アキレス腱を通し、かかとの45度ほど斜め上にテープを巻く。

10

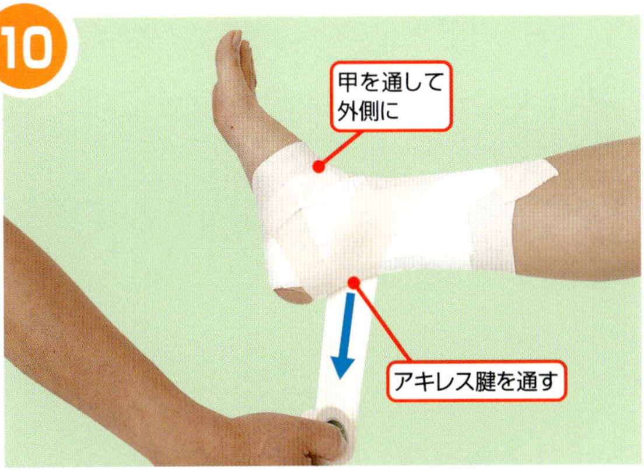

足の甲を通して、外側からアキレス腱方向にテープを巻く。 →P.42に続く

内側にひねると痛い［内反ねんざ］

運動するときのテーピング

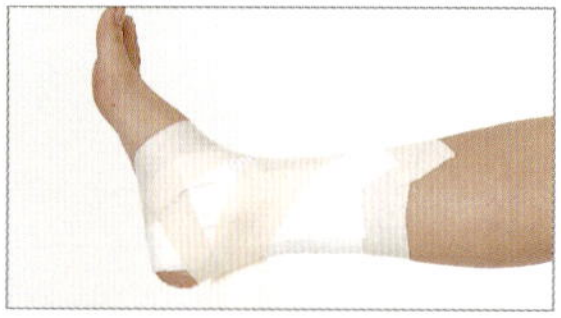

使用するテープ

伸縮テープ（50ミリ）

P.41写真10から続けて

ここに注意!

かかとに引っかける角度は、内側・外側ともに45度。写真9と11は内側と外側の違いだけで巻き方は同じになります。

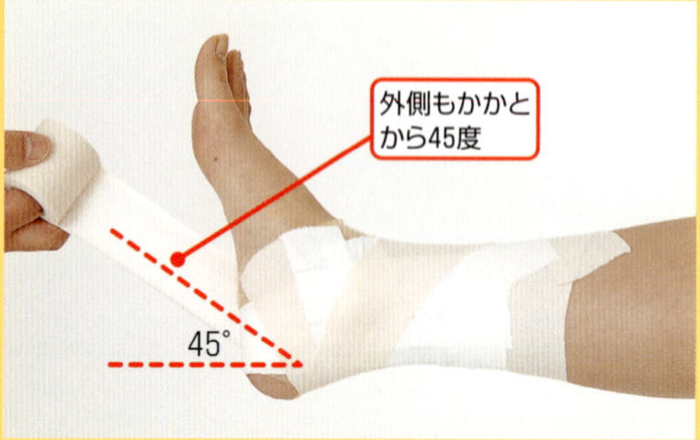
外側もかかとから45度
45°

11

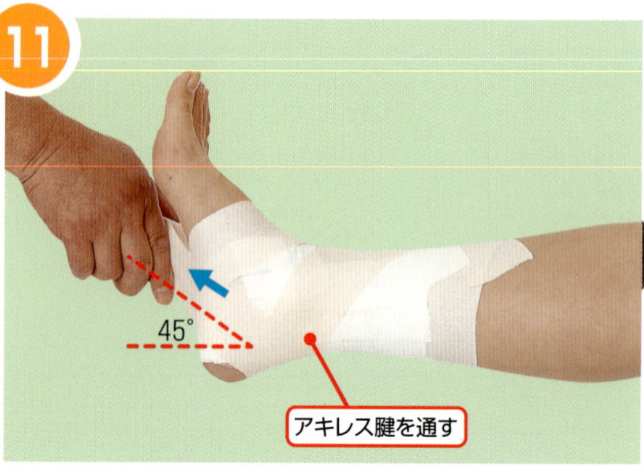
45°
アキレス腱を通す

アキレス腱を通して、かかとの45度ほど斜め上にテープを巻く（**P.41**写真9とは内側と外側が違うだけ）。

さらに強化したい場合

運動するときのテーピングは、**P.43**写真12で完成ですが、不安なときはさらに「アルファー」というテーピングで補強します。

アルファーは「フィギュアエイト（→**P.36**）」の変形で、文字どおり「α」を描く形でテープを巻きます。使用するのは伸びない「非伸縮テープ」です。

非伸縮テープで補強すれば、強度がさらにアップする。

1

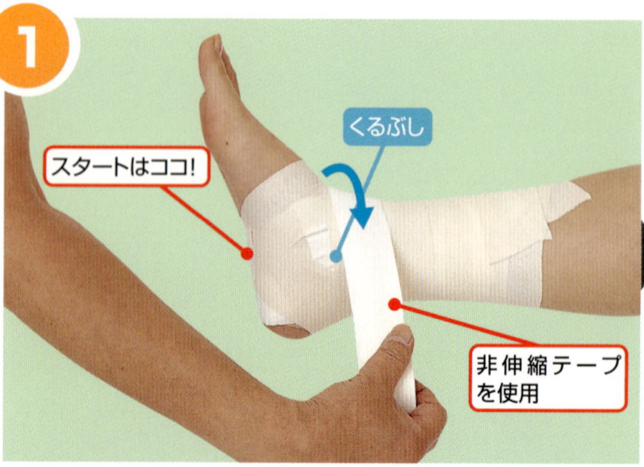
くるぶし
スタートはココ!
非伸縮テープを使用

足の裏のテープ上半分の位置からスタート。外側（小指側）から内側（親指側）のくるぶし方向に非伸縮テープを巻く。

テープの強度 → 強く → 軽く

12

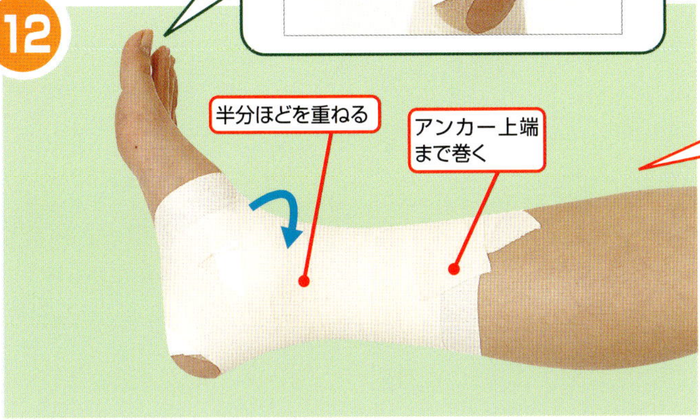
半分ほどを重ねる
アンカー上端まで巻く

マルチアングル（足の裏）

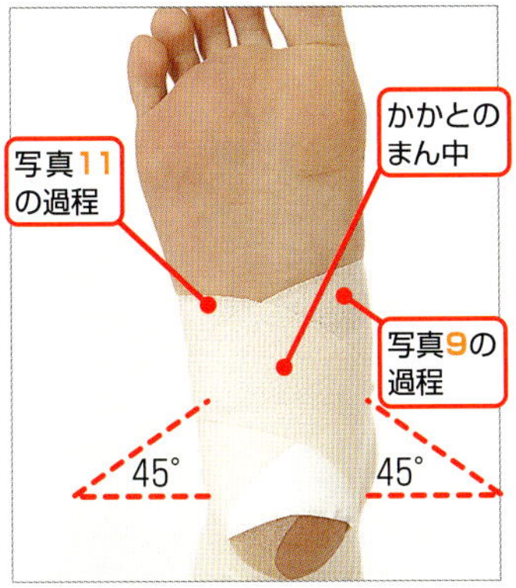
写真11の過程
かかとのまん中
写真9の過程
45°
45°

外側に引き上げ、足首方向にテープを半分重ねるように巻き上げてヒールロックの完成。

Point

足首方向に巻き上げるときは引っ張りすぎないこと

ヒールロックで足首方向に巻くときは、テープを引き上げたときにいったん力をゆるめることが大切です。引っ張った状態で巻くと、きつくなりすぎてしまいます。

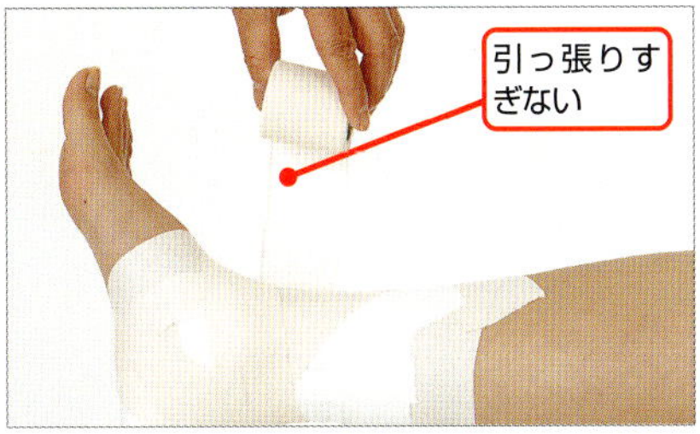
引っ張りすぎない

2

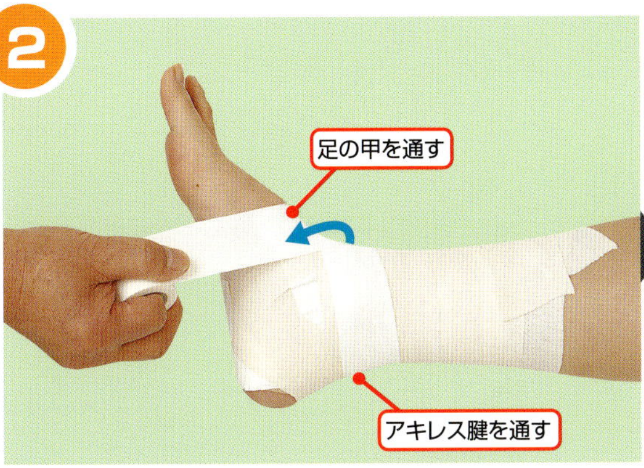
足の甲を通す
アキレス腱を通す

アキレス腱を通るように外側に足首を1周させ、足の甲にテープを巻く。

3

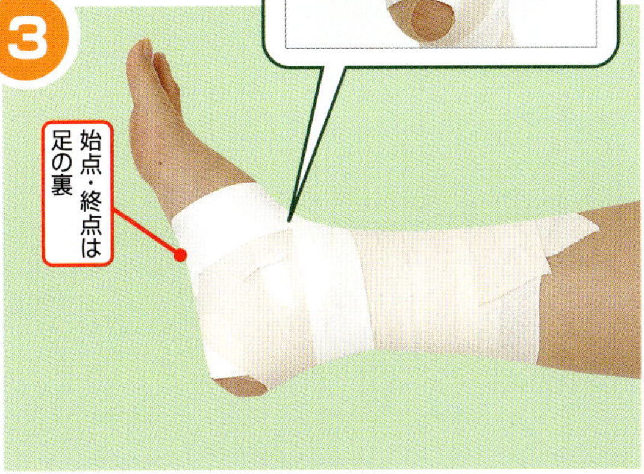
始点・終点は足の裏

マルチアングル（足の裏）

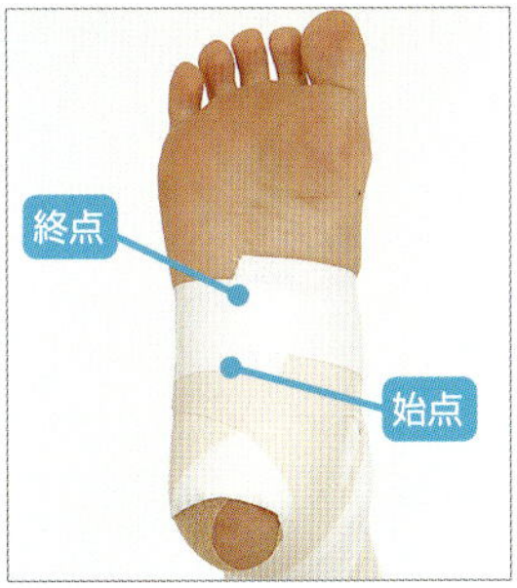
終点
始点

スタート地点の足の裏で固定して完成。巻き始め部分よりやや上側を重ねる。

足関節（足首）

内側にひねるのを防ぐ

運動後・日常生活のテーピング

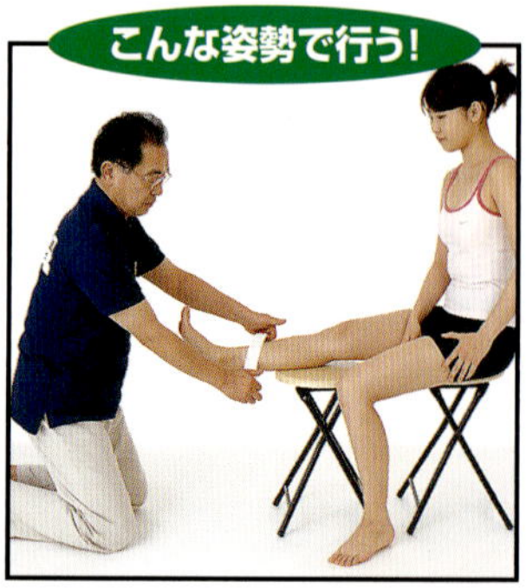

使用するテープ

キネシオロジーテープ（50ミリ）

4本のテープで内反ねんざを予防する

ねんざは運動しているときにだけ起こるのではなく、日常生活でもちょっとしたことで足をひねったりします。これから紹介するテーピングは、４本のテープで比較的簡単に内反《ないはん》ねんざを防ぐことができます。

足首を内側にひねる内反ねんざを予防するには、足首が内側にいかないようにテープで引っ張ってあげればよいのです。

使用するテープは4本。あらかじめカットしておく

ここで使うのは伸縮性のある「キネシオロジーテープ」です。これを25〜30センチの長さに切り、4本用意しましょう。

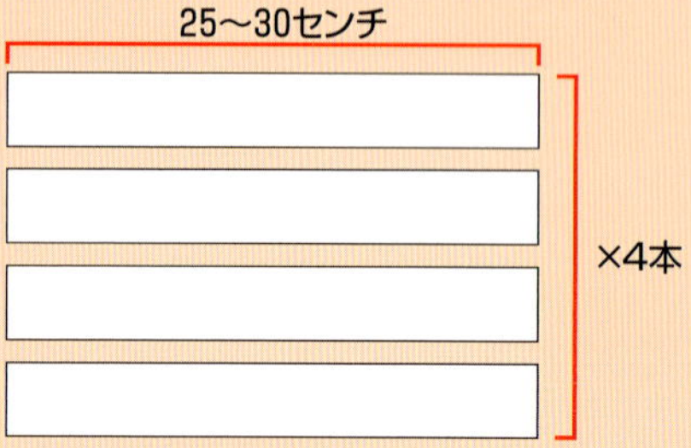

1

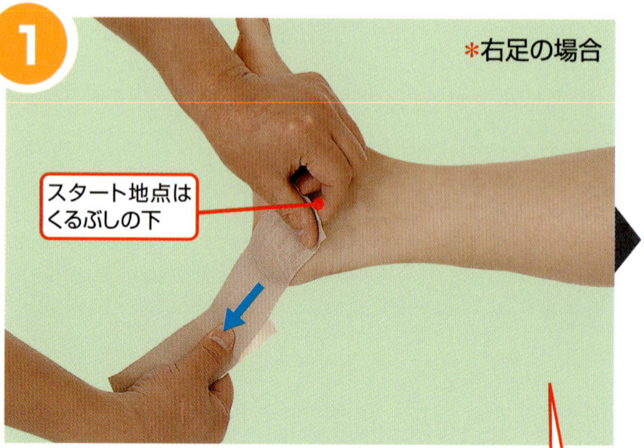

足首は直角にし、内側（親指側）のくるぶしの下からスタート。かかとの角にテープのまん中がくるように貼る。

Point

スタート地点は1センチほど浮かせて貼る

スタート地点は、かぶれを防止するため、1センチほど浮かせておき、最後に軽く押さえるように貼ります。

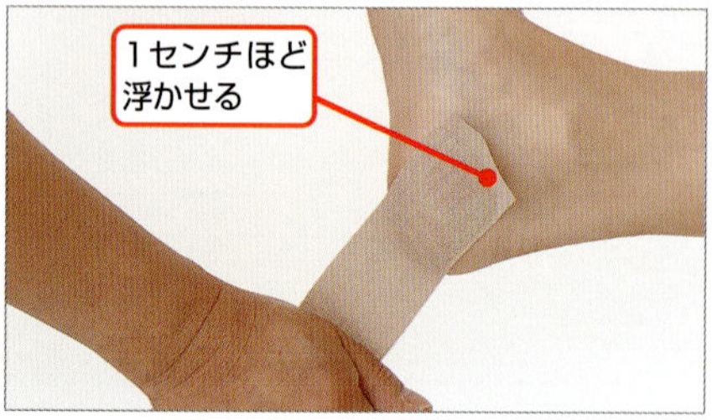

テープの強度　→ 強く　→ 軽く

テーピング・レッスン

最初と最後以外はテープを引っ張って貼ること

伸縮テープでは、テープを引っ張って貼ることにより、内側へのひねりがより制限されます。最初と最後はかぶれ防止のため引っ張らずに浮かせておき、それ以外は引っ張りながら貼りましょう。

マルチアングル(小指側)

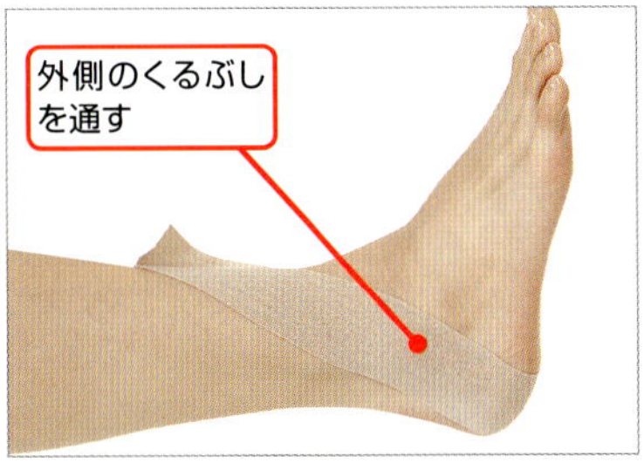

2

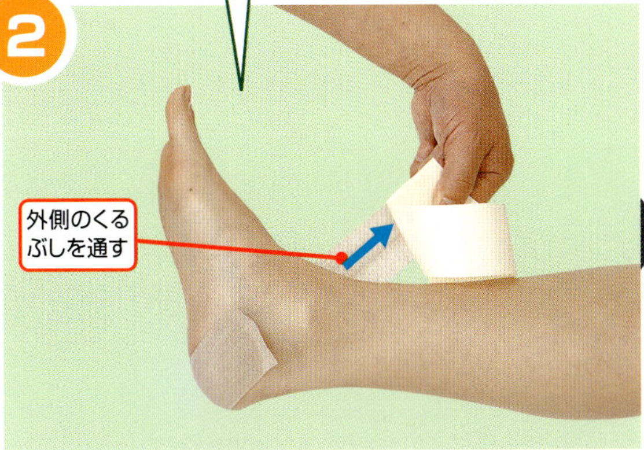

テープを引っ張りながら、外側(小指側)のくるぶしを通して斜め上に貼る。

3

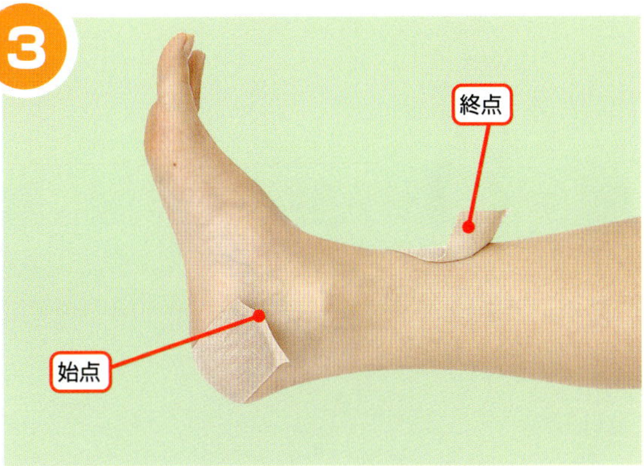

すねのあたりが終点。始点と同様に、かぶれ防止のためテープは浮かせておく。

4

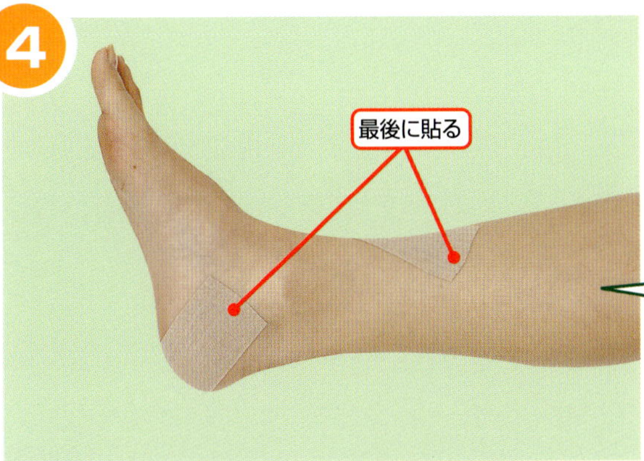

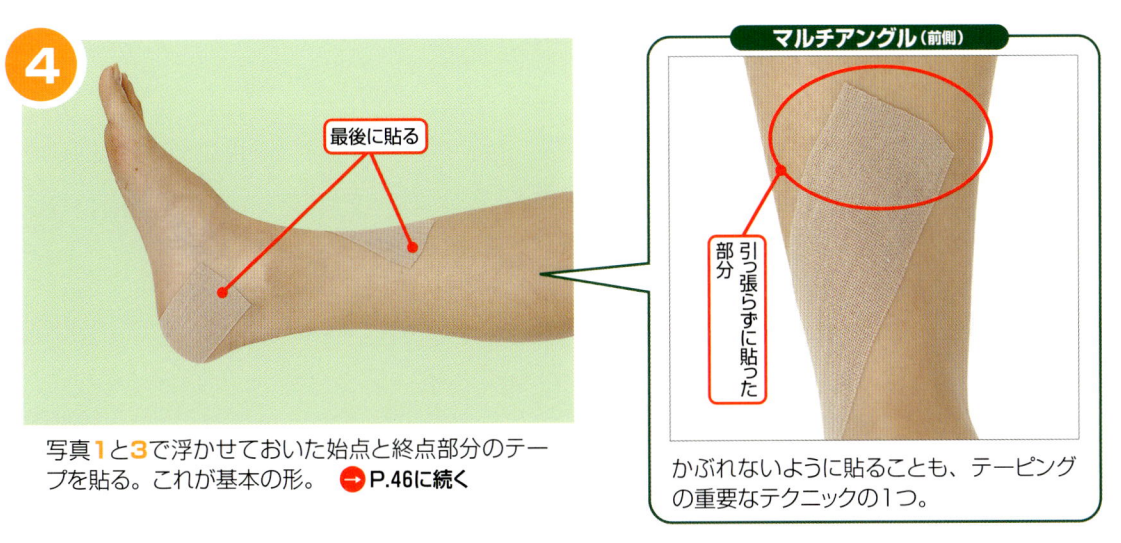

写真1と3で浮かせておいた始点と終点部分のテープを貼る。これが基本の形。 P.46に続く

マルチアングル(前側)

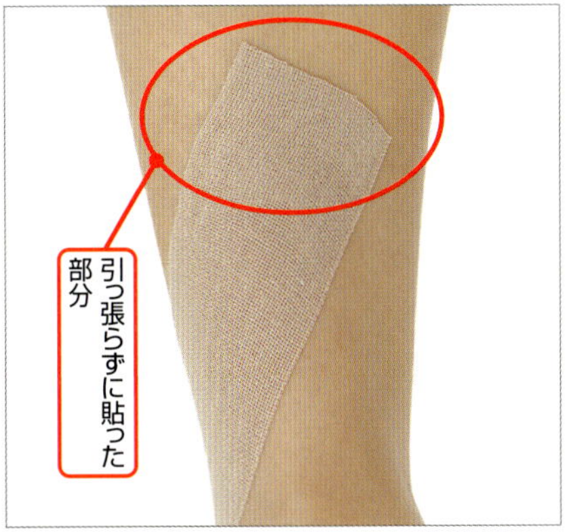

かぶれないように貼ることも、テーピングの重要なテクニックの1つ。

内側にひねるのを防ぐ

運動後・日常生活のテーピング

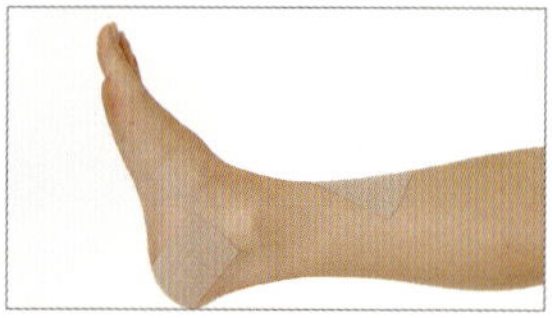

使用するテープ

キネシオロジーテープ（50ミリ）

P.45写真4から続けて

4本のテープのスタート地点

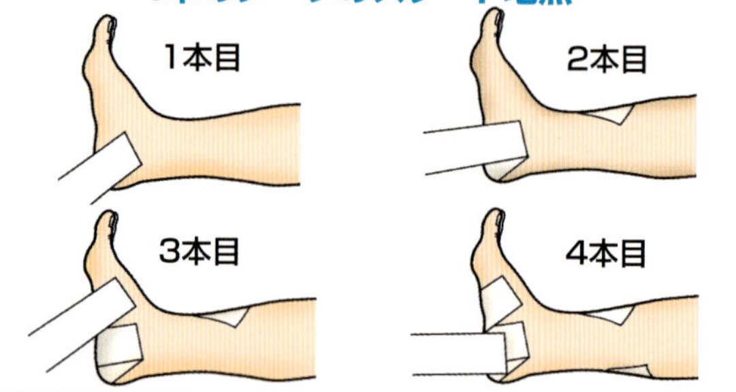

1本目
2本目
3本目
4本目

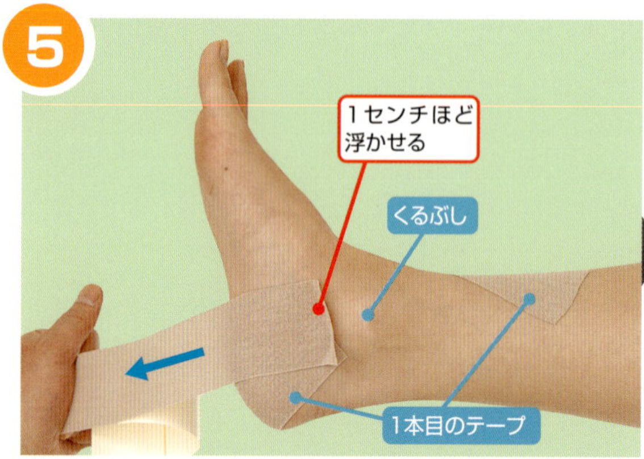

5
1センチほど浮かせる
くるぶし
1本目のテープ

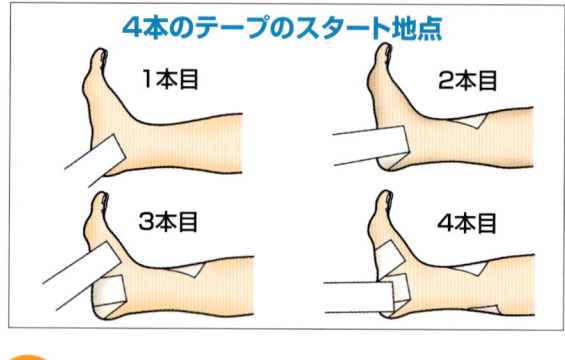

2本目のテープを、くるぶしの真下からかかと方向に引っ張りながら貼る。スタート地点は1センチほど浮かせること。

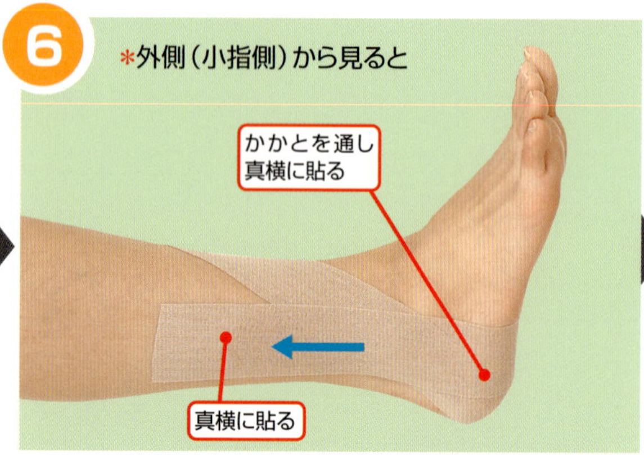

6
*外側（小指側）から見ると
かかとを通し真横に貼る
真横に貼る

引っ張った状態でかかとを通し、足首と直角にまっすぐ貼る。最後に、浮かせておいた始点と終点を押さえる。

Point

テープの端は皮膚にかけたほうがはがれにくい

テーピングでは、はがれにくいようにテープを貼ることも重要です。テープの上からスタートしたり終わったりするとテープがはがれやすくなるので、テープの端は直接皮膚にかけて貼りましょう。

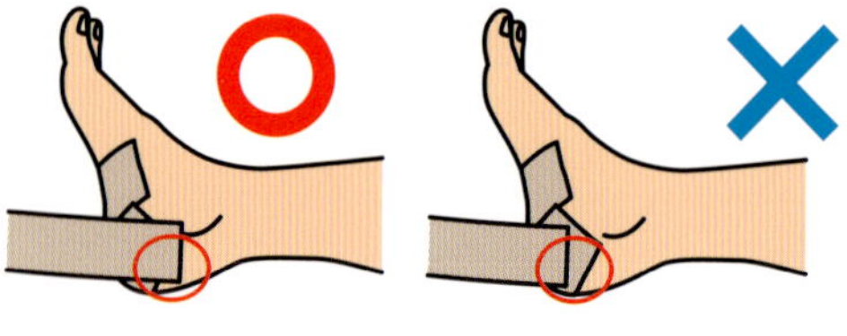

○
×

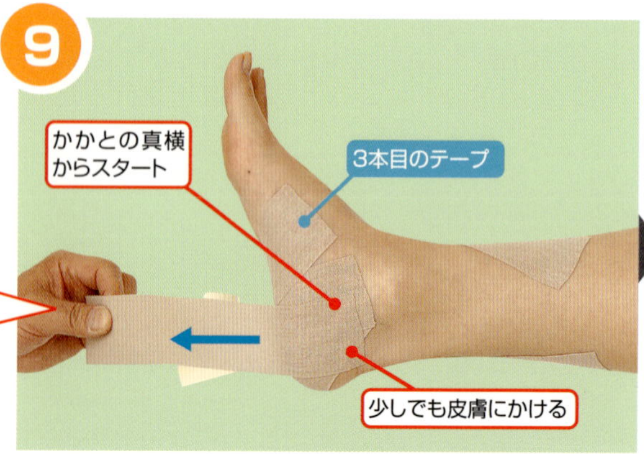

9
かかとの真横からスタート
3本目のテープ
少しでも皮膚にかける

4本目のテープは、かかとの真横を始点にまっすぐ引っ張るように貼る。

テープの強度 → 強く → 軽く

テーピング・レッスン

O脚の矯正にも役立つテーピング

キネシオロジーテープを使った内反ねんざを予防するテーピングは、足のバランスを正常に戻す効果も期待できるので、O脚の矯正にも役立ちます。

O脚は外側にひざが開いてしまうものですが、足首が内側にいかないようにテープで引っ張ってあげることにより、自然体になるのです。

7

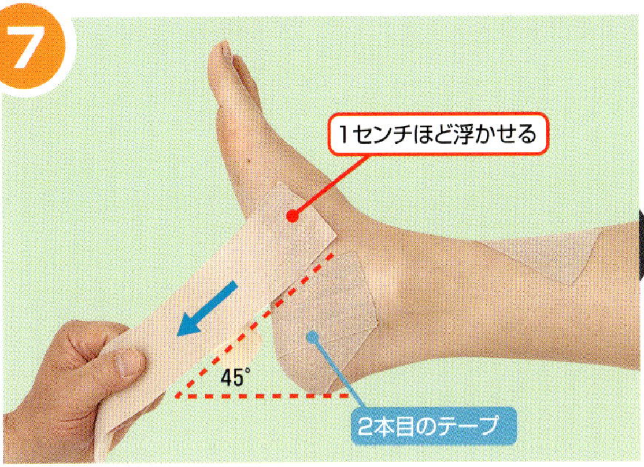

1センチほど浮かせる
45°
2本目のテープ

3本目のテープは、2本目のやや上から45度斜め下に引っ張りながら貼る。

8

＊外側（小指側）から見ると

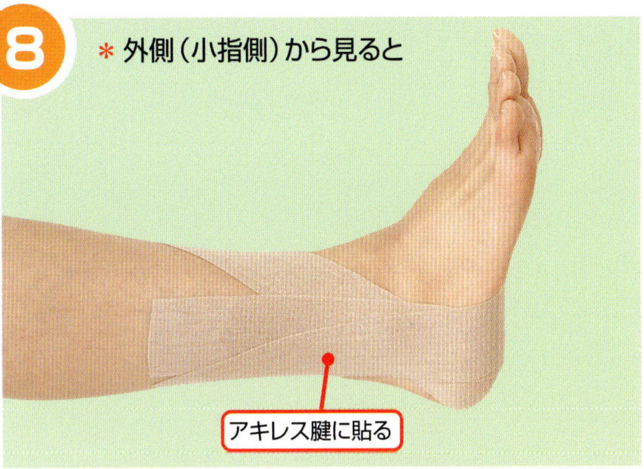

アキレス腱に貼る

かかとを通し、アキレス腱の位置に貼る。

10

＊外側（小指側）から見ると

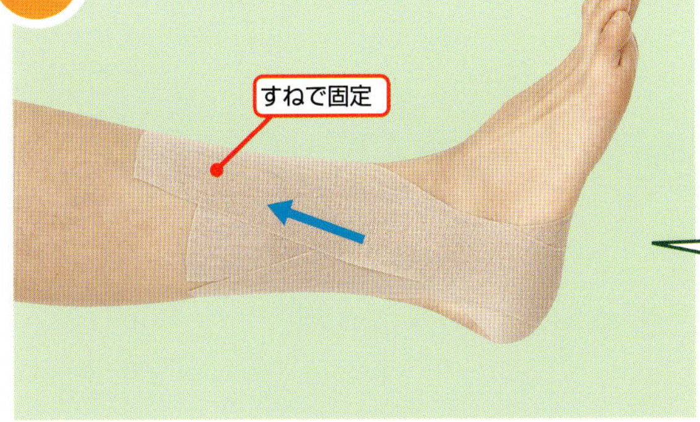

すねで固定

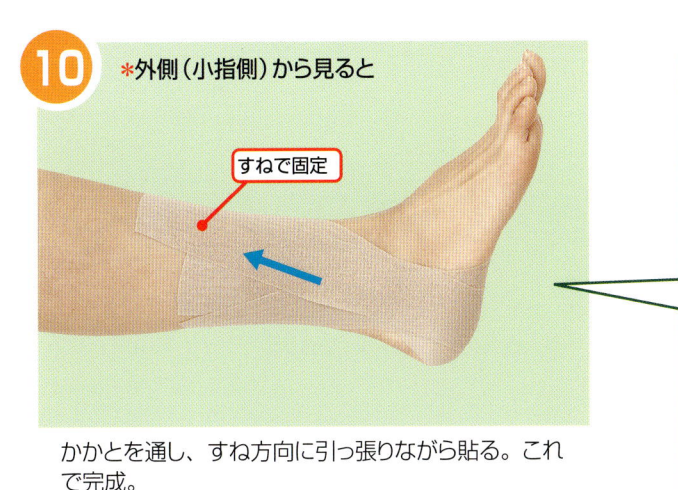

かかとを通し、すね方向に引っ張りながら貼る。これで完成。

マルチアングル（親指側）

内側のくるぶしにはテープを貼らずに、外側はくるぶしの上を通す。

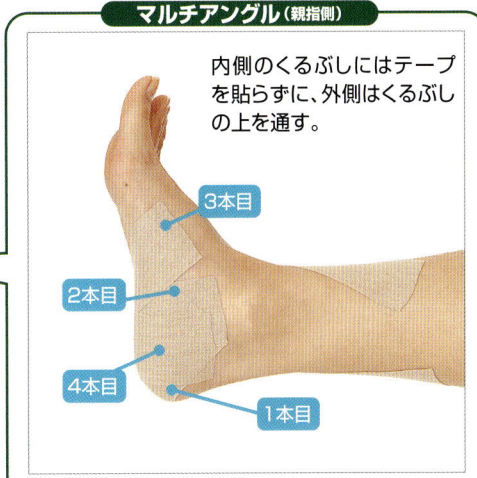

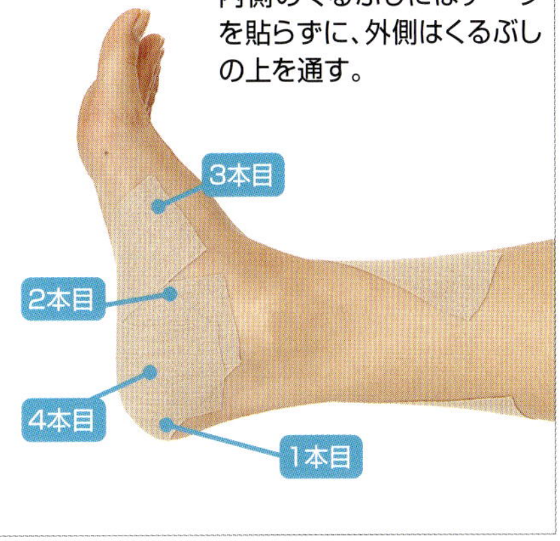

3本目
2本目
4本目
1本目

足関節（足首）

内側にひねるのを防ぐ

運動するときのテーピング

使用するテープ

キネシオロジーテープ（50ミリ）

運動するときはテープを補強する

内反ねんざを予防するためのテーピングは**P.44〜P.47**のとおりですが、運動するときや不安なときはさらにテープを貼り、強度を高めます。キネシオロジーテープを使います。

1

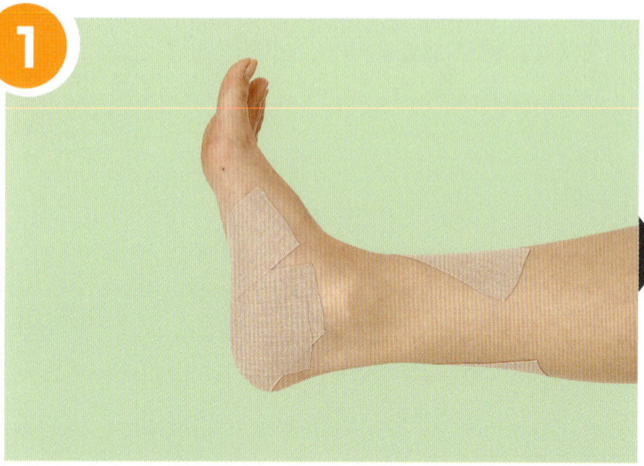

P.44〜P.47の順に、キネシオロジーテープを貼る。

2

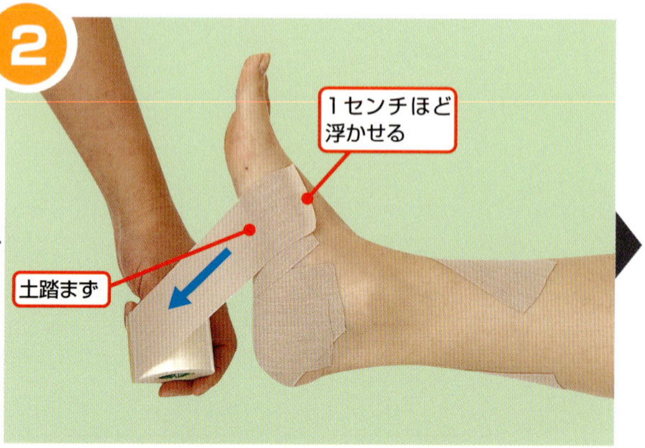

土踏まずから内側（親指側）の斜め上を起点にして、テープを引っ張りながら貼る。

マルチアングル（小指側）

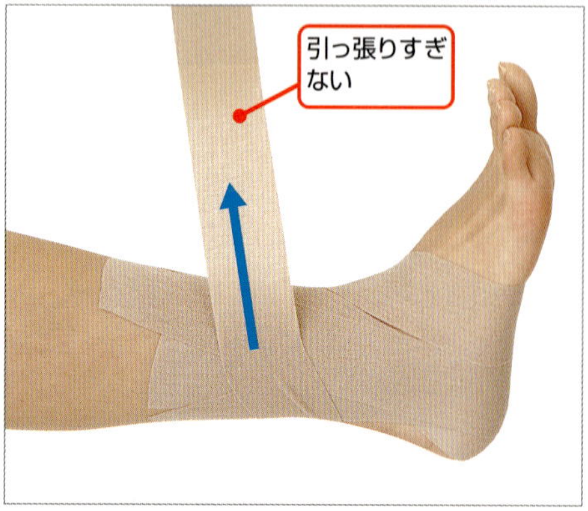

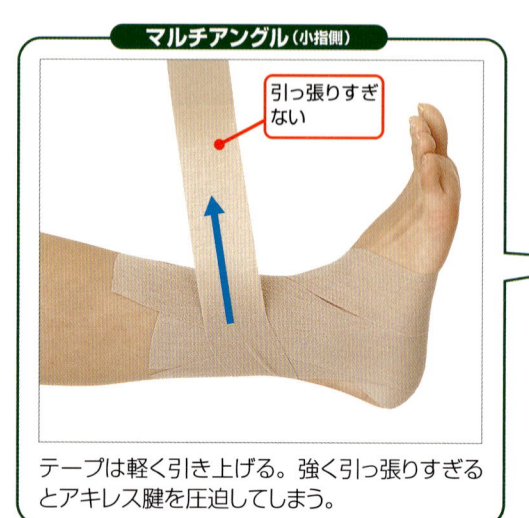

テープは軽く引き上げる。強く引っ張りすぎるとアキレス腱を圧迫してしまう。

5

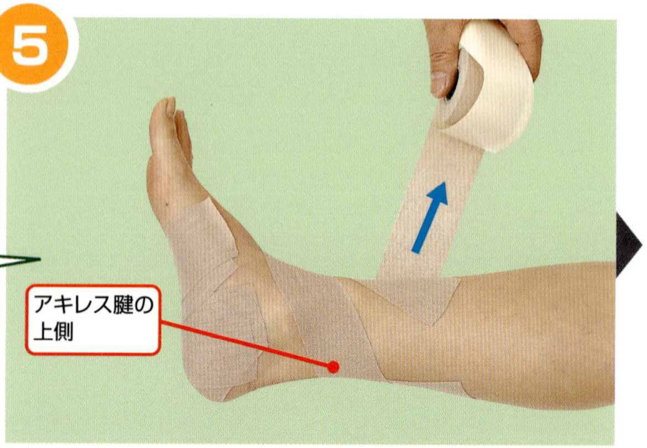

アキレス腱の上側を通し、外側に向かってテープを引き上げる。

テープの強度　→ 強く　→ 軽く

テーピング・レッスン

伸縮テープとキネシオロジーテープの違いを知っておく

伸縮テープとキネシオロジーテープは、ともに伸びるテープですが、粘着力はキネシオロジーテープのほうがあります。テープに剥離紙が付いているのはそのためで、より強い粘着性を求める場合などにキネシオロジーテープを使います。

3

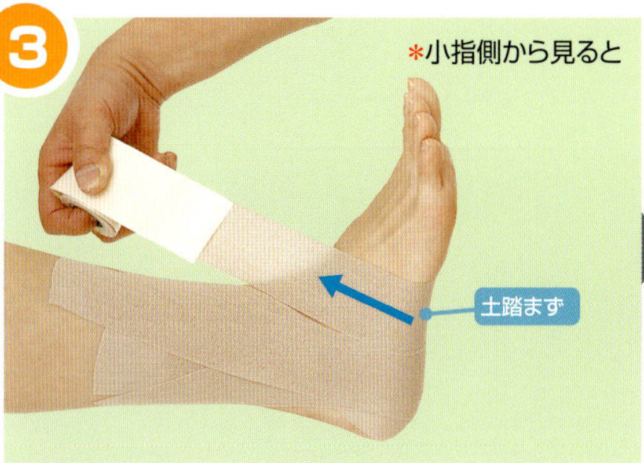
*小指側から見ると
土踏まず

土踏まずを通し、外側（小指側）の斜め上方向に引っ張りながら貼る。

4

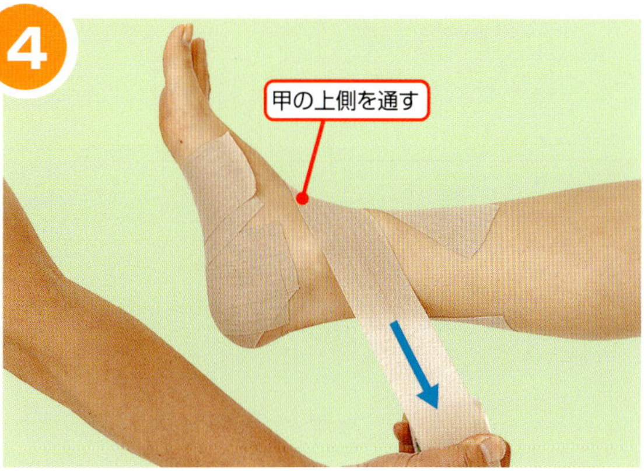
甲の上側を通す

甲の上側を通し、内側の斜め下方向に引っ張りながら貼る。

6

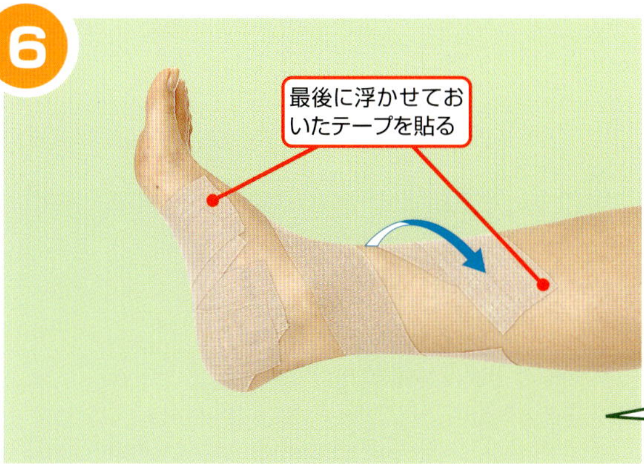
最後に浮かせておいたテープを貼る

軽く引っ張りながら内側に貼り、最後の部分は浮かせる。浮かせた最初と最後を貼って1本目は完成。

➡ P.50に続く

マルチアングル（小指側）

甲の上端からアキレス腱を通す。

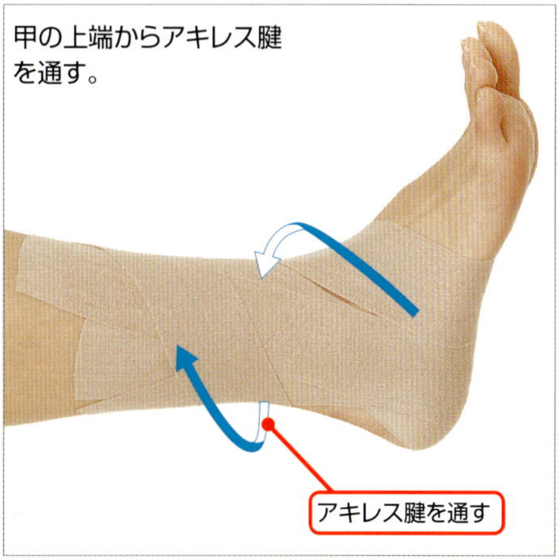
アキレス腱を通す

内側にひねるのを防ぐ

運動するときのテーピング

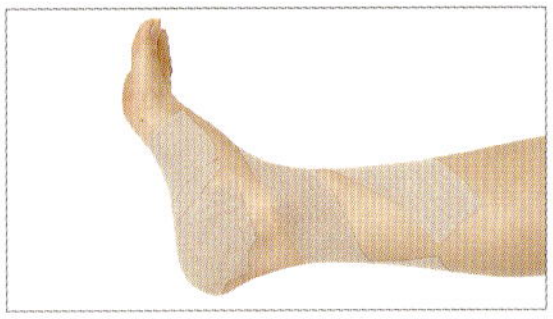

使用するテープ

キネシオロジーテープ（50ミリ）

P.49写真6から続けて

CLOSE UP
スタート地点は
最後に貼る。
浮かせる

7

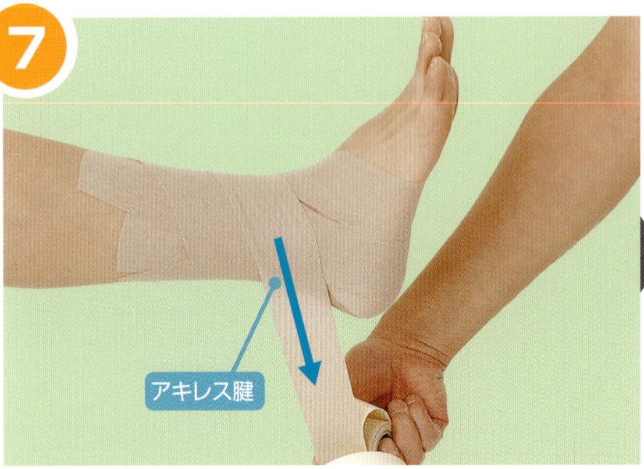
アキレス腱

2本目のテープは、1本目を固定した内側（親指側）のすねからスタート。外側（小指側）のアキレス腱に向かって引っ張りながら貼る。

8

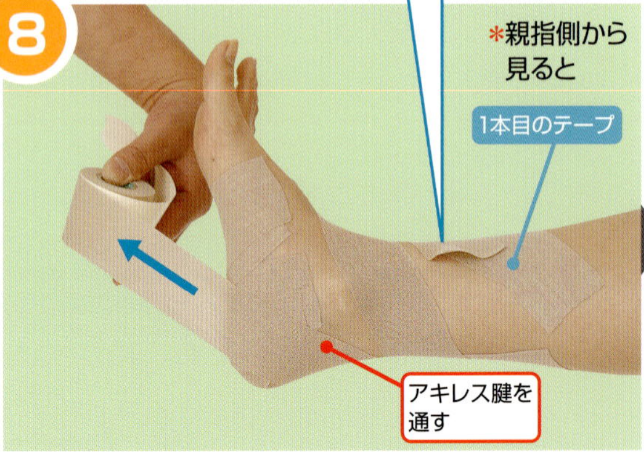
*親指側から
見ると
1本目のテープ
アキレス腱を
通す

アキレス腱を通し、かかとから斜め上に引っ張りながら貼る。

! テーピング・レッスン

写真7〜9の巻き方は「ヒールロック」と同じ!

かかとをしっかり固定するテーピングが「ヒールロック→P.40」。写真7〜9の巻き方もかかとをしっかり固定して内側と外側に足首をひねらないようにするためのテーピングです。引っ張りすぎないように注意してテープを巻いていきます。

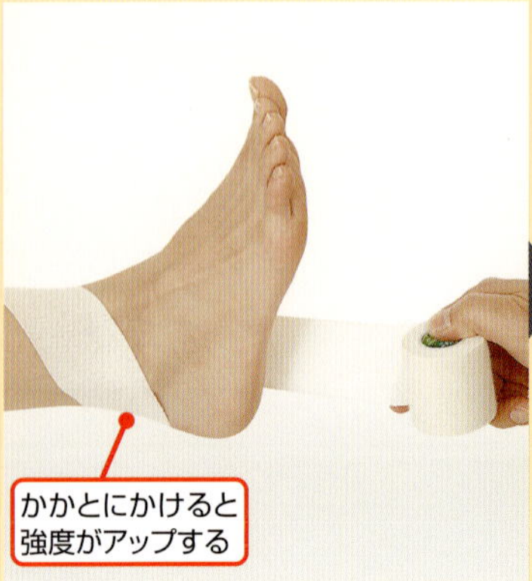
かかとにかけると
強度がアップする

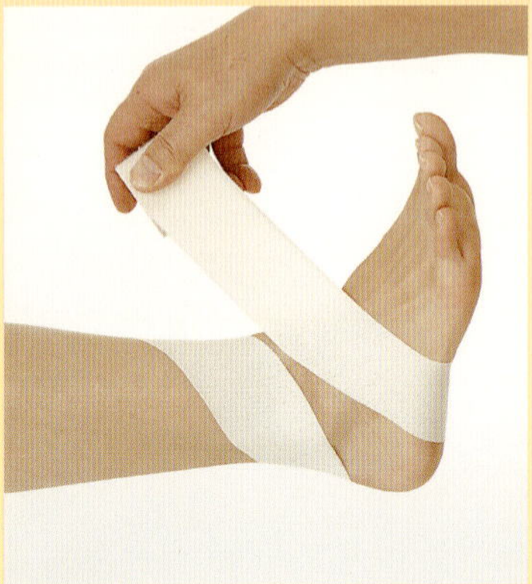

ここに注意!

テープを甲の上まで貼ると違和感が出る

日本人は一般的に甲が高いので、甲の位置でテープを止めると靴とすれてはがれやすくなったり、テープをしている違和感が出てしまいます。甲の手前でテープをカットして固定しましょう。

9

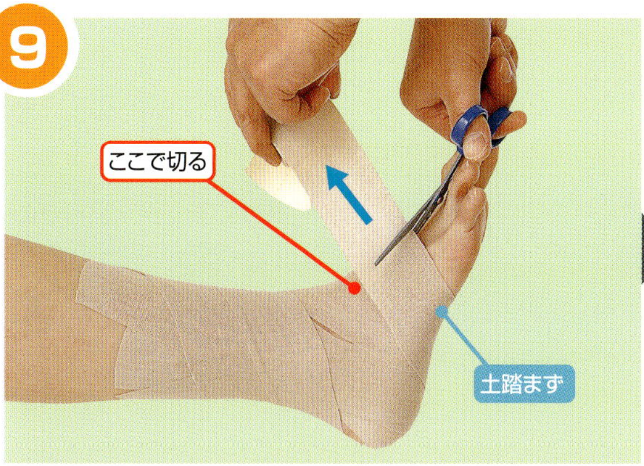
ここで切る
土踏まず

外側から土踏まずの位置を通し、足の甲部分の手前でテープを切る。

10

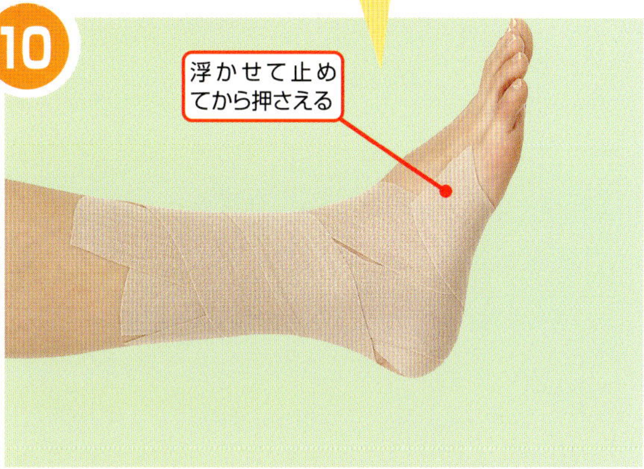
浮かせて止めてから押さえる

最後は浮かせて貼り、押さえるように固定して完成。

Point

足の甲と足首の境目には直接テープを貼らないこと

内反《ないはん》ねんざを予防するキネシオロジーテープを使ったテーピングでは、アンダーラップを巻きません。肌に直接テープを巻くわけですが、そのとき足の甲と足首のちょうどシワになる部分にはテープを貼らないようにします。ここにテープを貼ると、かぶれやすくなるからです。

直接テープを貼る場合のテーピングは、この部分には貼らないことがテーピングの基本になるので覚えておきましょう。

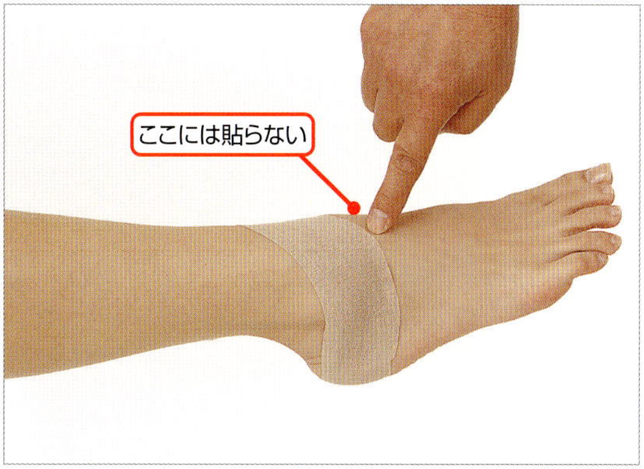
ここには貼らない

足関節（足首）

内側にひねるのを防ぐ
セルフ・テーピング

キネシオロジーテープを使って自分でできるテーピングを紹介します。足首の内反ねんざの予防、再発防止に有効ですので、ぜひ試してください。

テープはあらかじめ4本カットしておく！

ここで使うのは伸びる50ミリのキネシオロジーテープ。20～25センチぐらいの長さに切ったテープを4本用意してからテーピングをスタート。

20～25センチ
50ミリ
4本用意

テーピング・レッスン

完成したら動かして確認を！

テープを貼り終えたら、必ず前後・左右への動きを確認すること。内側に簡単にひねれるようなら、貼り方が不十分なのでやり直しましょう。

1本目

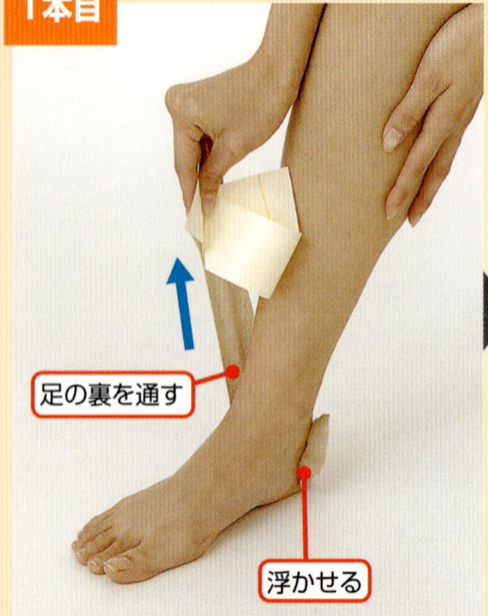

足の裏を通す
浮かせる

テープの先端をはがして、かかとを始点に足の裏を通して引っ張りながら貼る。

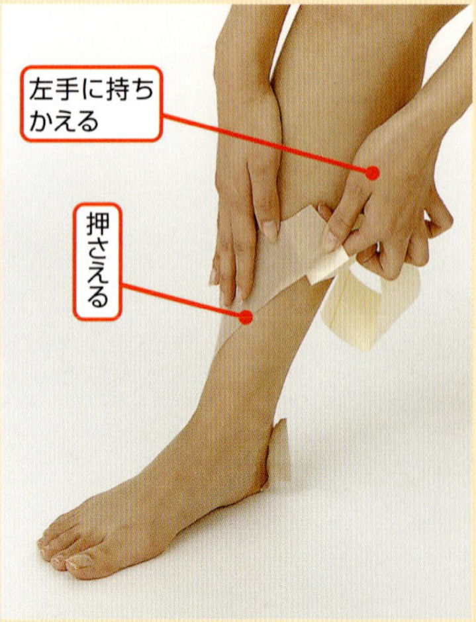

左手に持ちかえる
押さえる

すねの方向に巻き込みながら貼る。最後に浮かせておいた始点と終点部分を押さえて1本目は終了。

テープの強度 ➡ 強く ➡ 軽く

Point

真上に引っ張って まっすぐ貼ること

2本目はすねの方向に巻き込まないでまっすぐ貼るので、真上に引き上げます。

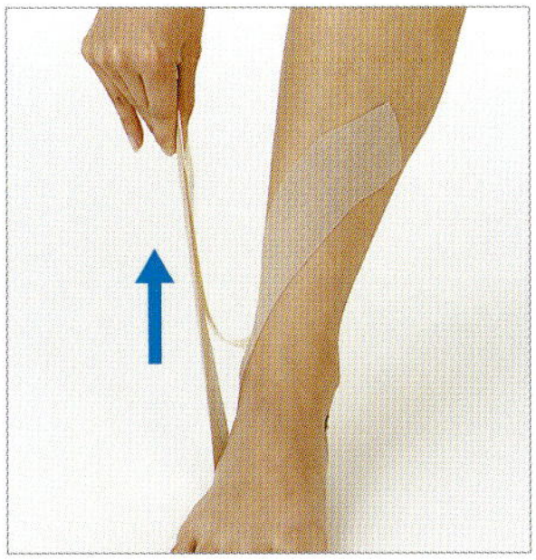

2本目

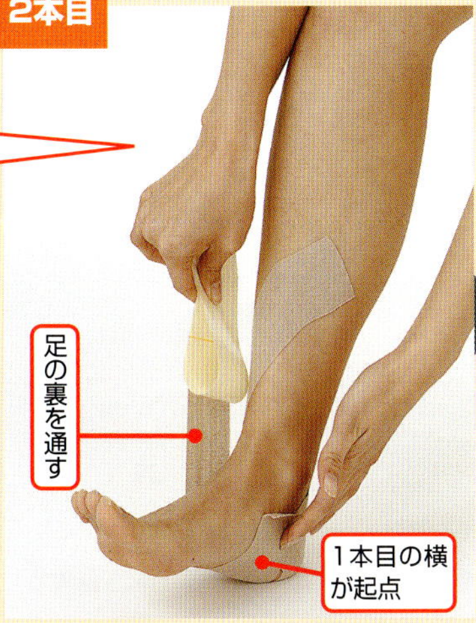
足の裏を通す
1本目の横が起点

1本目のテープの足の裏寄りを通し、真上に引き上げる。

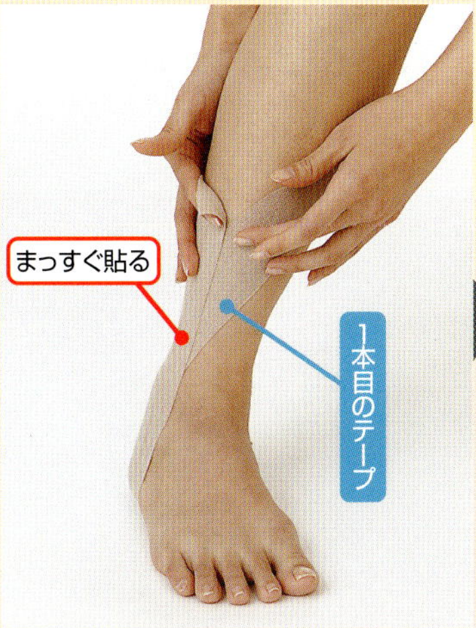
まっすぐ貼る
1本目のテープ

すねのほうに巻き込まず、まっすぐにテープを貼って2本目は終了。

3本目

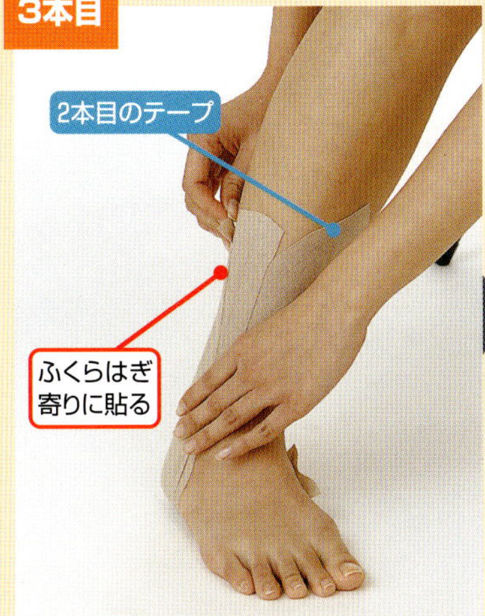
2本目のテープ
ふくらはぎ寄りに貼る

2本目のテープの横から足の裏を通して引き上げ、ふくらはぎ寄りに貼って3本目は終了。

4本目

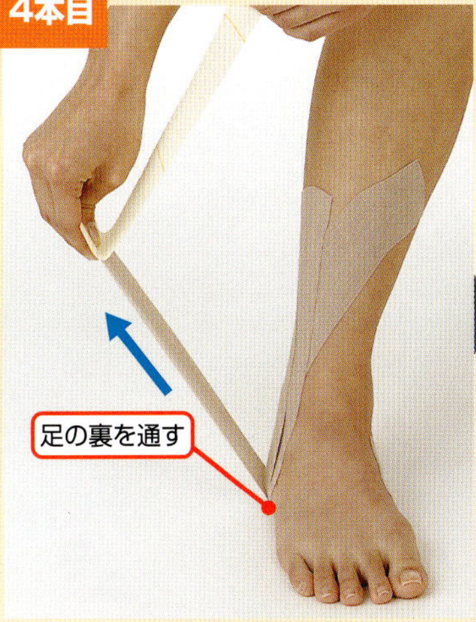
足の裏を通す

1本目と2本目の中間を起点にして足の裏を通し、テープを引き上げる。

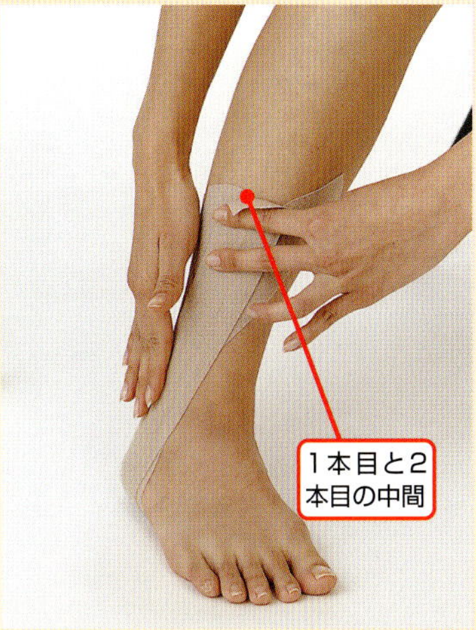
1本目と2本目の中間

1本目と2本目の中間にテープの終点がくるように貼り、テーピングは完成。

部位別テーピングテクニック

足底

テーピングで足の裏にアーチをつくると疲れない

Point
- 土踏まずにテープを貼ってアーチをつくる。
- 足の裏部分はテープを強めに貼って、親指下の筋肉を持ち上げる。

足底に多い傷害　足の裏のアーチがなくなって痛い

土踏まずは地面と足の裏との空間部分で、アーチがクッションになって地面からの衝撃をやわらげています。運動をしたり長時間歩いたりして足が疲れると、アーチ部分のクッションがなくなり、衝撃が吸収されずにひざや腰にも悪影響を与えます。

土踏まずのクッションがなくなると、地面からの衝撃をひざで支えることになり、ひざ痛や腰痛にもつながります。

テーピングのポイント　足の裏にしっかりアーチをつくる

ポイントはずばり土踏まず。そこにテープを貼ってアーチをつくればいいのです。

しっかりとしたアーチはクッションの役割を果たし、足の裏の痛みの緩和や疲れ防止に役立ちます。

足の裏が痛くなる原因と対策！

長時間歩いたり、走ったりすると
足の裏のアーチがなくなる
ハア
ハア
足の裏にテーピングすると！
土踏まずにテープを貼ってしっかりしたアーチをつくる

アキレス腱

伸ばすと痛いのか縮めると痛いのか その見きわめが重要

Point

- 損傷と炎症ではテーピングの方法がまったく違う。
- 損傷ではつま先立ち、炎症では直角の状態でテープを巻く。

アキレス腱に多い傷害　伸ばしたり縮めたりしたときに痛い損傷や炎症

アキレス腱を伸ばすと痛いのは、アキレス腱が損傷していることが考えられます。運動中にアキレス腱を損傷したときなどは伸ばすと痛みがあります。

反対にアキレス腱を縮めると痛いのは、アキレス腱に炎症を起こしていることが考えられます。長時間運動を続けたことなどによる、アキレス腱の使いすぎによって起こることが多く、さわっただけで痛みを感じます。

テーピングのポイント　損傷と炎症の巻き方をまちがえない

アキレス腱のテーピングは、ケアが主目的になります。不安解消であったり、手術後のケアであったり、いわゆる予防が中心のテーピングです。

アキレス腱が痛いとき、損傷と炎症ではまったくテーピングの方法が異なります。伸ばすと痛いのか、縮めると痛いのかを確認しましょう。

損傷と炎症のテーピングはここに注意！

! 伸ばすと痛い＝アキレス腱の損傷
→つま先立ちでテープを巻く

伸ばすと痛い損傷の場合は、アキレス腱を縮めた（足首を伸ばした）状態で、足首が前に曲がらないようにテープで固定します。

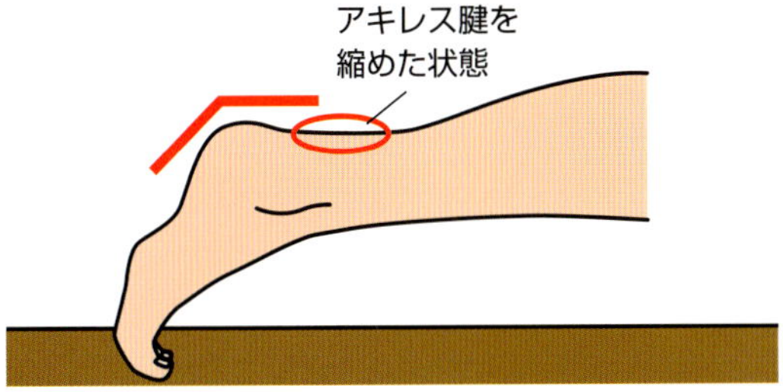

! 縮めると痛い＝アキレス腱の炎症
→足首を直角にしてテープを巻く

縮めると痛い炎症の場合は、アキレス腱を伸ばした（足首を直角にした）状態で、テープにより圧迫固定します。

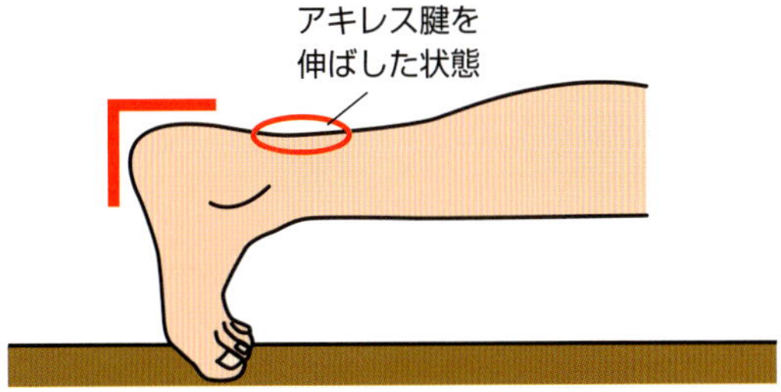

足の裏が痛い、疲れる
運動するときのテーピング

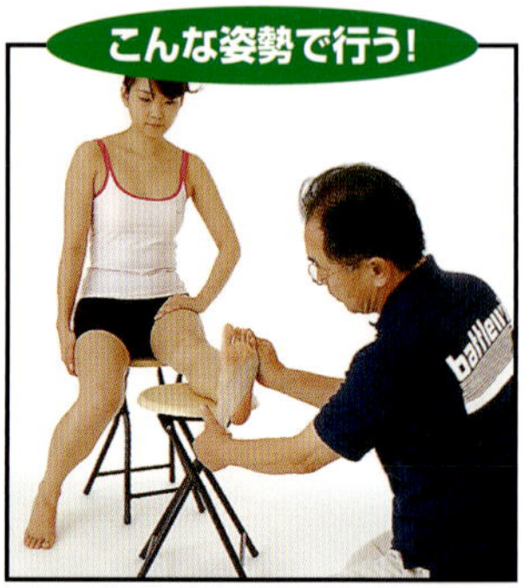
こんな姿勢で行う!

使用するテープ

キネシオロジーテープ（50ミリ）

土踏まずにしっかりしたアーチをつくる

足が疲れると足の裏のアーチ部分が痛くなります。そのようなときは、テープで土踏まずにしっかりしたアーチをつくれば、それがクッションの役目を果たし、痛みを軽減できます。

また、あらかじめテーピングしておけば、足の裏の疲れ防止に役立ちます。使用するのは、幅のある50ミリのキネシオロジーテープがよいでしょう。

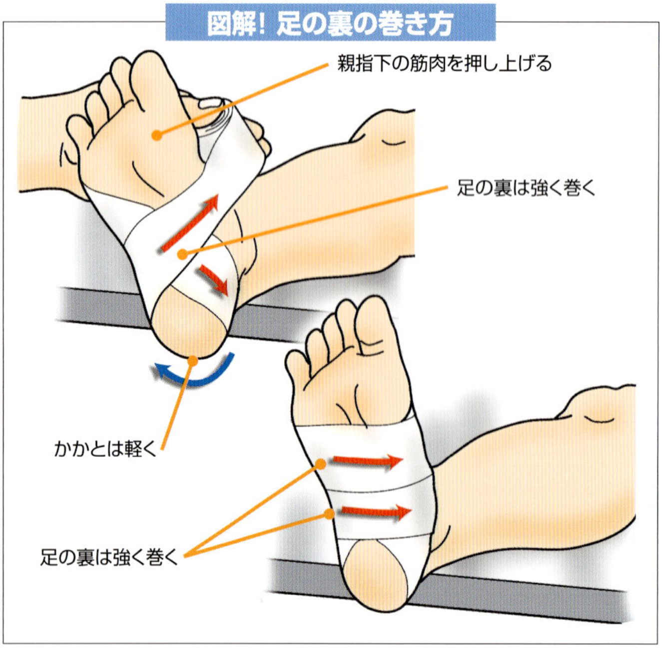
図解! 足の裏の巻き方
親指下の筋肉を押し上げる
足の裏は強く巻く
かかとは軽く
足の裏は強く巻く

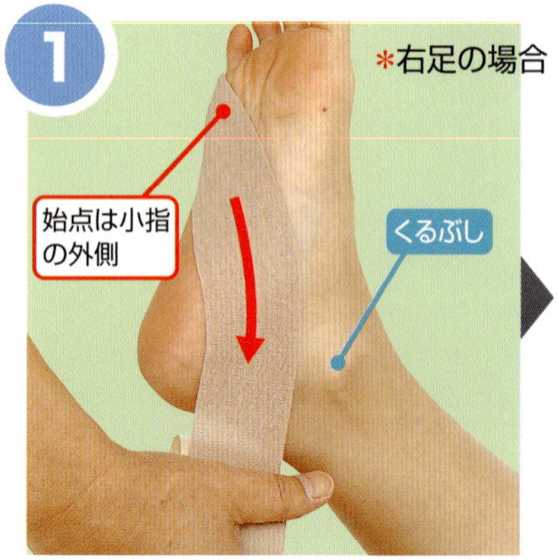
1
＊右足の場合
始点は小指の外側
くるぶし

小指の外側を起点に、足の裏の斜め下にテープを引っ張りながら巻く。

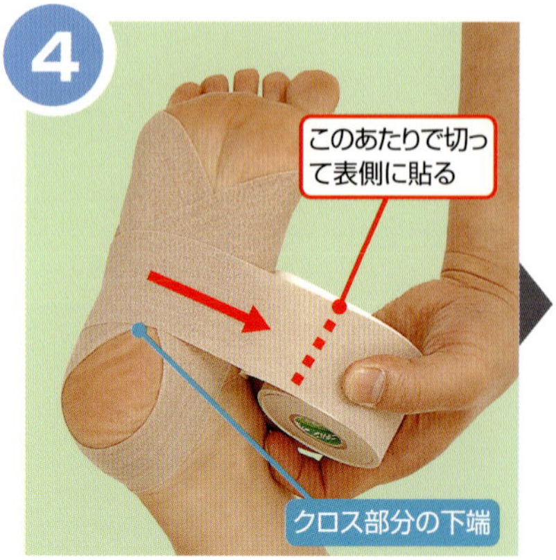
4
このあたりで切って表側に貼る
クロス部分の下端

2本目のテープの下側が1本目のクロス部分の下端を通るように、横に引っ張りながら貼る。

テープの強度 → 強く → 軽く

ここに注意!

かかと部分は軽く引っかける感じで巻き、強くしすぎないこと。また、アキレス腱にかけないこともポイント。

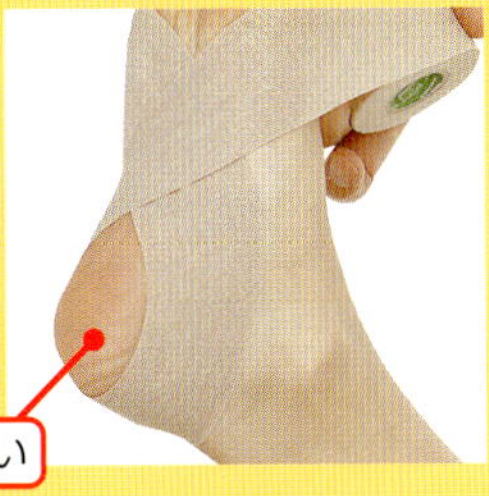
かかとにかけない

Point
足の裏は引っ張りながら強く巻く

足の裏部分を強く巻くことにより、親指下の筋肉が押し上がります。この部分とかかとを上げることでアーチをつくると、運動しても足が疲れません。

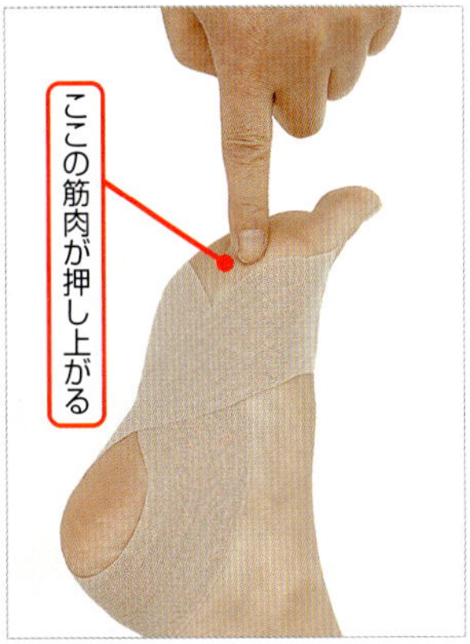
ここの筋肉が押し上がる

2

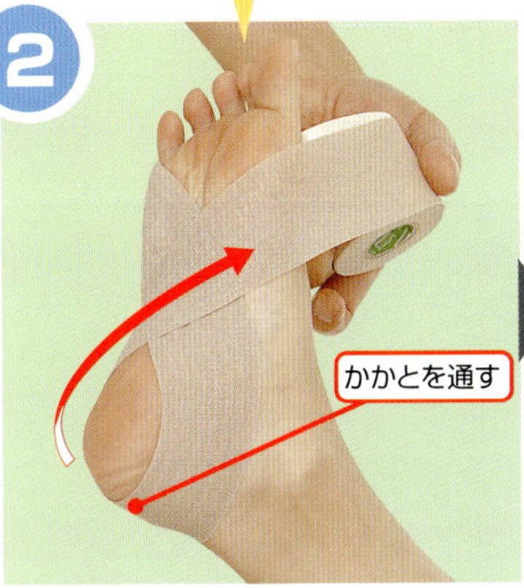
かかとを通す

かかとの後ろを巻き込み、8の字を描くように親指のほうに巻き上げる。

3

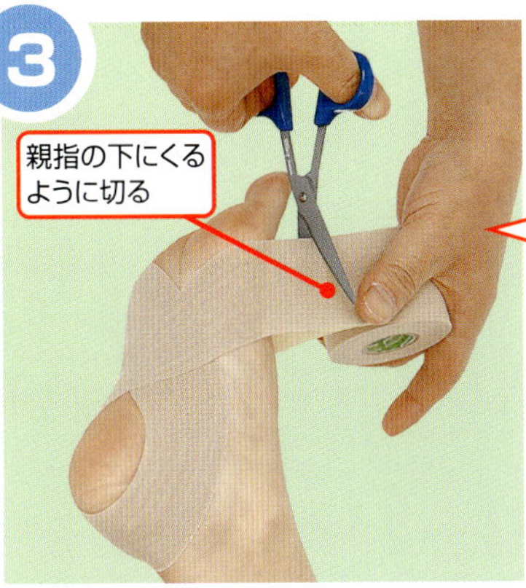
親指の下にくるように切る

親指の下ぎりぎりを通したところで切り、表側に貼って1本目の完成。

5

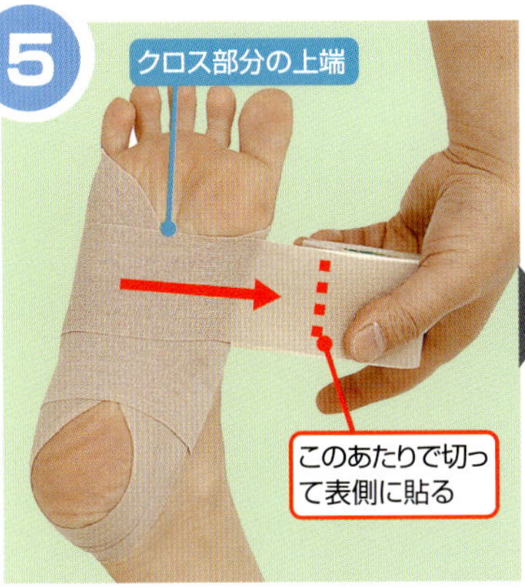
クロス部分の上端
このあたりで切って表側に貼る

3本目のテープの上側が1本目のクロス部分の上端を通るように、横に引っ張りながら貼る。

6

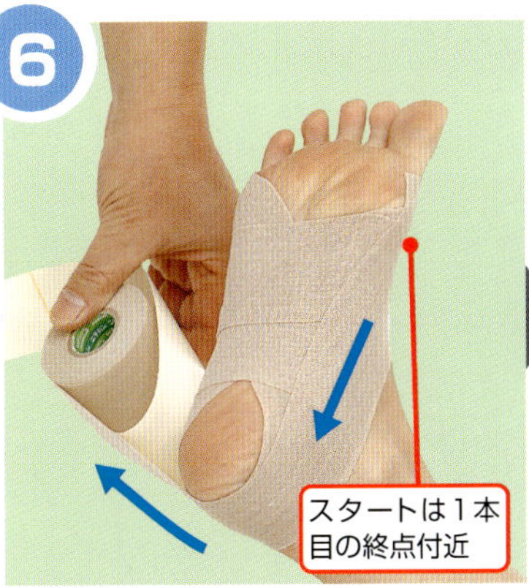
スタートは1本目の終点付近

1～3本目のテープの始点·終点の上をカバーするテープを巻いて完成。

7

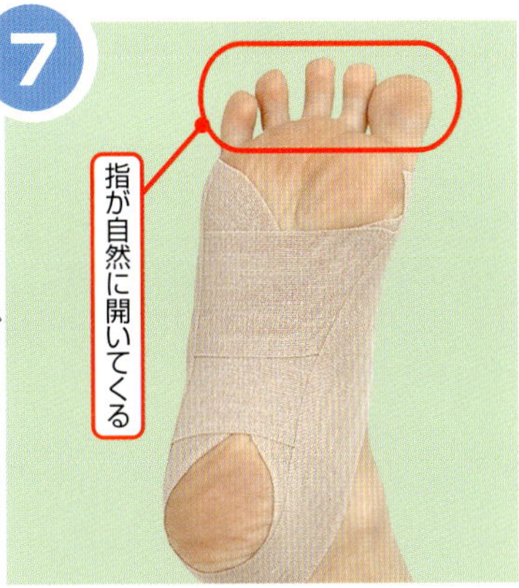
指が自然に開いてくる

足の裏を強く巻くことで、指の下の筋肉が押し上げられ、指が自然に開いてくる。

足の裏の疲れをとる
セルフ・テーピング

足の裏の疲れは、土踏まずをしっかりつくることで軽くすることができます。3本のキネシオロジーテープを使って引っ張りながら貼るのがポイントです。

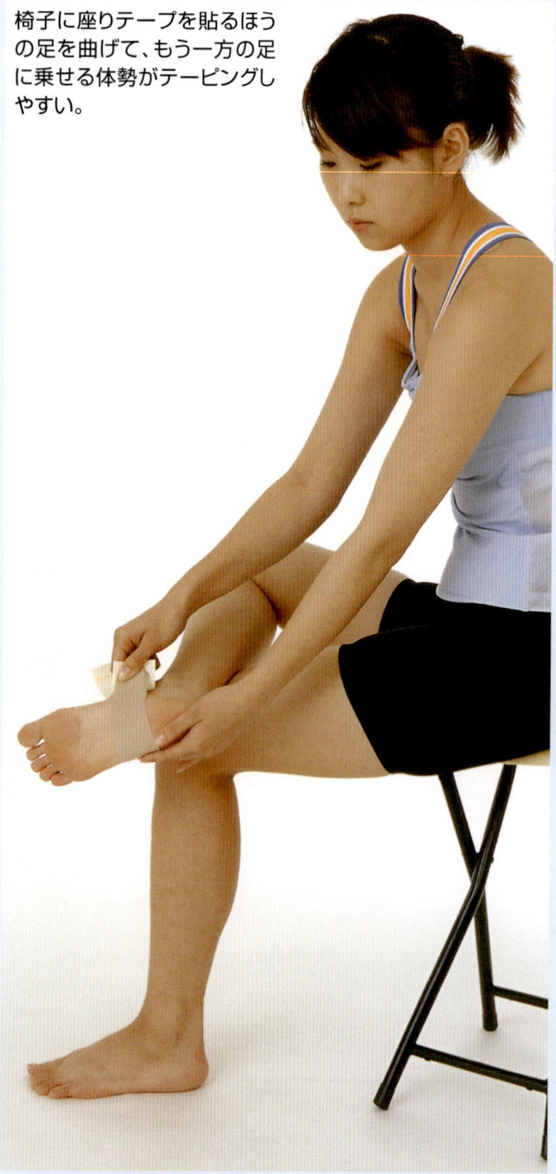

椅子に座りテープを貼るほうの足を曲げて、もう一方の足に乗せる体勢がテーピングしやすい。

キネシオロジーテープを3本用意する!

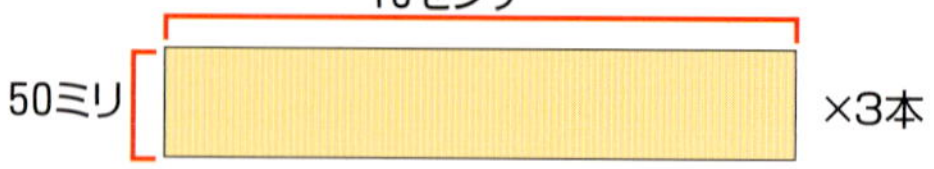

3本のテープを足の裏に貼る!

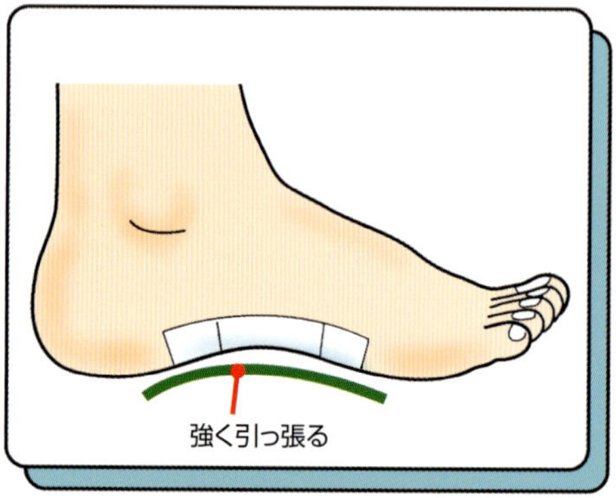

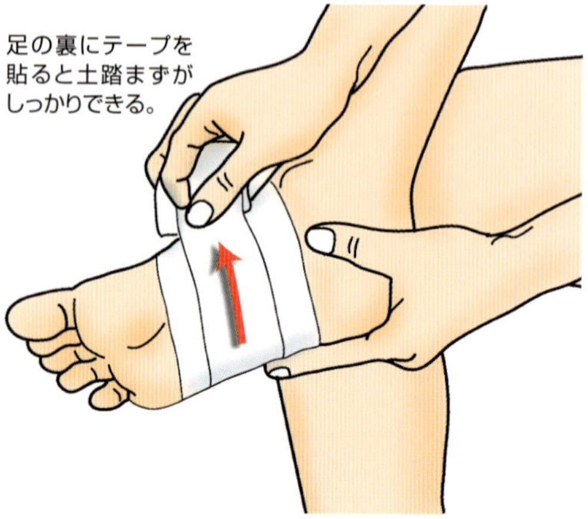

足の裏にテープを貼ると土踏まずがしっかりできる。

テープの強度 強く 軽く

Point

きれいなアーチをつくるように 3本のテープを貼る

土踏まずに3本のテープを貼るだけですが、それぞれ貼り方があります。

1本目はかかとにかけないこと、2本目は母趾球《ぼしきゅう》（親指の付け根部分）にかけないこと、3本目は強く引っ張って貼ることです。

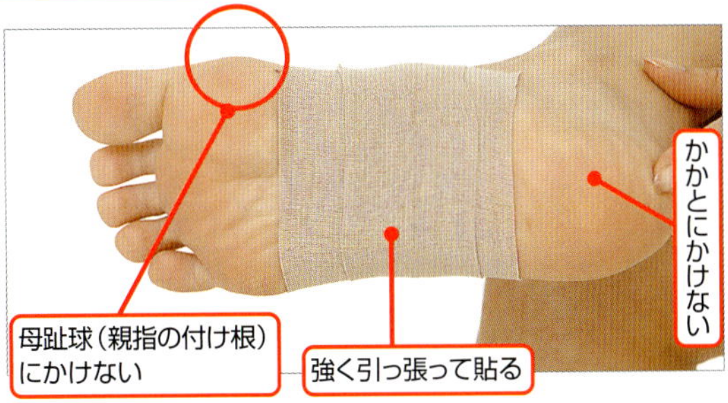
かかとにかけない
母趾球（親指の付け根）にかけない
強く引っ張って貼る

＊右足の場合

1 1本目

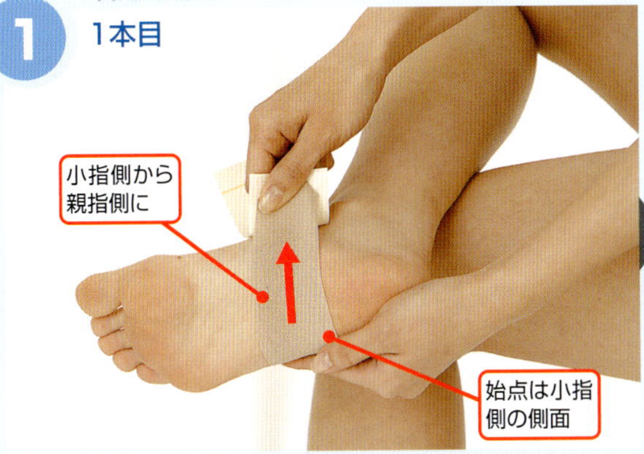
小指側から親指側に
始点は小指側の側面

土踏まずのかかと寄りに、外側（小指側）から引っ張りながら1本目のテープを貼る。

2

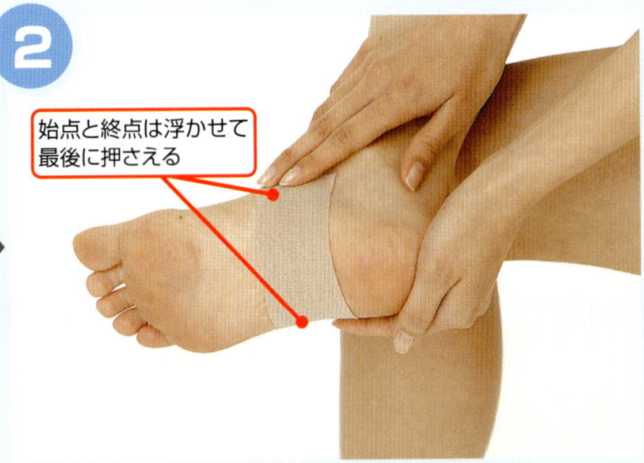
始点と終点は浮かせて最後に押さえる

最後に浮かせておいた始点と終点のテープを軽く押さえるように貼って1本目は完成。

3 2本目

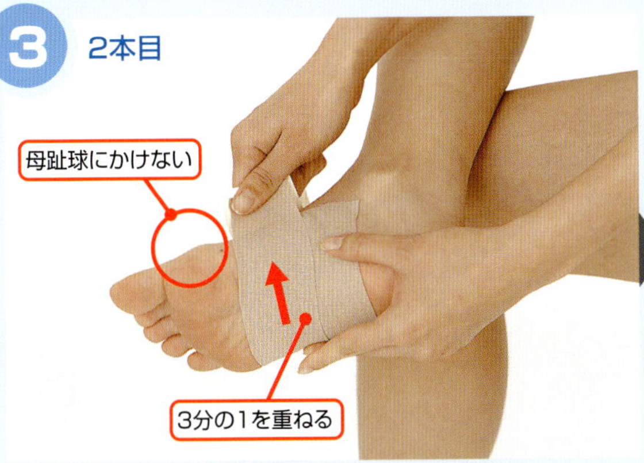
母趾球にかけない
3分の1を重ねる

1本目の上3分の1と重なるように、引っ張りながら2本目のテープを貼る。母趾球にかけないこと。

4 3本目

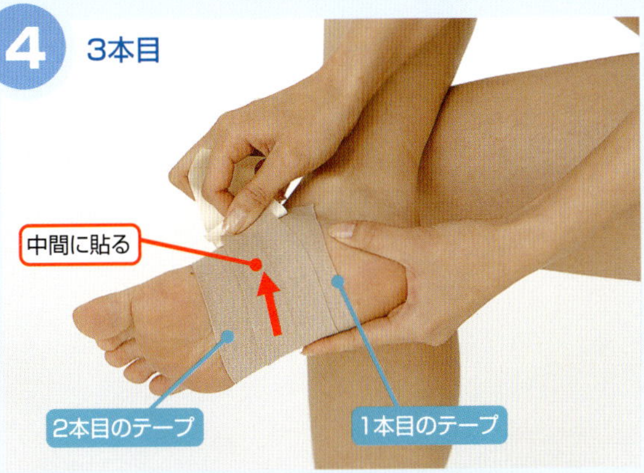
中間に貼る
2本目のテープ
1本目のテープ

強く引っ張りながら、1本目と2本目のまん中に3本目のテープを貼る。

アキレス腱にさわると痛い

運動後・日常生活のテーピング

Point

かかとにはテープを貼らない

かかと裏をはずし、その両サイドを始点とします。真ん中から左右に広げて、引っかけるようにテープを貼ります。

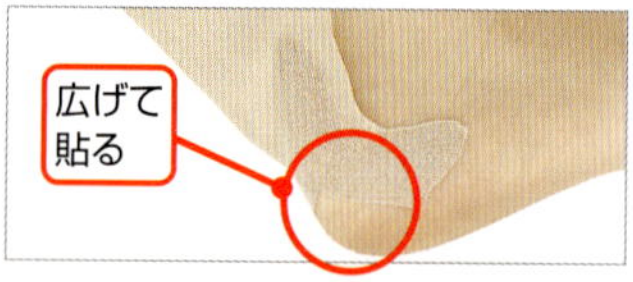

広げて
貼る

使用するテープ

キネシオロジーテープ（50ミリ）

足首を圧迫するようにテープを貼る

走りすぎのときなどが原因でアキレス腱に痛みがある場合（アキレス腱の炎症）は、圧迫固定することで、その痛みをやわらげることができます。

アキレス腱に炎症を起こしている場合は、アキレス腱を縮めると痛むので、圧迫するようにテーピングします。

テープはあらかじめカットしておく！

30センチに切ったテープを3本用意します。1本だけをまん中（2/3程度）まで、もう一方も1センチほど切ります。

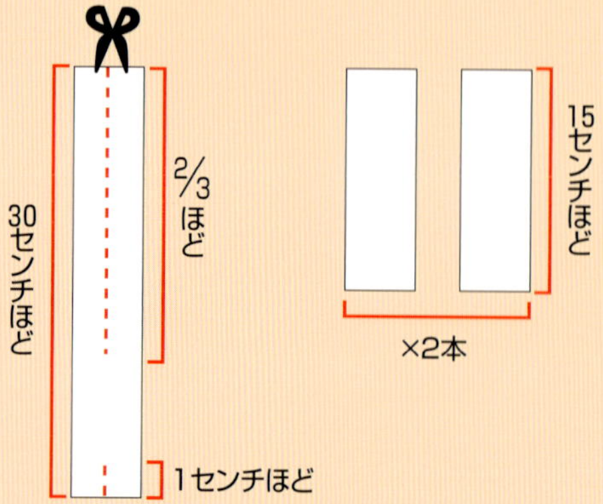

30センチほど
2/3ほど
1センチほど
15センチほど
×2本

1

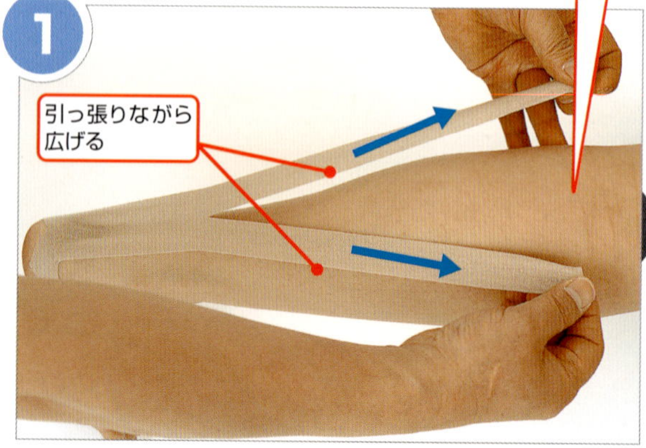

引っ張りながら
広げる

台などの上にうつ伏せに寝た状態で足首を直角にし、1センチほどに切ったほうを、かかとをはずして貼る。

4

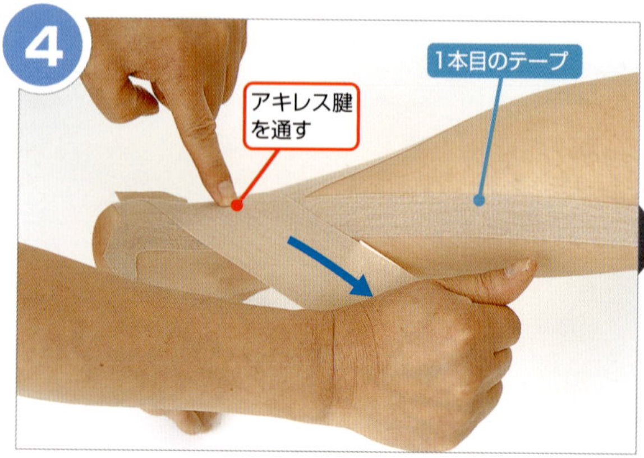

1本目のテープ
アキレス腱
を通す

2本目のテープを、かかとの左を起点にアキレス腱を通し、右斜め上に引っ張る。

テープの強度 → 強く → 軽く

テーピング・レッスン

足首を直角に保つことができれば、うつ伏せになる必要はありません。右の写真のように椅子に座って足首を直角の状態でテープを貼ってもよいでしょう。

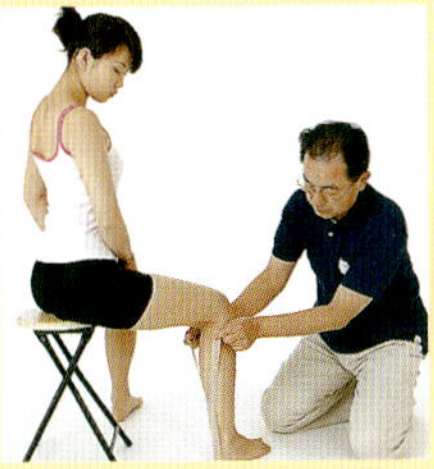

Point

軽く押さえるように肌に密着させる

足首を直角にしてテープを左右に広げて貼ると、アキレス腱部分は浮いた状態になります。シワにならないようにテープを軽く押さえて肌に密着させます。

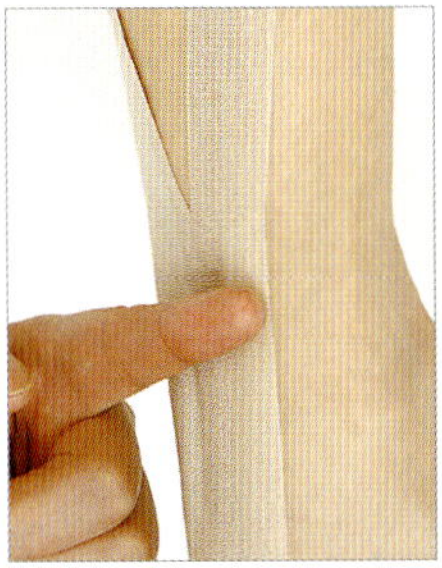

2

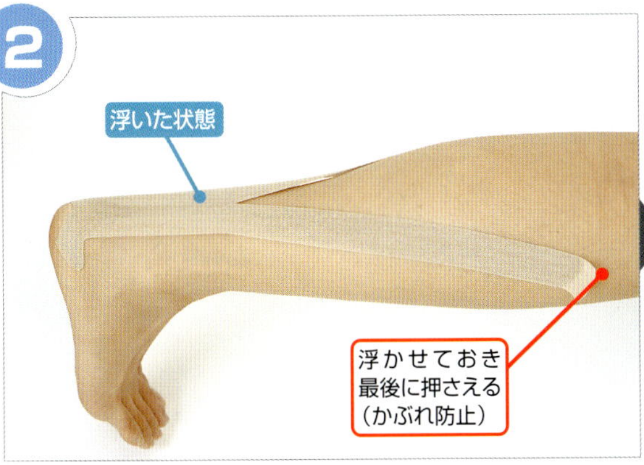
浮いた状態
浮かせておき
最後に押さえる
（かぶれ防止）

左右のテープを貼る。アキレス腱部分はテープが浮いた状態のままにしておく。

3

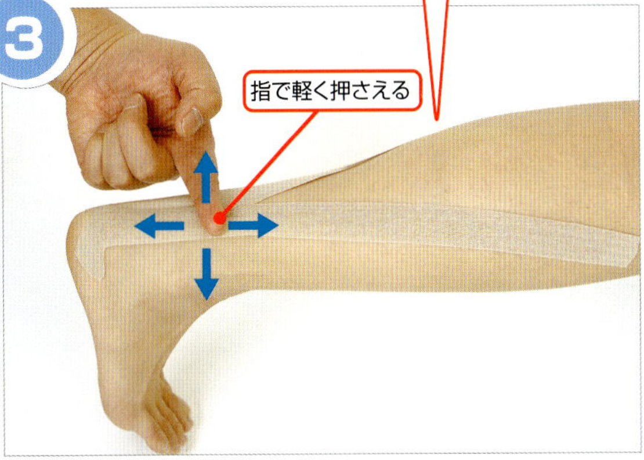
指で軽く押さえる

アキレス腱部分のテープを指で軽く押さえるようにつける。

5

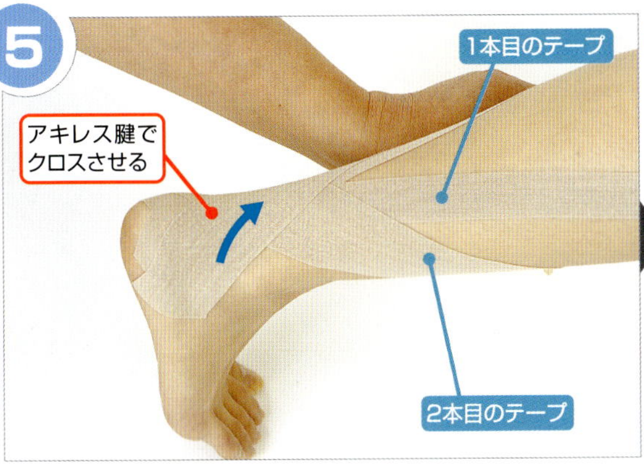
1本目のテープ
アキレス腱で
クロスさせる
2本目のテープ

3本目のテープを、アキレス腱でクロスするように左斜め上に貼る。

6

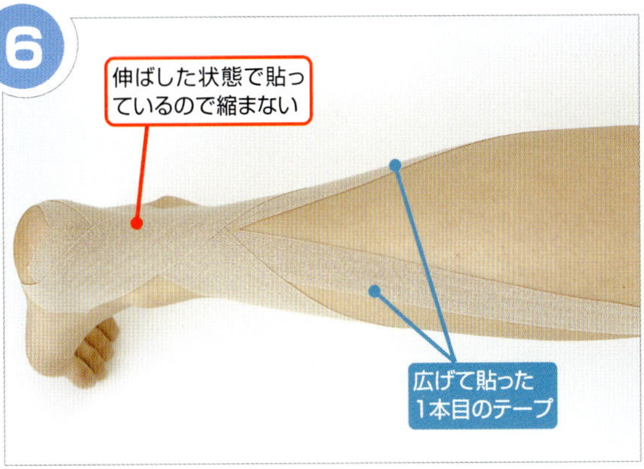
伸ばした状態で貼っ
ているので縮まない
広げて貼った
1本目のテープ

炎症を起こしている部位を圧迫固定することで安心感がでる。

アキレス腱を伸ばすと痛い

運動後・日常生活のテーピング

使用するテープ

キネシオロジーテープ（50ミリ）

アキレス腱を縮めた状態でテープを貼って固定する

　アキレス腱を伸ばしたときに痛いのは、アキレス腱が損傷しているからです。痛みが出ないようにするには、アキレス腱を縮めた状態でテーピングをして背《はい》屈《くつ》の可動域《かどういき》を制限してあげればいいのです。

テープは片側だけカットしておく！

　30センチに切ったテープを3本用意します。1本だけをまん中（2/3程度）まで切ります。

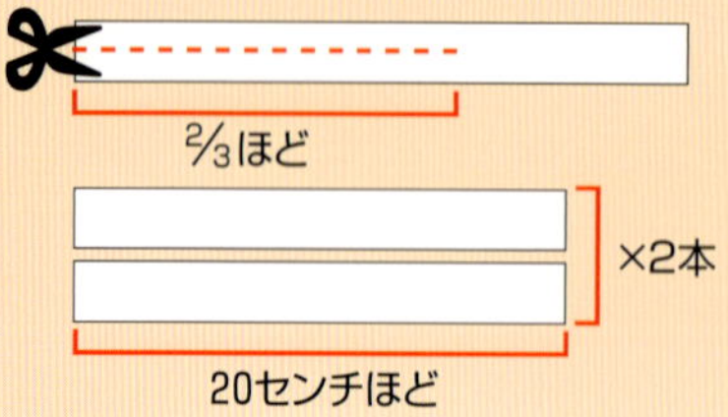
2/3ほど
×2本
20センチほど

Point

アキレス腱をしっかり通すこと

　2・3本目のテープは、アキレス腱でクロスするように貼ること。1本目は浮かせますが、2・3本目のテープは引っ張りながら密着させます。

アキレス腱でクロス

ここに注意！

前ページのテーピングは、かかとにはテープを貼りませんでしたが、「伸ばすと痛い」場合はかかとを起点にします。

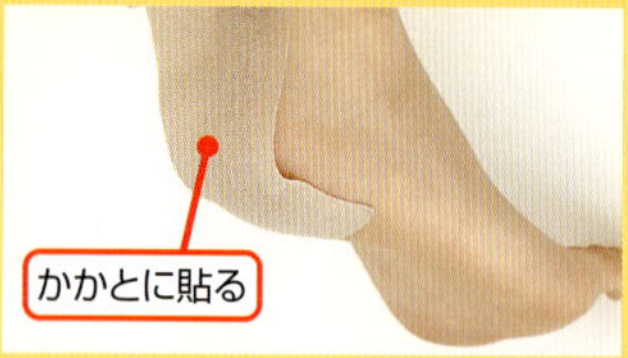
かかとに貼る

1

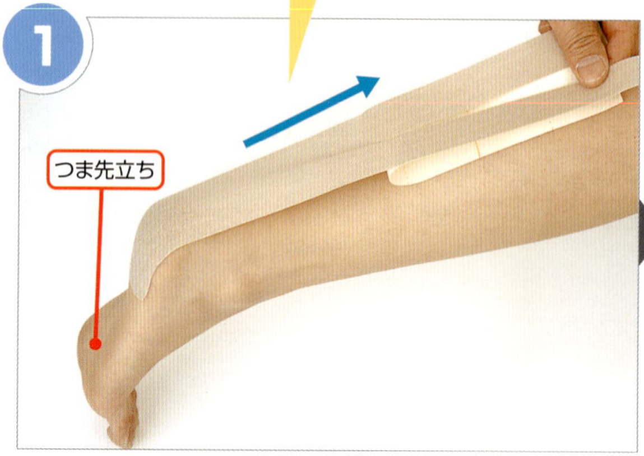
つま先立ち

うつ伏せに寝てつま先立ちの状態で、かかとの裏を起点に、そのままテープを引き上げる。

4

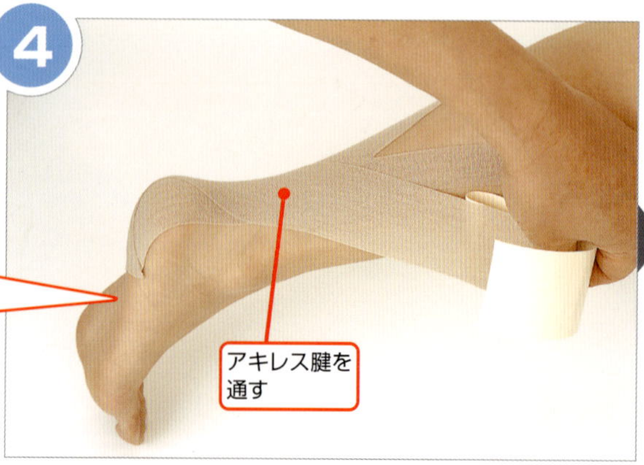
アキレス腱を通す

アキレス腱を通すように右斜め上にテープを引っ張りながら貼る。

テープの強度　→ 強く　→ 軽く

テーピング・レッスン

軽く押さえるように肌に密着させる

前ページと同様に、アキレス腱部分は浮いた状態になります。シワにならないように、指で軽く押さえるように肌に密着させること。

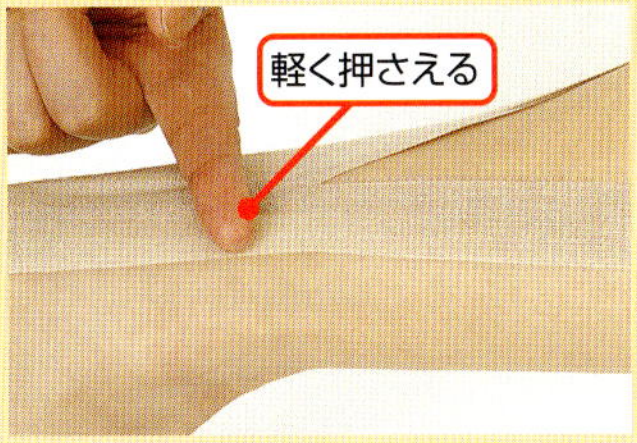
軽く押さえる

2

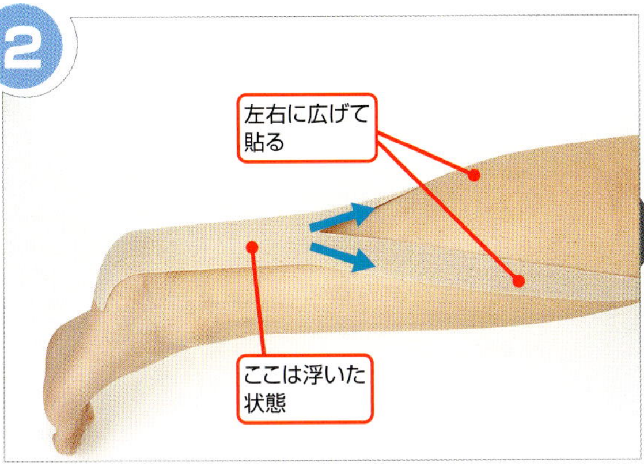
左右に広げて貼る
ここは浮いた状態

左右に開いてテープを貼る。浮いているアキレス腱部分を、指で軽く押さえるように密着させる。

3

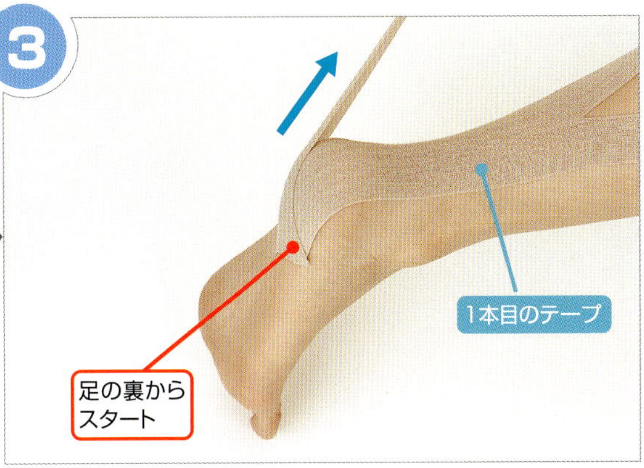
1本目のテープ
足の裏からスタート

20センチほどに切った2本目のテープを足の裏に貼り、かかとの外側(小指側)に引っ張る。

5

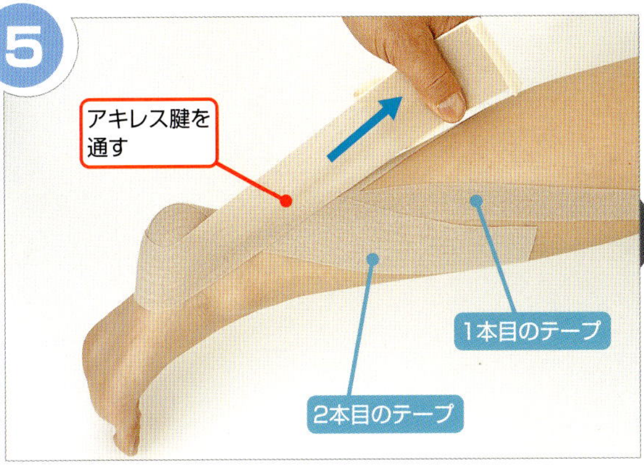
アキレス腱を通す
1本目のテープ
2本目のテープ

3本目のテープは足の裏の外側を起点にし、かかとの内側に引っ張り、アキレス腱を通す。

6

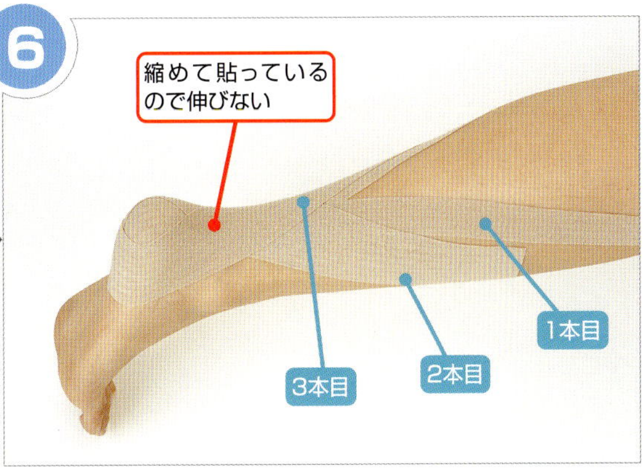
縮めて貼っているので伸びない
1本目
2本目
3本目

3本目を左斜め上に貼って完成。これでアキレス腱は伸びない。

ひざ関節

外側からの力で内側を痛めるケースが圧倒的に多い

Point

- 運動時はハードな「伸縮テープ」で動きを制限する。
- 運動後・日常時は「キネシオロジーテープ」で歩行をラクにする。

ひざ関節に多い傷害

内側の靱《じん》帯《たい》を痛めるケースがひざの損傷の約80%

ひざ関節は体重を支えているので負担が大きく、最も痛めやすい部位といえるでしょう。運動している人はもちろん、ふだんの生活でも慢性の“ひざ痛”に悩んでいる人も多いと思います。

ひざは横からの力に弱いため靱帯を痛めやすいのですが、外側を痛めるケースは少なく、外側からかかる力によって内側の靱帯を痛めるケースが約80%を占めます。

内側の靱帯を痛めると、正座をしたときに痛みを伴います。

内側の靱帯を痛めやすいスポーツ

野　球
ザザー
サッカー
バスケットボール
ドン
スキー
スイー

テーピングのポイント　重心を前にかけた状態でアンカーを巻く

ひざのテーピングは、運動するときと運動後・日常生活のときでは方法が違います。運動するときのテーピングでは、ハードな「伸縮テープ」を使い、内側に曲がるのを制限します。かかとを上げ重心を前にかけた状態で、ふくらはぎと太ももに1本ずつアンカーを巻きます。重心を前にかけると筋肉が太くなりますが、アンカーはこのような状態で巻くことが重要です。

そして、内側に曲げると痛い場合は、お皿の横の1点を通すように内側にテープを貼ります。

運動時と運動後・日常生活のテーピングはここに注意！

！運動するときはハードな「伸縮テープ」を使用する

運動するときはアンカーとサポートを巻きますが、使用するのはハードな伸縮テープです。内側に曲げると痛い場合はサポートテープを内側に、伸ばすと痛い場合は後ろ側に貼ります。

ひざ痛では、太ももをおさえるテーピングもありますが、スポーツ選手の場合はとくにテープで太ももをおさえられることをいやがりますし、動きも制限されてしまうため、私は基本的に太ももには巻きません。

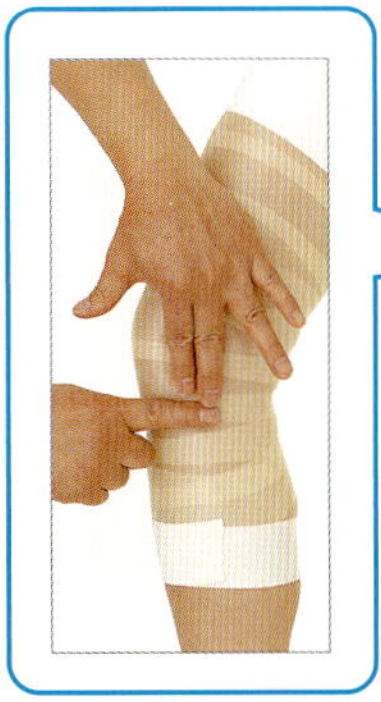

内側に曲げると痛い場合は、お皿の横の1点を通すようにテープを貼るのがポイント。

！運動後・日常生活のときは「キネシオロジーテープ」を使用する

運動後や日常のときは、キネシオロジーテープを使います。伸縮テープのように伸びるテープですが、粘着性にすぐれているため、テープを重ねて貼らなくてもはがれにくくなります。

内側に曲げると痛い場合は、床に座った状態、または椅子に座って、ひざ裏にこぶし1つ入るぐらい曲げてテープを貼ります。骨盤あたりまでテープを貼ると、ひざを引っ張る力がアップして効果的です。

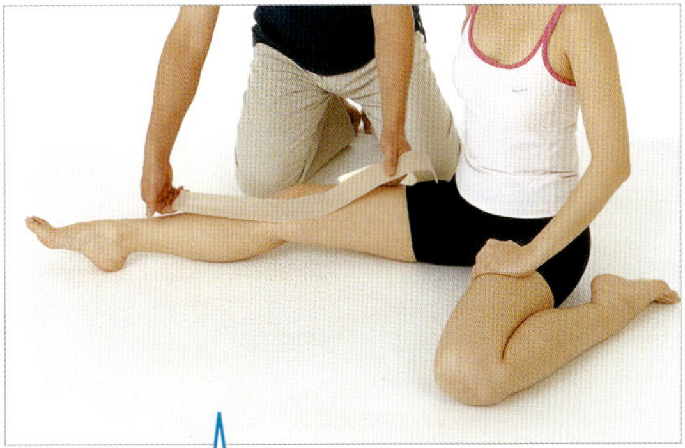

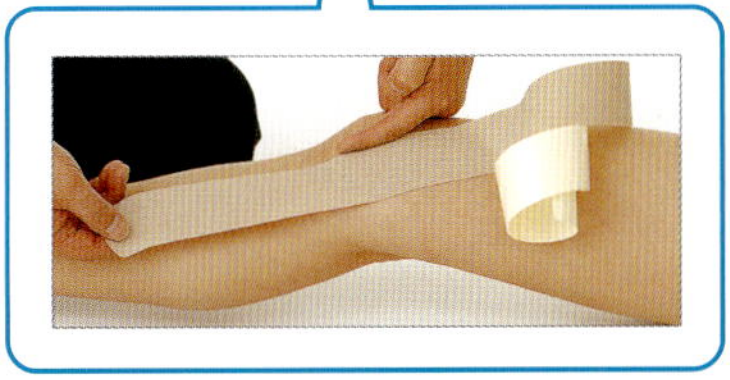

内側に曲げると痛い場合は、ひざ裏にこぶし1つ入るぐらい曲げる。

ひざを内側に曲げると痛い

運動するときのテーピング

使用するテープ

- アンダーラップテープ
- 伸縮テープ（50ミリ・75ミリ）

足の内側にテープを巻き外側からの力をゆるめる

ひざを内側に曲げると痛いのは、内側の靭《じん》帯《たい》に何らかの損傷があるからです。ひざにかかる外側からの力をゆるめるためには、足の内側にテープを貼ってサポートし、内側に曲がらないようにする必要があります。

図解! テープを巻く姿勢

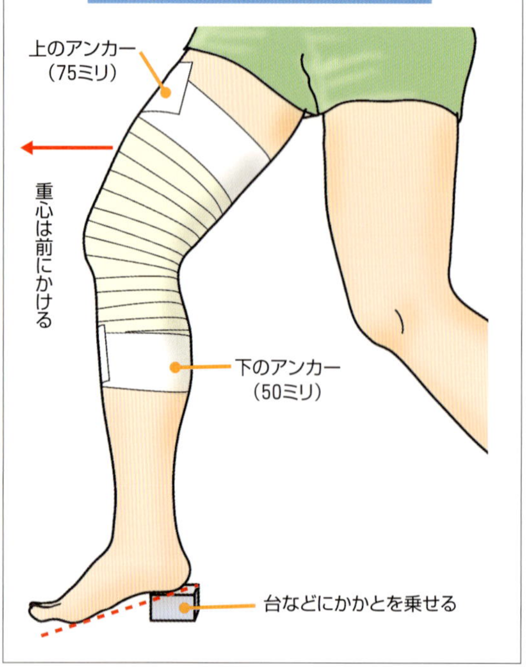

上のアンカー
（75ミリ）
重心は前にかける
下のアンカー
（50ミリ）
台などにかかとを乗せる

かかとを上げた状態でテープを巻き始める

テープを巻くときは、台などにかかとを乗せ、重心が前にくるような姿勢で行うことが重要です。前に体重をかけるとひざも前に出て、アンカーを巻く足の筋肉が太くなります。この状態でテープを巻かないと、巻き終えて動いたときに、きつくなってしまうからです。

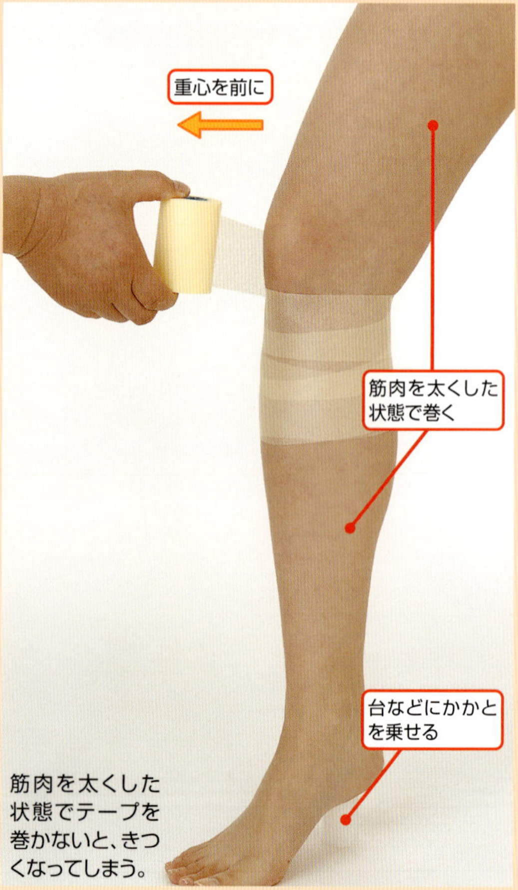

重心を前に
筋肉を太くした状態で巻く
台などにかかとを乗せる
筋肉を太くした状態でテープを巻かないと、きつくなってしまう。

テープの強度 強く 軽く

CLOSE UP

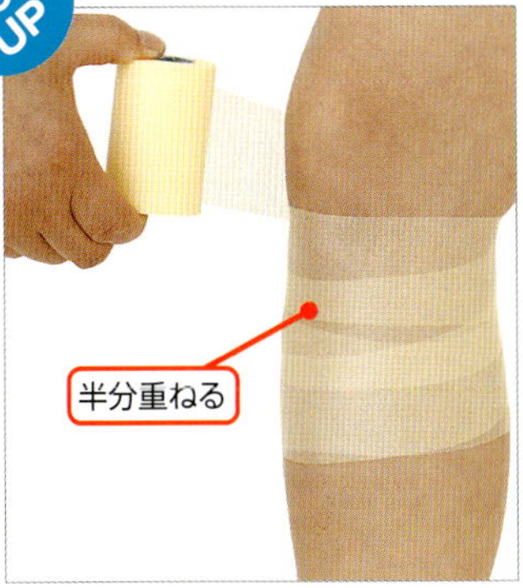
半分重ねる

アンダーラップは半分ほど重ねながら、丸まらないようにすき間がないように巻いていく。

1

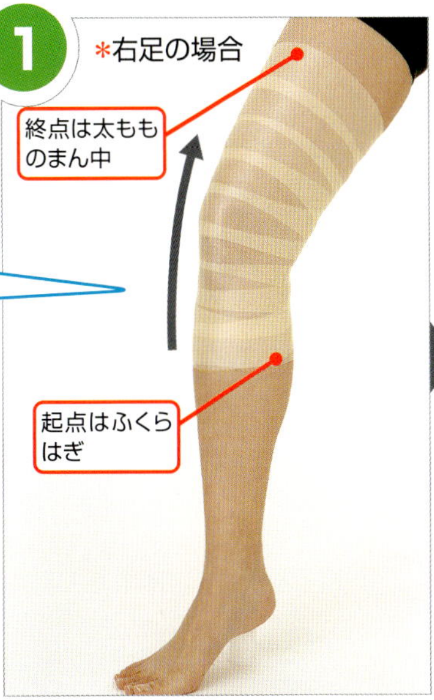
*右足の場合
終点は太ももの まん中
起点はふくらはぎ

ふくらはぎのいちばん太いところから、太もものまん中あたりまでアンダーラップを巻く。

2

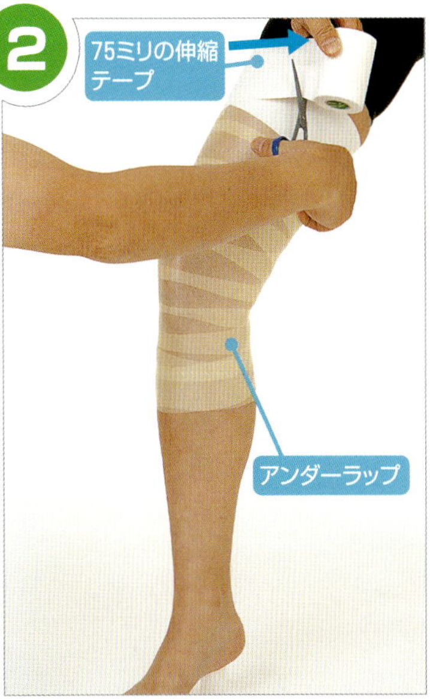
75ミリの伸縮テープ
アンダーラップ

アンダーラップの上端のところに75ミリのテープを内側に1周巻き、前方でクロスさせる。

Point

アンカーのテープは上と下で太さを変える

アンカーのテープは、太もも部分は75ミリのものを、ふくらはぎ部分は50ミリのものを使用します。アンカーはテーピングのベースになるテープなので、部位の太さに合わせてテープの幅を変えます。

3

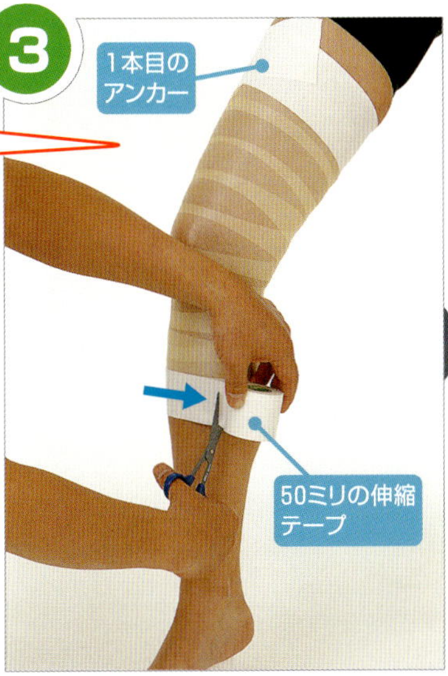
1本目のアンカー
50ミリの伸縮テープ

アンダーラップの下端のところに、50ミリのテープを1周巻く。

4

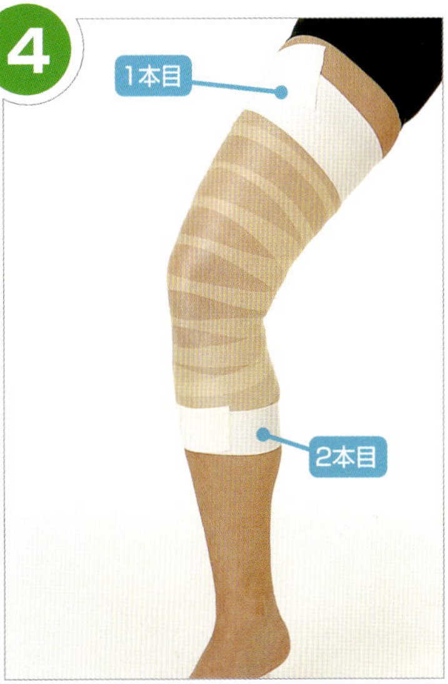
1本目
2本目

アンカーの完成。このあと、内側にサポートテープを貼っていく。

→ P.68に続く

ひざを内側に曲げると痛い

運動するときのテーピング

3本のサポートテープで内側への動きを制限する

内側に曲がらないようにするために、サポートテープを3本縦に貼ります。最大のポイントは、3本のテープとも内側の1点を通すようにすることです。

図解！ サポートテープの貼り方

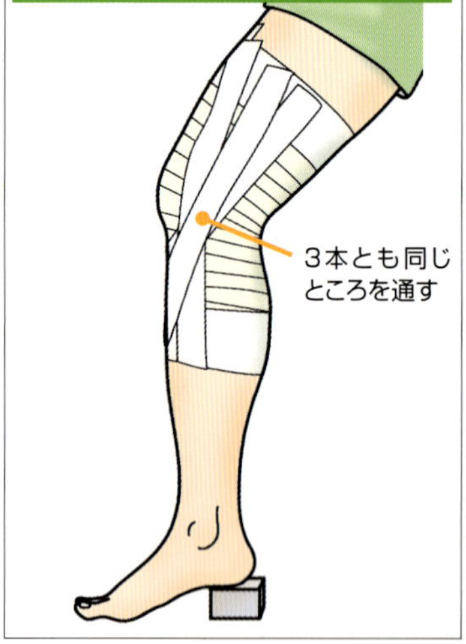
3本とも同じところを通す

ここに注意！

最後の2本のテープは、写真9はアンカーの下に、写真10はアンカーの上にそれぞれ巻きます。これにより、写真5〜8のサポートテープをしっかり固定することができます。

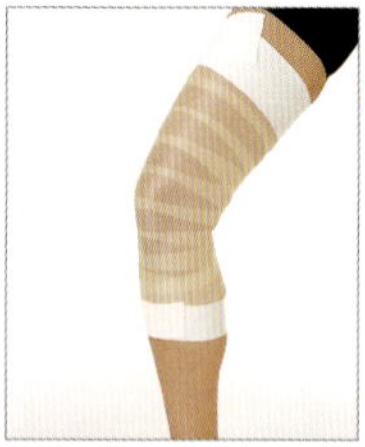

P.67写真4から続けて

5

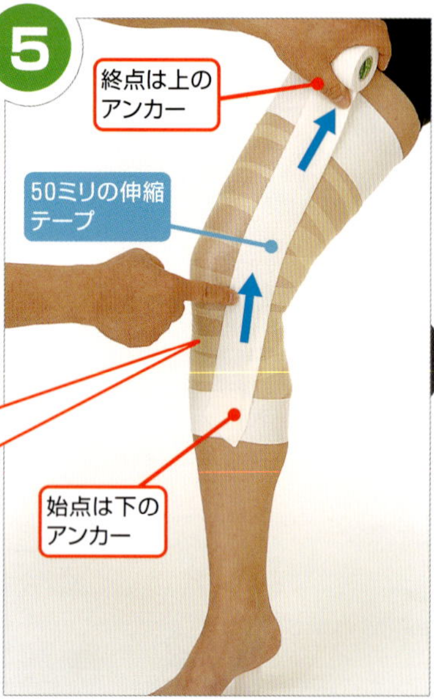
終点は上のアンカー
50ミリの伸縮テープ
始点は下のアンカー

下のアンカーを始点にし、下から上へ足の角度に合わせて50ミリの伸縮テープを貼る。

Point

お皿を基準にテープを通す位置を決める

1本目のサポートテープは、お皿から指2本分内側、指1本分下側の交わる点を通すようにします。

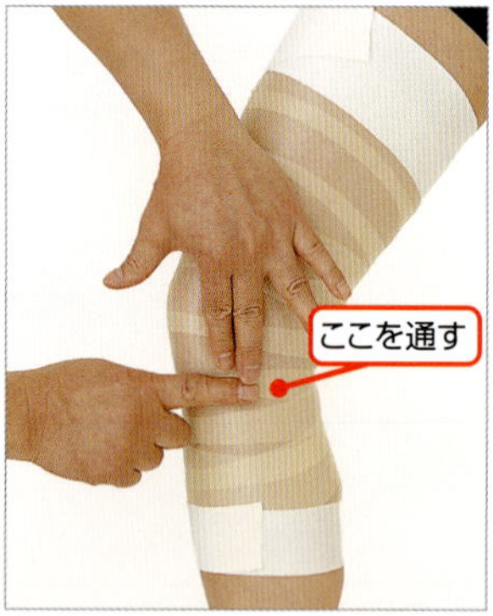
ここを通す

9

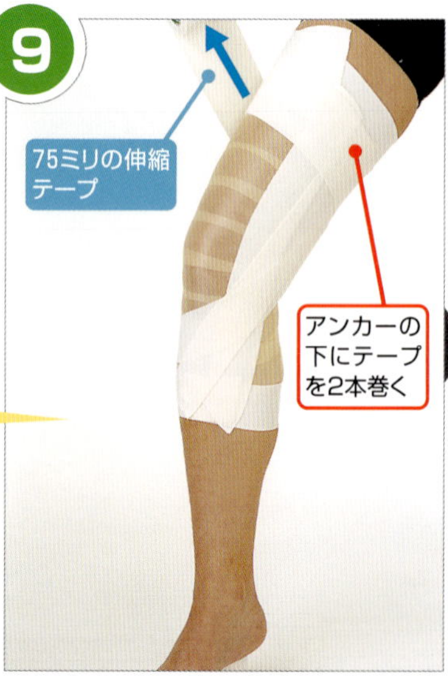
75ミリの伸縮テープ
アンカーの下にテープを2本巻く

上のアンカーの下の位置に、テープを2本1周させる。

テープの強度　→ 強く　→ 軽く

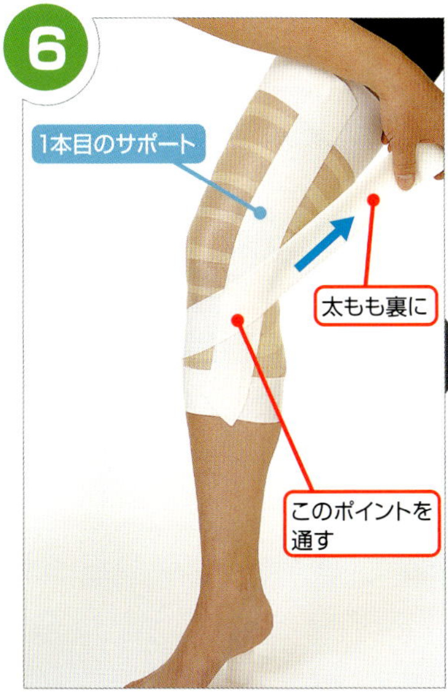
6
1本目のサポート
太もも裏に
このポイントを通す

2本目は外側のアンカーを始点にし、写真**5**のポイントを通して右斜め上に引っ張り、太もも裏に貼る。

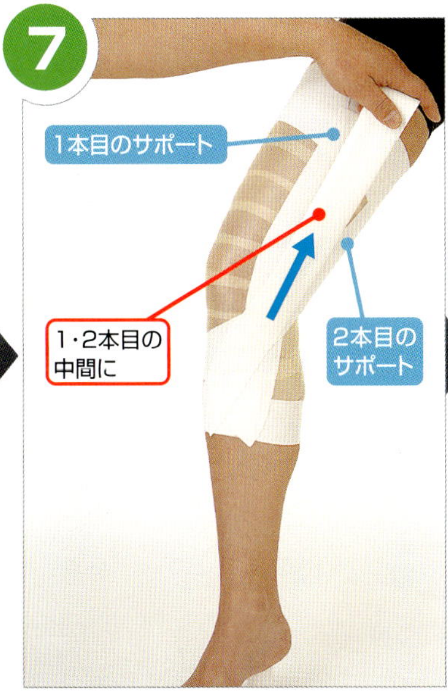
7
1本目のサポート
1・2本目の中間に
2本目のサポート

3本目のテープは1・2本目の中間に貼る。3本目も1・2本目のポイントを通す。

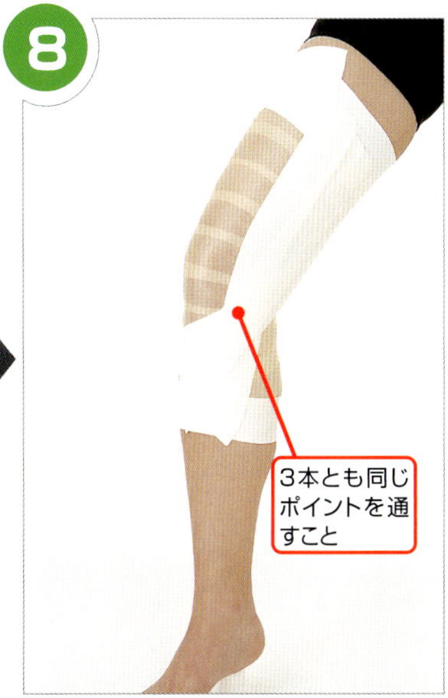
8
3本とも同じポイントを通すこと

サポートの完成。3本とも同じポイントを通すことが大切。

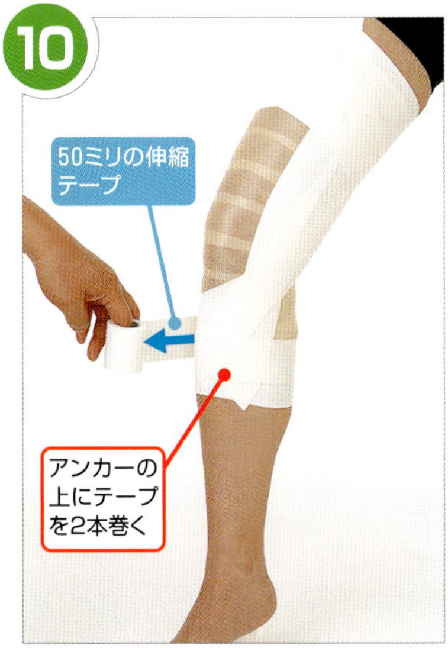
10
50ミリの伸縮テープ
アンカーの上にテープを2本巻く

下のアンカーの上の位置に、テープを2本1周させる。

テーピング・レッスン

巻き終わったら内側に体重をかけてみる

上下にテープを2本ずつ巻いたらテーピングは完成。ひざの内側にテープを縦に貼ることにより、内側への動きが制限されます。巻き終えたら内側に体重をかけて、曲がらないかを確認してみましょう。

内側に縦にテープを貼ることで、内側へ曲がるのを制限できる。

ひざ関節

ひざを内側に曲げると痛い

運動後・日常生活のテーピング

使用するテープ

キネシオロジーテープ（50ミリ）

テープは4本カットしておく

50センチほど ×2本

25センチほど ×2本

こんな姿勢で行う!

CLOSE UP

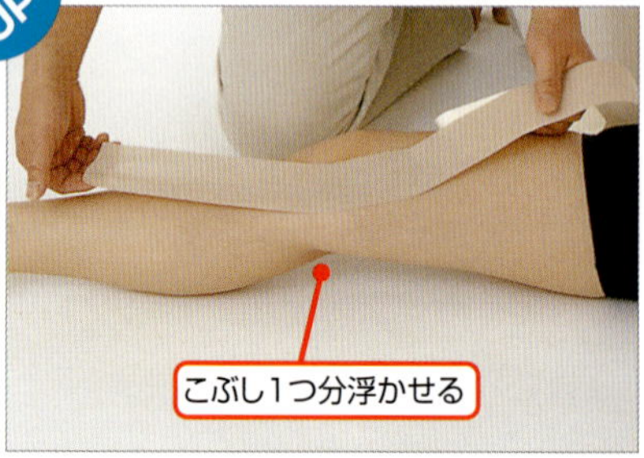
こぶし1つ分浮かせる

運動後・日常生活での ひざへの不安を解消する

ひざは日常生活でも相当な負担がかかるので、慢性的な“ひざ痛”に悩まされている人も多いと思います。これから紹介するテーピングは、歩いたり階段を昇り降りするとき、ひざへの負担を軽くするのに絶大な効果を発揮します。

タタタ…

図解！ 1本目のテープの貼り方

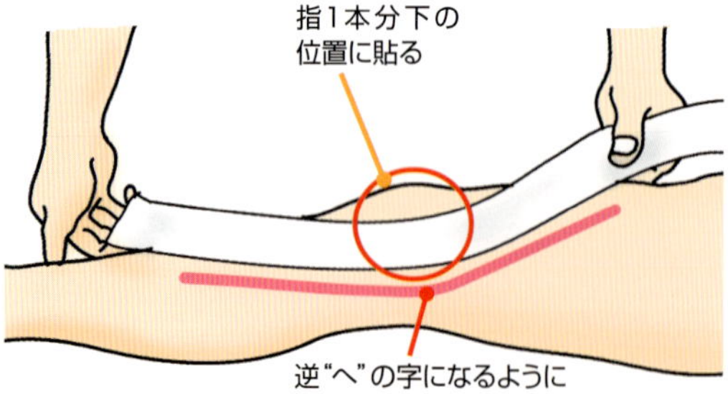
指1本分下の
位置に貼る
逆“へ”の字になるように

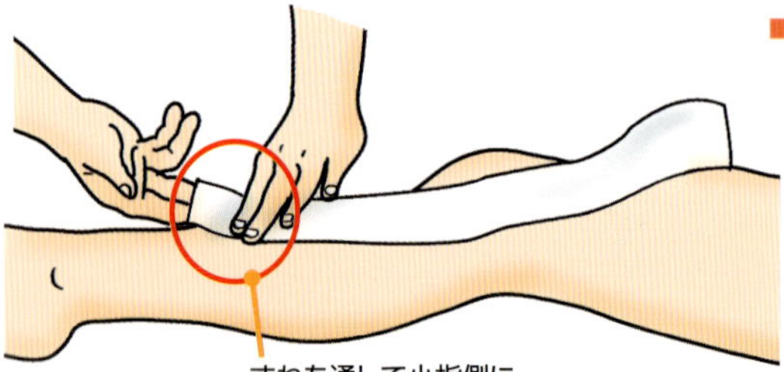
すねを通して小指側に

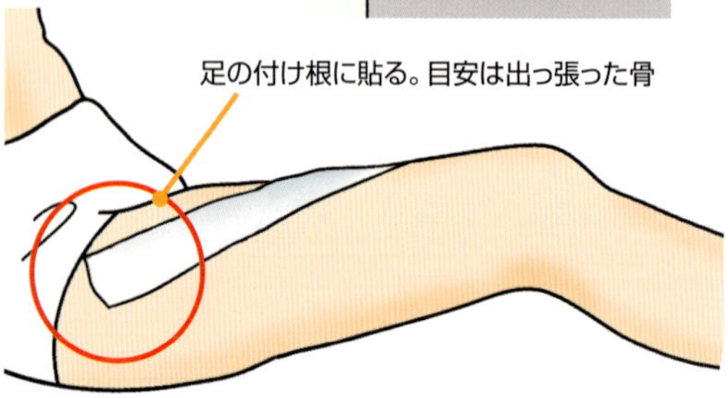
足の付け根に貼る。目安は出っ張った骨

Point

テープを貼る順番をまちがえない
逆“へ”の字になるようにする

1本目のテープは、まずお皿部分から指1本分下に貼り、次に下側（すね）、上側（太もも）の順に貼ります。そして、テープを貼り終わったときに“逆への字”になるようにします。

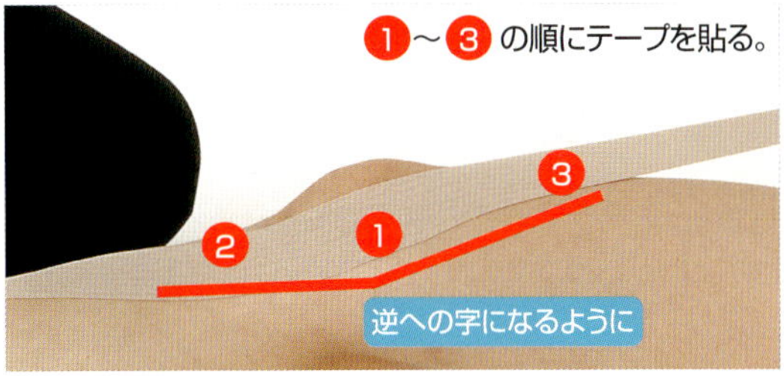
1〜3の順にテープを貼る。
2
1
3
逆への字になるように

1

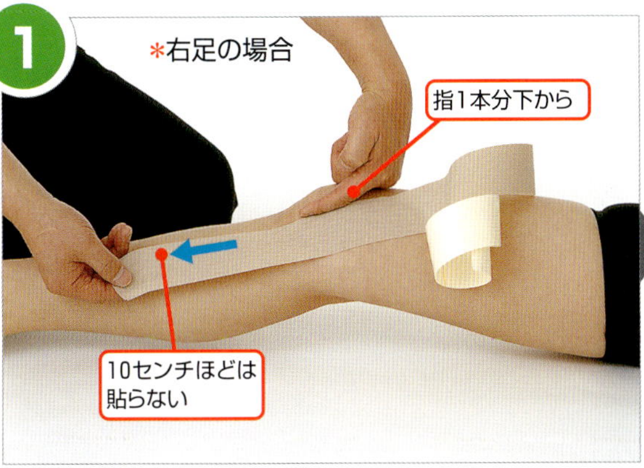
*右足の場合
指1本分下から
10センチほどは
貼らない

お皿の内側の指1本分下にテープがくるように貼る。テープの端10センチは貼らずに残しておくこと。

2

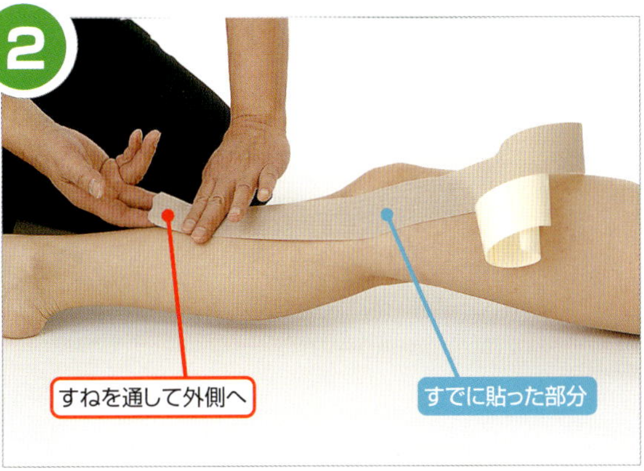
すねを通して外側へ
すでに貼った部分

テープの端10センチを引っ張りながら上げ、すねを通るように外側に貼る。

3

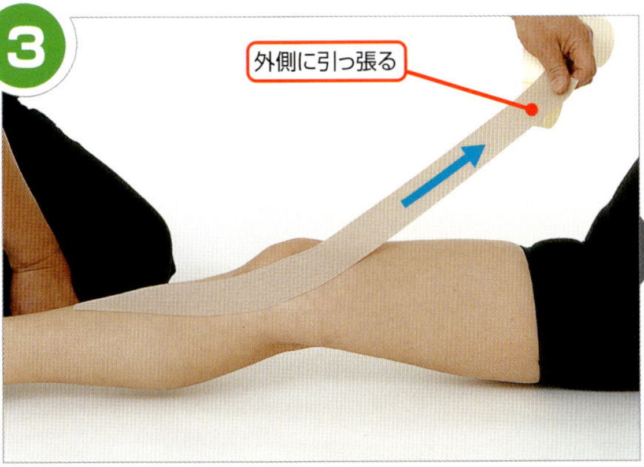
外側に引っ張る

テープの上部分を、一度外側に軽く引き上げる。

4

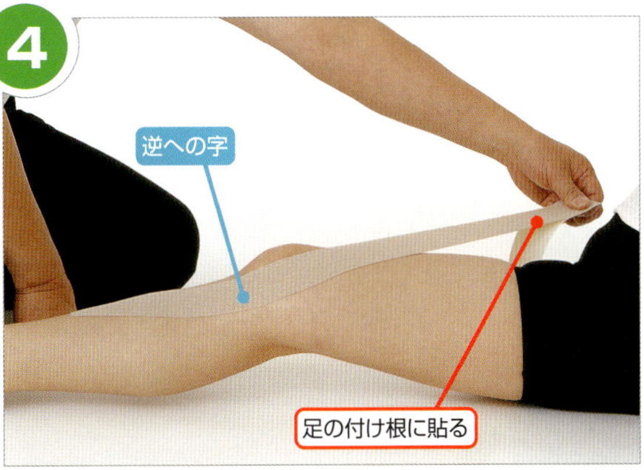
逆への字
足の付け根に貼る

足の付け根の出っ張った骨の位置が終点。お皿を中心に“逆への字”になるように貼るのがよい。

→ P.72に続く

ひざを内側に曲げると痛い

運動後・日常生活のテーピング

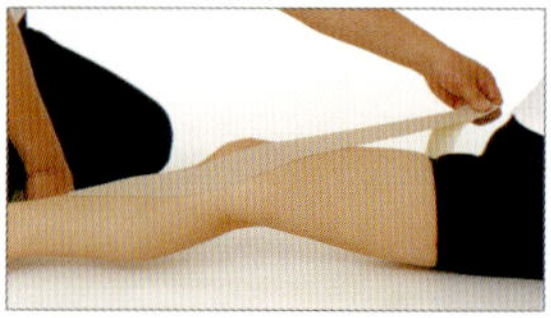

P.71写真4から続けて

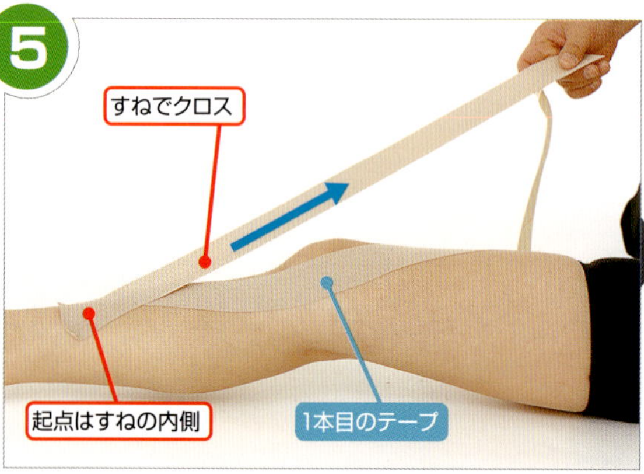
5
すねでクロス
起点はすねの内側
1本目のテープ

すねの内側でクロスさせて、お皿の外側を通す。

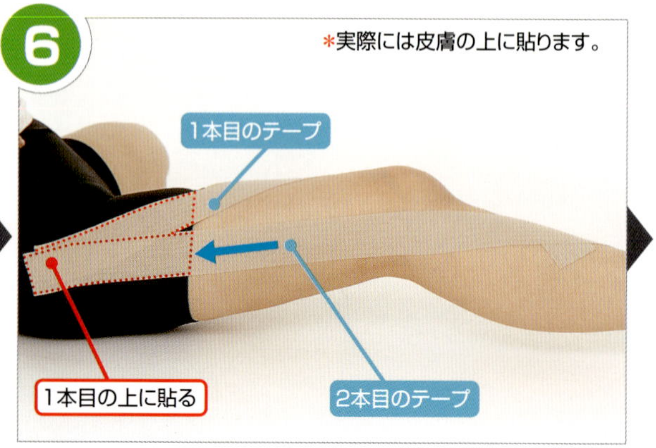
6
＊実際には皮膚の上に貼ります。
1本目のテープ
1本目の上に貼る
2本目のテープ

1本目と同じ位置を終点にまっすぐ貼る。

テーピング・レッスン

1本目と2本目のテープで歩行がラクになる

お皿の内側と外側に貼る2本のテープは、ひざを挟んで支えるような形になります。このようにテープを貼って歩いてみると、歩行がラクになるのが実感できるはずです。

さらに強化したい場合

ひざに不安をかかえる人や、ひざをまっすぐ伸ばすと痛みがある人は、さらに2本のテープを補強してみましょう。らせん状に巻くだけで、ひざがさらに安定します。

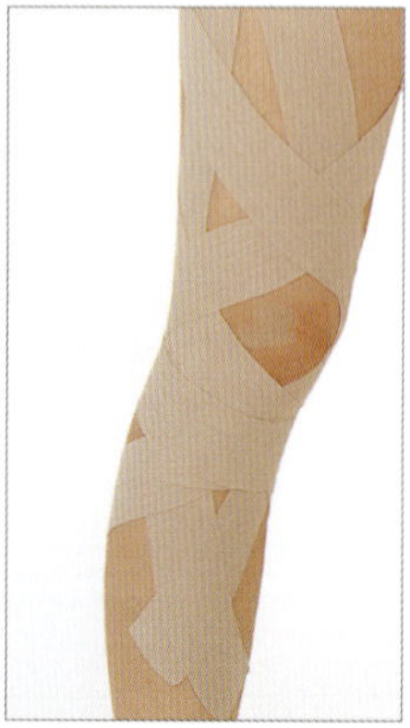

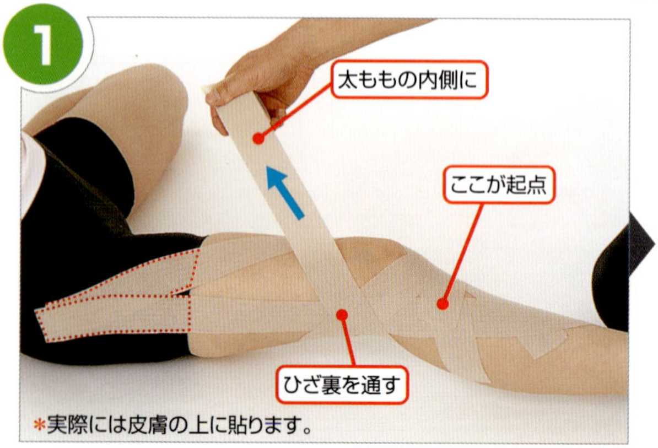
1
太ももの内側に
ここが起点
ひざ裏を通す
＊実際には皮膚の上に貼ります。

すねの前を起点にひざ裏を通し、らせん状に回すように巻き、太もも内側で固定する。

テープの強度 → 強く → 軽く

テーピング・レッスン

3本目と4本目のテープで
階段を降りるときの衝撃をやわらげる

お皿を下から支えるようにテープをクロスに貼ることで、階段を降りるときの衝撃をやわらげることができます。ひざがガクガクするようなときにも効果的です。

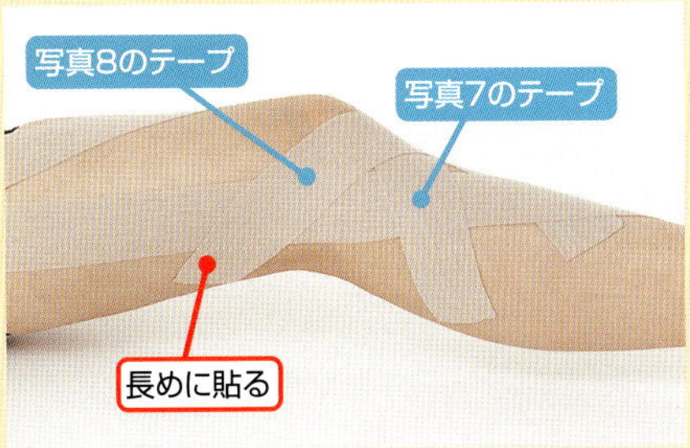
写真8のテープ
写真7のテープ
長めに貼る

7

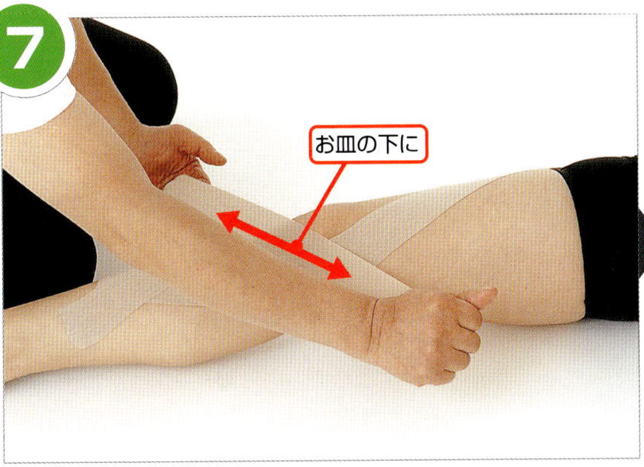
お皿の下に

両サイドを引っ張りながら、お皿の下部分にかかるようにテープを貼る。

8

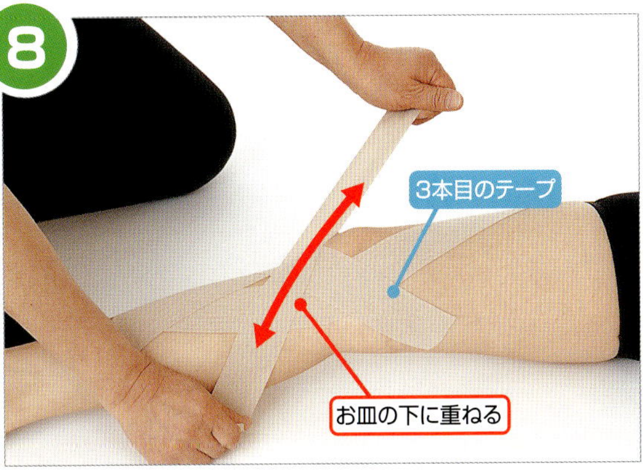
3本目のテープ
お皿の下に重ねる

写真**7**のテープとクロスするように、お皿の下部分に重ねてテープを貼る。

2

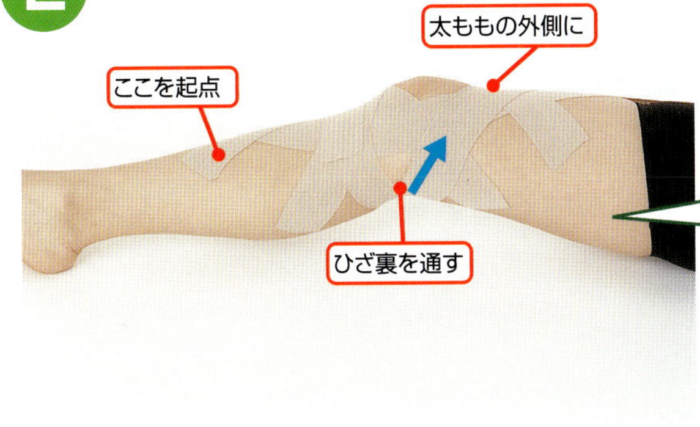
太ももの外側に
ここを起点
ひざ裏を通す

マルチアングル（外側）

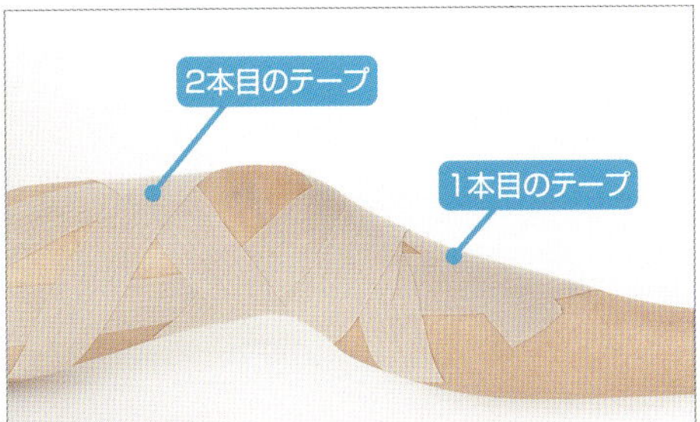
2本目のテープ
1本目のテープ

ひざ裏を通してらせん状に巻くことでひざが安定する。

1本目のテープとクロスするようにひざ裏を通し、らせん状に回すように巻き、太ももの内側で固定する。

ひざ関節

ひざを伸ばすと痛い
運動するときのテーピング

使用するテープ

- アンダーラップテープ
- 伸縮テープ（50ミリ・75ミリ）

ひざの裏側を縦のサポートテープで固定する

ひざを伸ばすと痛い場合は、ひざが伸びきらないように、ひざの裏側に縦方向にテープを貼ります。こうすることで、ひざが伸びる範囲を制限することができます。

図解！ テープを巻く姿勢

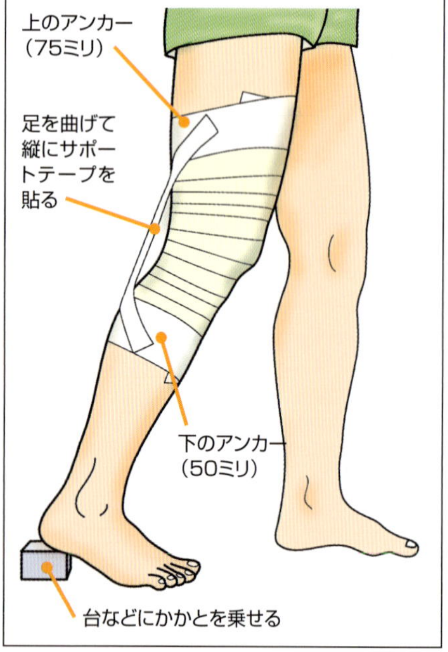

上のアンカー（75ミリ）
足を曲げて縦にサポートテープを貼る
下のアンカー（50ミリ）
台などにかかとを乗せる

Point

かかとを上げた状態を保つ

テープを巻くときは、**P.66**と同じように、かかとを台などに乗せて体重を前にかける姿勢で。

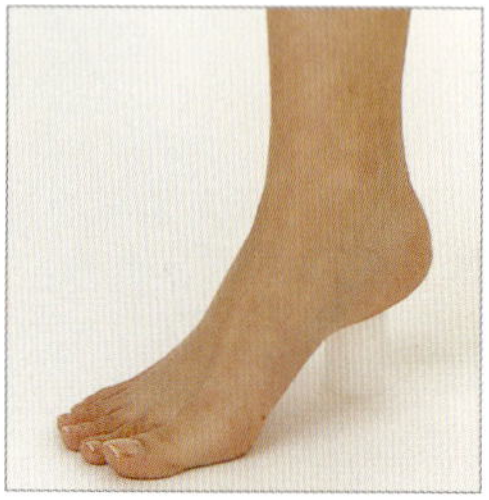

1 ＊右足の場合

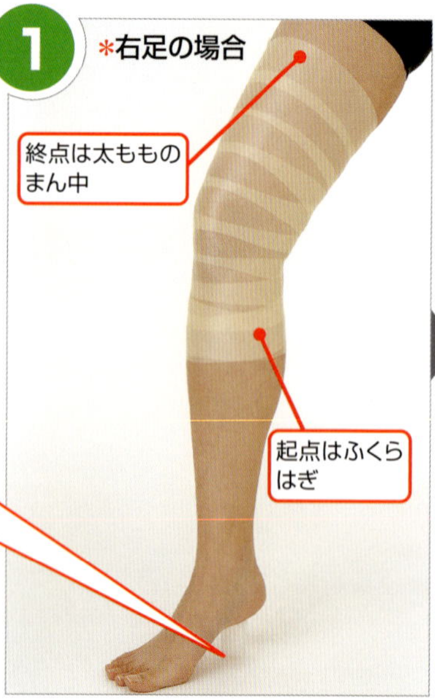

終点は太もものまん中
起点はふくらはぎ

ふくらはぎのいちばん太いところから、太もものまん中あたりまでアンダーラップを巻く（→**P.67**）。

ここに注意！

痛いところまで伸ばして固定せずに、少し戻した位置に縦サポートを貼ること。

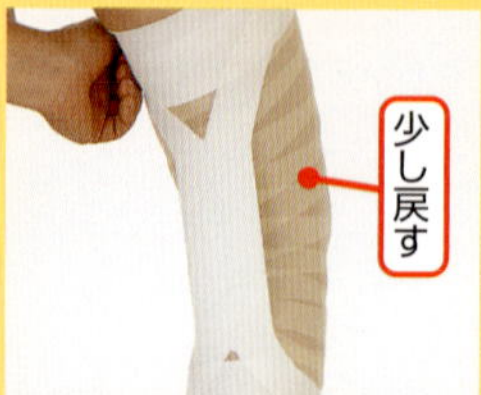

少し戻す

4

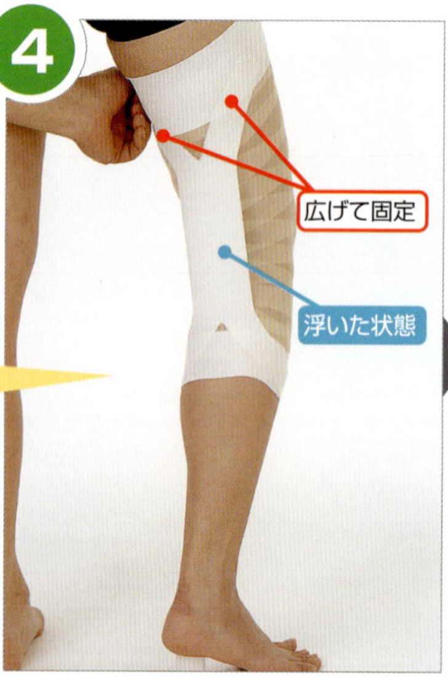

広げて固定
浮いた状態

両サイドに広げて、アンカーの上に固定する。

テープの強度 → 強く → 軽く

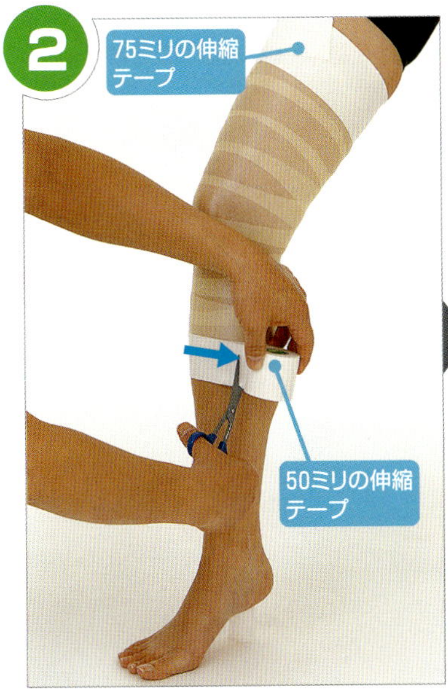
2
75ミリの伸縮テープ
50ミリの伸縮テープ

アンダーラップの上端に75ミリのテープ、下端に50ミリのテープをそれぞれ巻く（→P.67）。

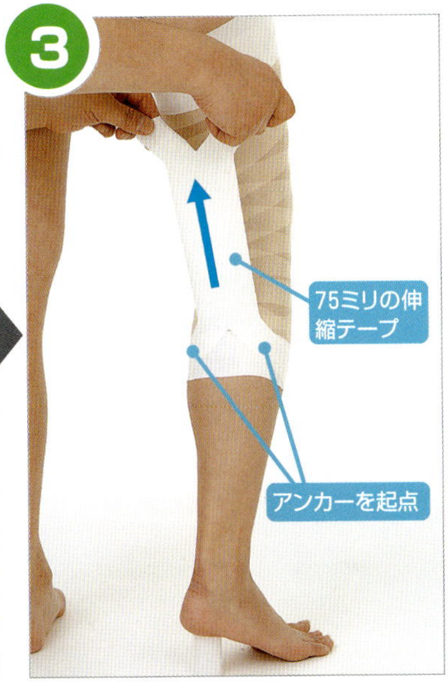
3
75ミリの伸縮テープ
アンカーを起点

下のアンカーを起点に、75ミリのテープを上へ引き上げる。

縦に貼るテープは先端を切っておく

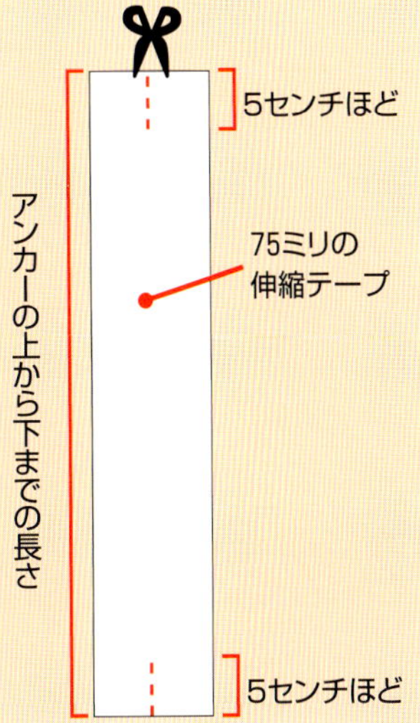
5センチほど
アンカーの上から下までの長さ
75ミリの伸縮テープ
5センチほど

5
50ミリの伸縮テープ
浮いたテープを押しつける

下のアンカーの外側を起点に、上のアンカーの内側へ斜めに50ミリのテープを貼る。

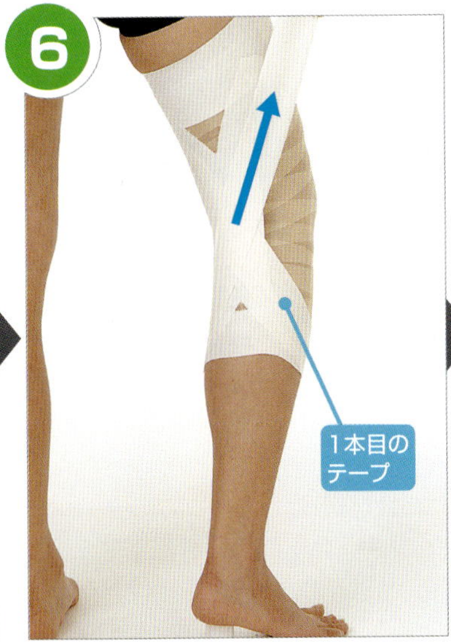
6
1本目のテープ

下のアンカーの内側を起点に、上のアンカーの外側へ斜めに50ミリのテープを貼る。

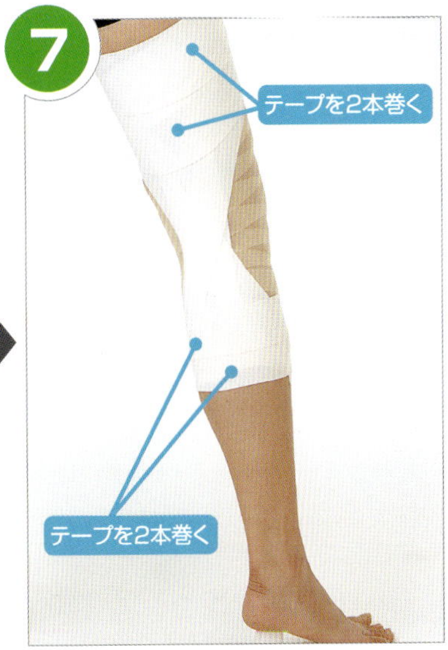
7
テープを2本巻く
テープを2本巻く

上のアンカーの下に2本、下のアンカーの上に2本、それぞれテープを1周させて完成。

ひざ関節

ひざを内側にひねるのを防ぐ セルフ・テーピング

キネシオロジーテープを使用するセルフ・テーピングを紹介します。立ち仕事が多い人や、長時間歩くようなときにも有効ですので、ぜひ試してください。

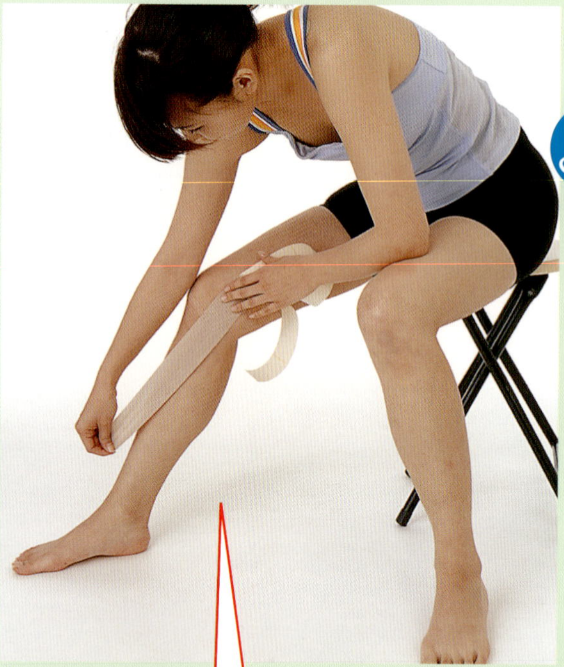

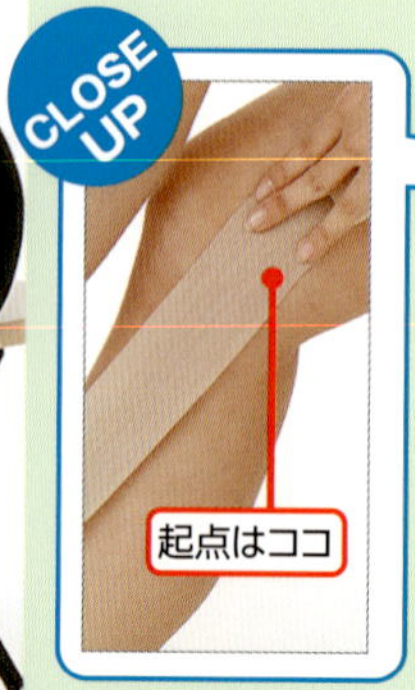

CLOSE UP
起点はココ

1

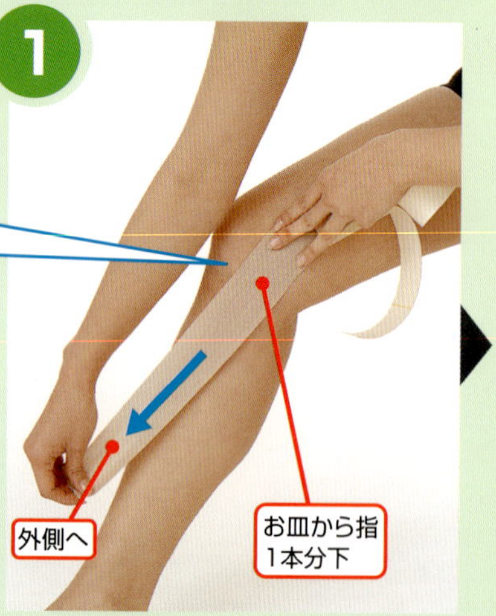

外側へ
お皿から指1本分下

お皿の内側指1本分下の内側にテープを貼る。先端はひざを通し、外側に貼る。

Point

運動後・日常生活のテーピングの自分で巻くバージョン

ここで紹介するセルフ・テーピングは、**P.70～P.73**の「運動後・日常生活のテーピング」と同じ。違うのはテープを巻くときのポジションだけですが、注意したいのはひざを曲げる角度。椅子に座って行う場合は、ひざが曲がりすぎてしまうので、上の「CLOSE UP」の写真のように、こぶし1つが入るくらい曲げてテープを貼るようにしましょう。

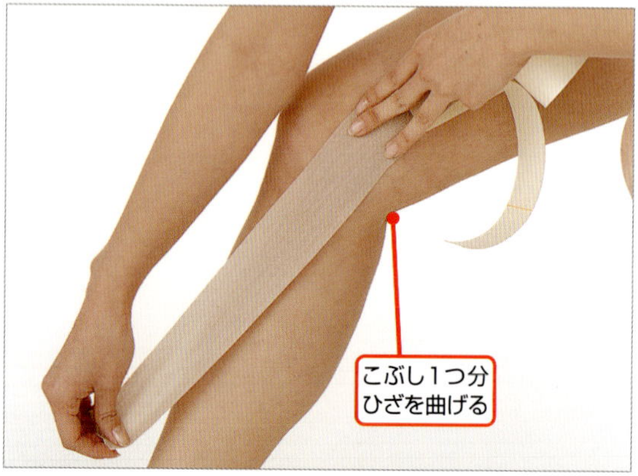

こぶし1つ分
ひざを曲げる

テープの強度 → 強く → 軽く

! ポイント・レッスン

写真1～4は「歩行がラクになる」テーピング。2本のテープでひざを支えるように貼るのがポイント。
写真5・6は「階段を降りるときの衝撃をやわらげる」テーピング。お皿を下から支えるようにテープを貼るのがポイント。

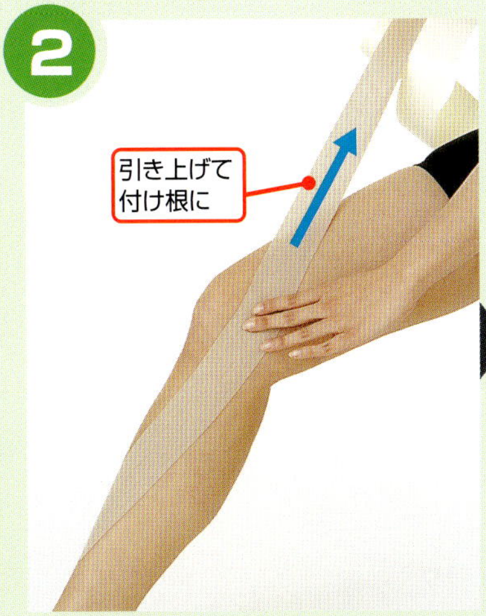
2
引き上げて
付け根に

下端を固定したらテープを上に引っ張り、足の付け根の骨の位置に固定する。

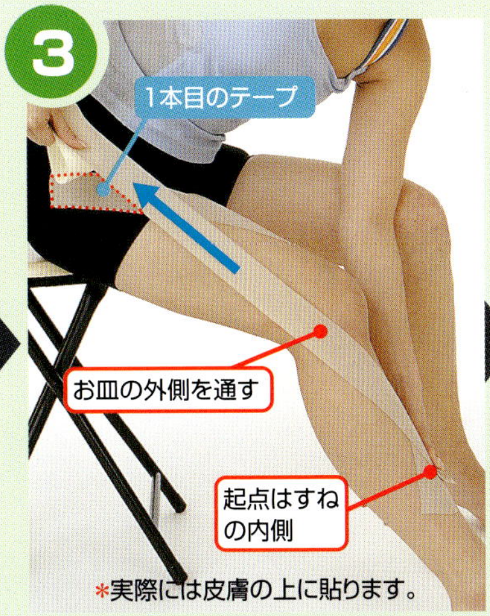
3
1本目のテープ
お皿の外側を通す
起点はすね
の内側
*実際には皮膚の上に貼ります。

1本目のすねの内側寄りを始点にお皿の外側を通して、外側に引き上げる。

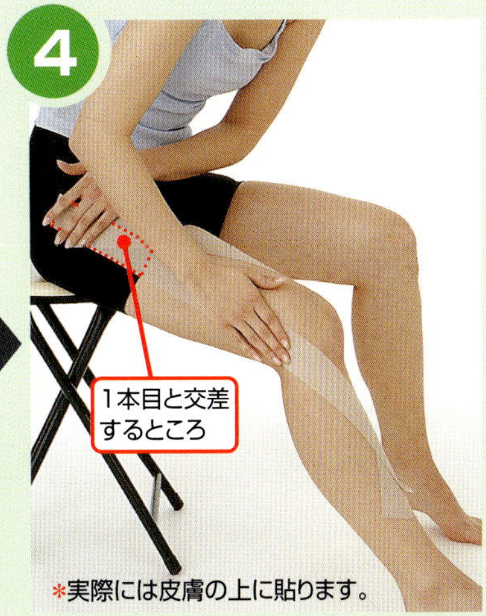
4
1本目と交差
するところ
*実際には皮膚の上に貼ります。

1本目のテープと交差するところにテープを固定する。

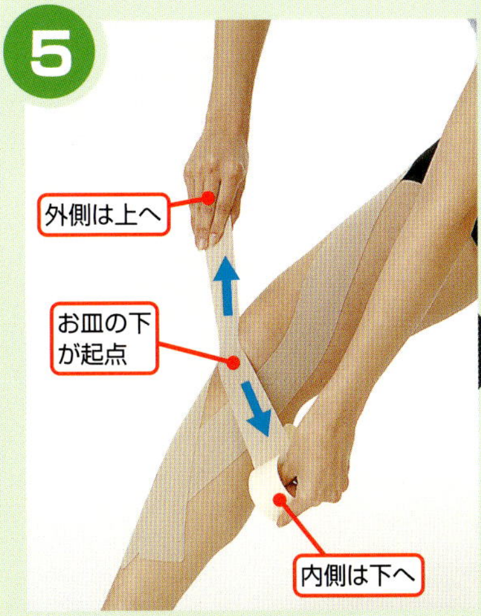
5
外側は上へ
お皿の下
が起点
内側は下へ

お皿の下から、内側は斜め下に、外側は斜め上にテープを貼る。

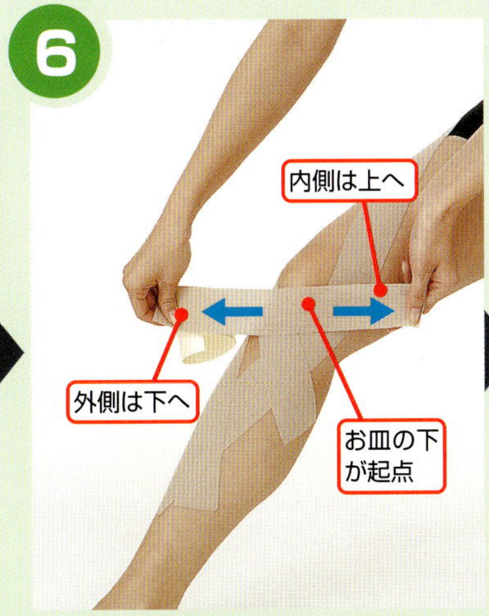
6
内側は上へ
外側は下へ
お皿の下
が起点

お皿の下から1本目とクロスするように、内側は斜め上に、外側は斜め下にテープを貼る。

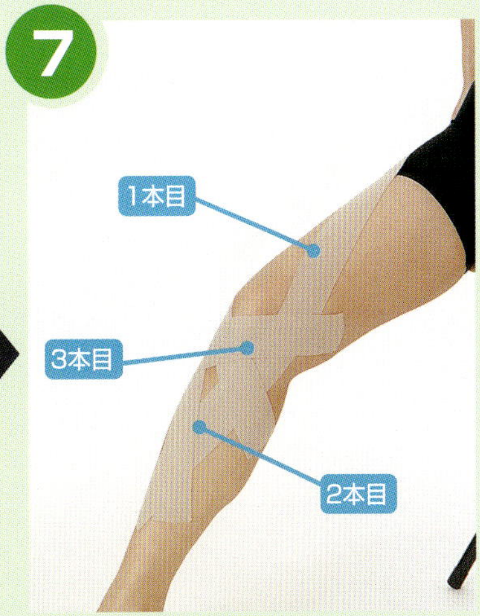
7
1本目
3本目
2本目

これが完成の形。歩いてみて、ひざの痛みがないかを確認しよう。

大腿部

打撲と肉離れが圧倒的に多い 患部を押さえるように圧迫固定する

Point

- 打撲と肉離れのテーピングは同じ方法で行う。
- 患部を圧迫固定して痛みをやわらげる。

大腿部に多い傷害　太ももの表裏ともに打撲や肉離れが多い

太ももの表面が痛むのは、打撲と肉離れによるものが多くなります。

また、太ももの裏の傷害は、ハムストリングという筋肉の肉離れが多くなります。

打撲は、何かに強く打ちつけるなど外からの力によって筋肉内に出血を起こした状態で、患部が痛みます。肉離れは、着地など筋肉の負担が過剰になったときに筋肉内が損傷した状態です。

テーピングのポイント　痛みの程度でテープを貼る強さを変える

打撲と肉離れでは痛み方などが多少違いますが、テーピングの方法は同じです。ともに患部を押さえつけるように圧迫して固定します。

あとは、痛みの程度によってテープの引っ張り具合いや、痛む範囲によってテープの本数を変えていくだけです（範囲が広ければ本数を多くする）。

太もも表面の打撲と肉離れのテーピングはここに注意!

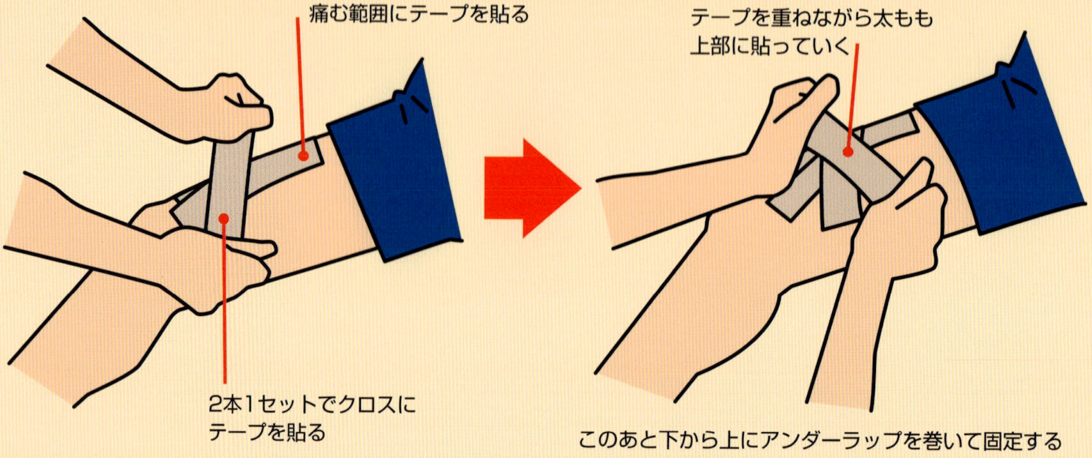
痛む範囲にテープを貼る
2本1セットでクロスにテープを貼る
テープを重ねながら太もも上部に貼っていく
このあと下から上にアンダーラップを巻いて固定する

部位別テーピングテクニック

下腿部

ふくらはぎの“つり”は日常的に起こる

Point
- すね側とふくらはぎ側の筋肉のアンバランスで足がつる。
- アキレス腱を固定して足首の動きを制限する。

下腿部に多い傷害　つりは急な運動、筋肉疲労、筋肉の衰えによって起こる

ふくらはぎは肉離れも多いのですが、筋肉が“つってしまう”こともしばしば起こります。運動中だけでなく日常生活の中でも起こりますが、原因はふくらはぎの筋肉を急に動かしたことによるもののほか、筋肉の使いすぎによる疲労、加齢による筋肉の衰えなどでも起こります。

テーピングのポイント　アキレス腱を圧迫固定する

ふくらはぎがつるというのは、すね側とふくらはぎ側の筋肉のバランスが悪くなることによって起こります。つまり、筋肉がすね側に引っ張られないからふくらはぎ側に引っ張られる、これが“つる”という現象なのです。

ふくらはぎの筋肉はアキレス腱からつながっているので、アキレス腱を圧迫固定して、ふくらはぎの筋肉の動きを抑えます。

ふくらはぎの“つり”はこんなときに起こる

走っているとき
筋肉を急に動かしたとき
寝ているとき
ZZZ…
ふだんの生活時

大腿部・下腿部

太ももの表面が痛い

運動後・日常生活のテーピング

使用するテープ

- アンダーラップテープ
- キネシオロジーテープ（50ミリ）

セルフ・テーピングも
やり方は同じ!

こんな姿勢で行う!

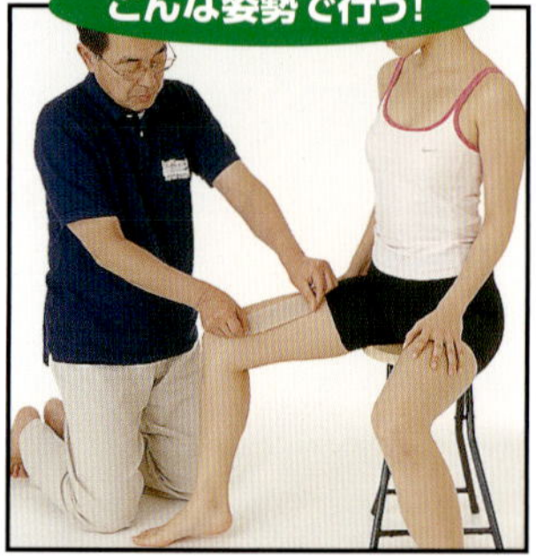

患部を圧迫して固定する 肉離れの再発防止にも有効

太ももの表面が痛むのは、打撲や肉離れによるものがほとんどです。太ももを強く打ちつけたのでなければ肉離れが疑われますので、患部にテープを貼り、圧迫するように固定します。

過去に肉離れをしたことがある人も、再発防止のためのテーピングとして有効です。

テープはあらかじめカットしておく!

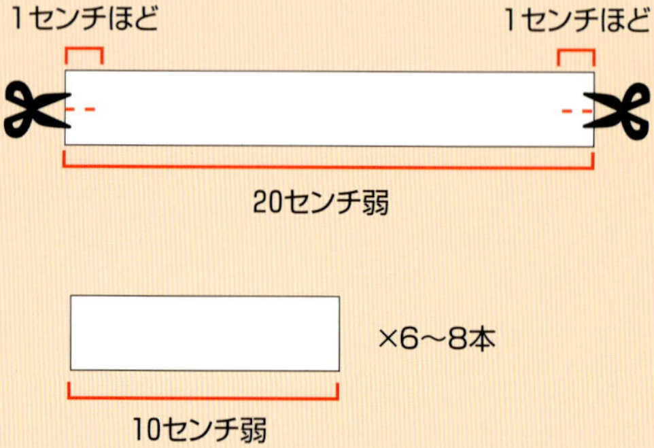
1センチほど
1センチほど
20センチ弱
×6～8本
10センチ弱

図解! 太ももへのテープの貼り方

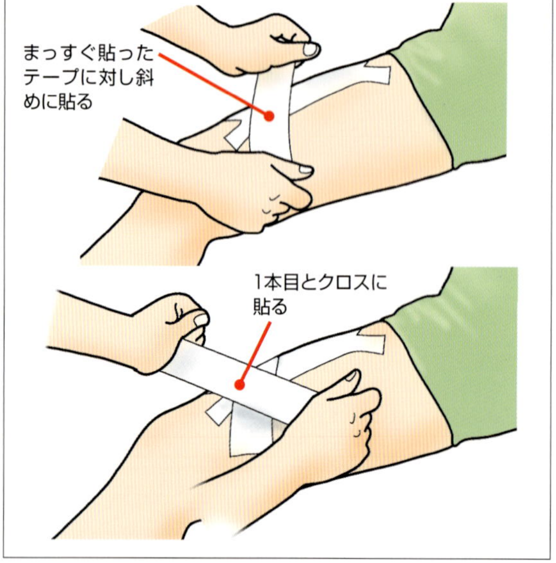
まっすぐ貼ったテープに対し斜めに貼る
1本目とクロスに貼る

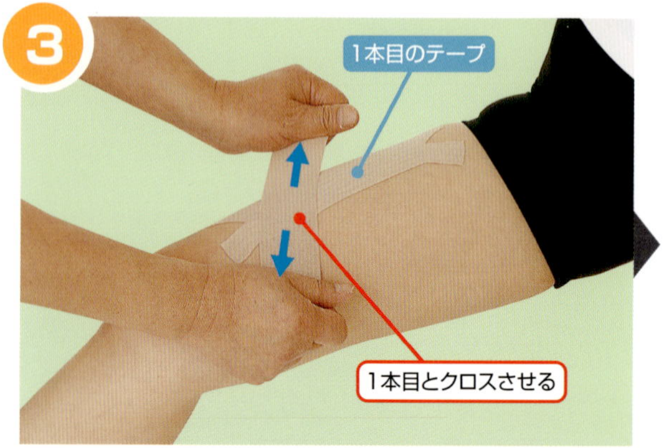
3
1本目のテープ
1本目とクロスさせる

1本目のテープに×印を描くように、下から上に2本セットでテープを貼る。

テープの強度 ➡ 強く ➡ 軽く

テーピング・レッスン

患部の範囲によって
クロスに貼るテープの数を増やす

1本目のテープは患部の長さ以上にしなければいけませんが、痛みがあるのは通常5〜10センチほどです。痛む範囲が広ければ1本目のテープを長くしますが、その場合、2本セットでクロスに貼るテープの数も増やします。

CLOSE UP

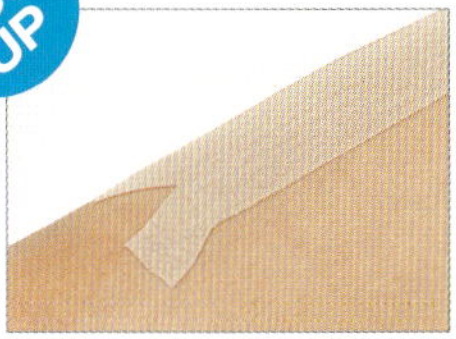

開いて貼ることで、肉離れの部分を挟んでつまむ感じになる。

1

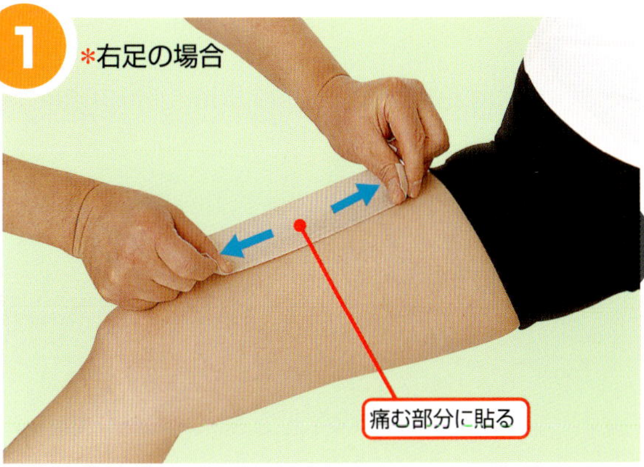

＊右足の場合
痛む部分に貼る

痛みのある部分に1本目のテープを貼る。左右を軽く引っ張りながら、まん中部分を密着させる。

2

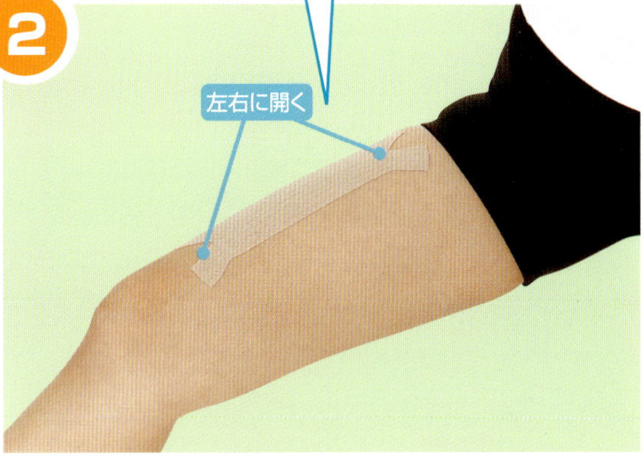

左右に開く

両端の切れ目を左右に開き、引っ張らずに貼る。

4

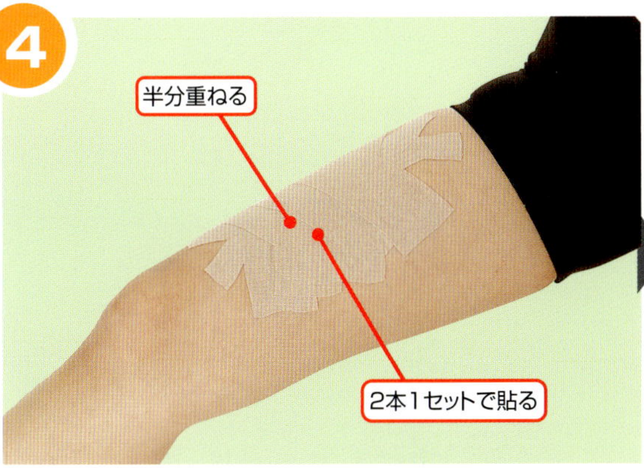

半分重ねる
2本1セットで貼る

テープを半分ずつ重ねながら、部位の大きさに合わせて2本1セットで✕印を描くように足の付け根側に貼っていく。

5

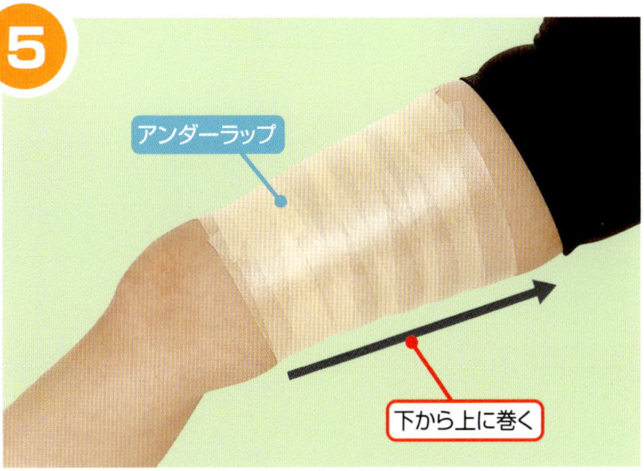

アンダーラップ
下から上に巻く

患部を圧迫させるため、キネシオロジーテープの上にアンダーラップを巻く。通常はアンダーラップの固定で十分。

大腿部・下腿部

ふくらはぎがつりやすい

運動後・日常生活のテーピング

テープは1本カットしておく!

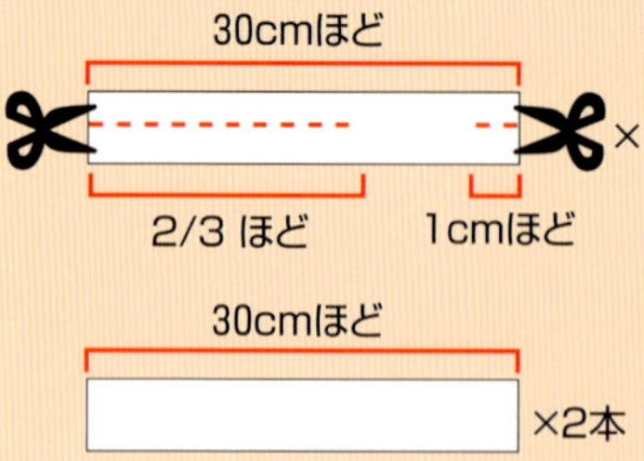
30cmほど
×1本
2/3 ほど
1cmほど
30cmほど
×2本

使用するテープ

キネシオロジーテープ（50ミリ）

アキレス腱を圧迫して足首の動きを制限する

ふくらはぎがつるのは、筋肉のバランスが崩れることによって起こります。つまり、すね側の筋肉が弱いため、ふくらはぎ側に筋肉が引っ張られるのが“つる”ということなのです。

アキレス腱を圧迫して足首の動きを制限するテーピングで、ふくらはぎの筋肉の動きを抑えます。

図解! テープを貼る姿勢

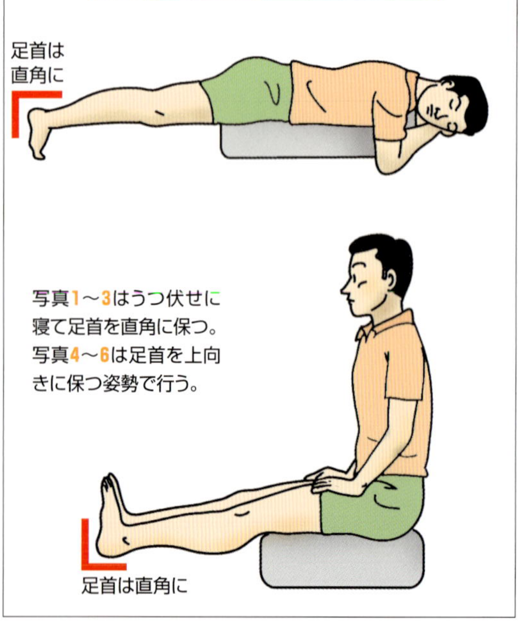
足首は
直角に
写真1～3はうつ伏せに
寝て足首を直角に保つ。
写真4～6は足首を上向
きに保つ姿勢で行う。
足首は直角に

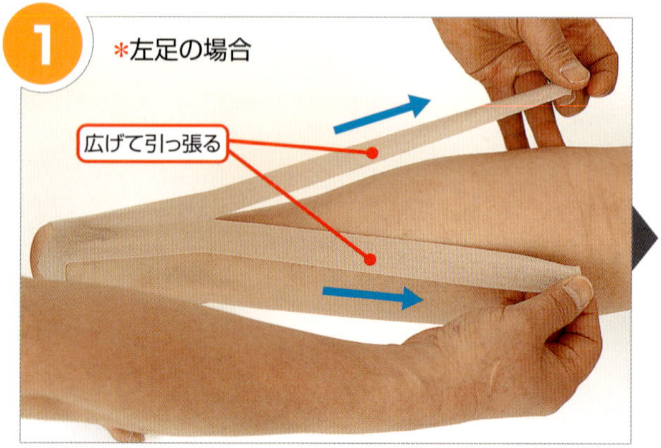
1
*左足の場合
広げて引っ張る

足首は直角にした状態で、1センチほど切ったほうを、かかとの裏をはずして貼り、テープを広げて引っ張る。

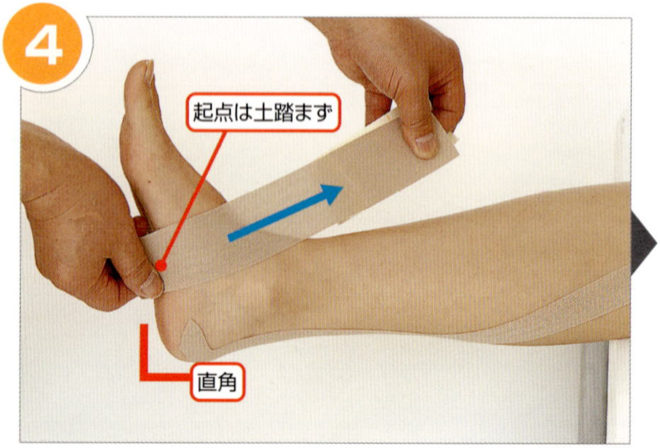
4
起点は土踏まず
直角

2本目のテープは、足の裏の土踏まずを起点にして、内側（親指側）から外側（小指側）に巻く。

テープの強度　➡ 強く　➡ 軽く

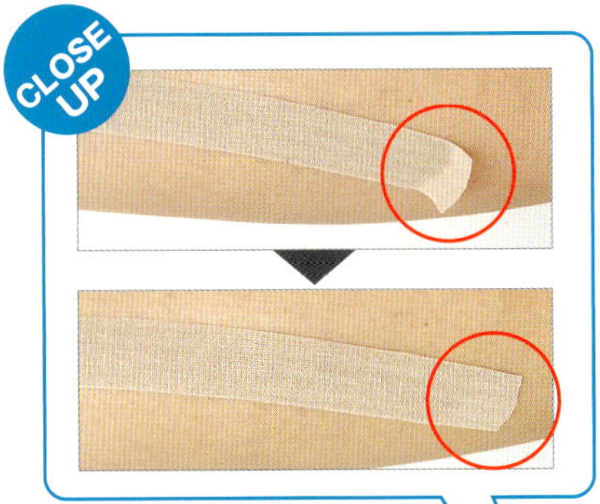
CLOSE UP

Point

軽く押さえるように肌に密着させる

足首を直角にしてテープを貼ると、アキレス腱部分は自然に浮いた状態になります。デリケートな部分なので、指で軽く押さえるように貼りましょう。

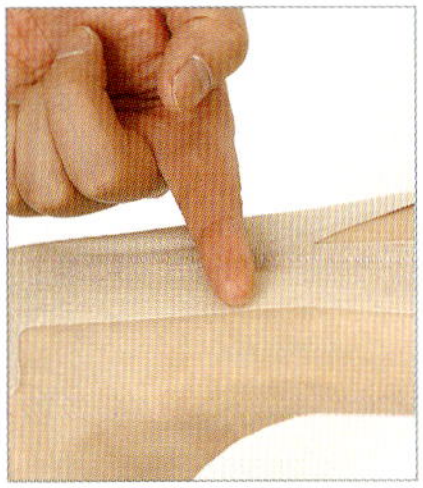

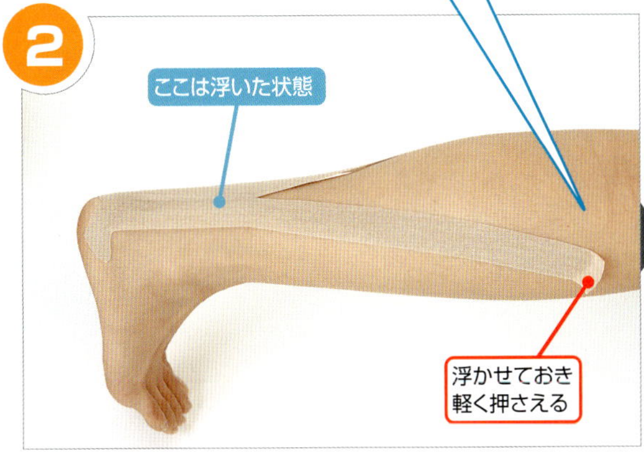
2
ここは浮いた状態
浮かせておき
軽く押さえる

広げたテープを貼る。アキレス腱部分はテープが浮いた状態にしておく。

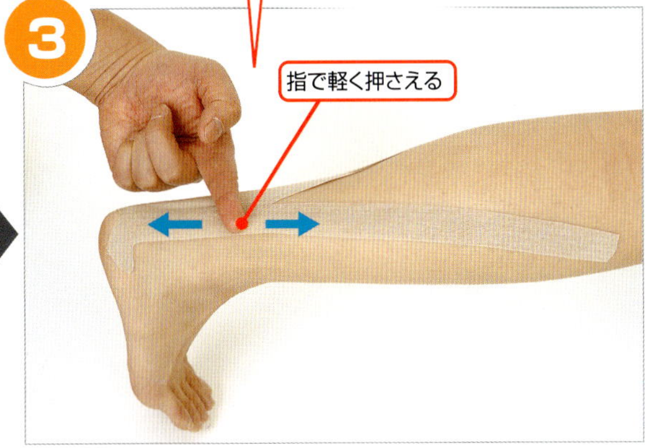
3
指で軽く押さえる

アキレス腱部分のテープを、指で軽く押さえるように貼る。

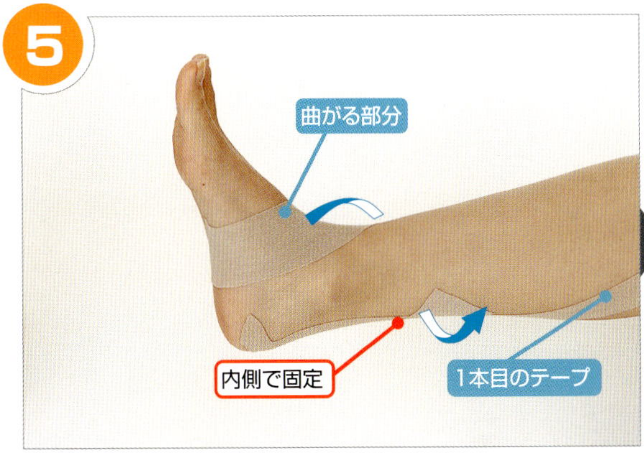
5
曲がる部分
内側で固定
1本目のテープ

足首の曲がる部分を通し、外側に巻いて固定する。

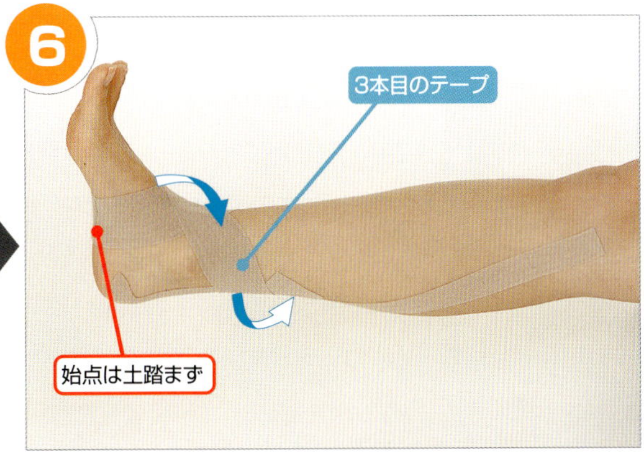
6
3本目のテープ
始点は土踏まず

3本目のテープは、2本目と対称になるように巻く。土踏まずを起点に、外側から内側にテープを巻いて完成。

肩

負担を軽くするテーピングで つらい痛みを解消する

Point
- 脱臼や四十肩・五十肩では、肩が自然に上がるようにテープを貼る。
- 肩こりでは、自然に首のストレッチができるようにテープを貼る。

肩に多い傷害　肩の脱《だっ》臼《きゅう》は体がぶつかり合うスポーツで起こりやすい

運動中に多い傷害は、肩関節がはずれる脱臼です。肩を脱臼すると腕の重みも加わり、動かさなくても激しい痛みを伴います。また一度脱臼すると、ちょっとしたことで肩関節がはずれやすい“脱臼グセ”がつき、不安になります。

日常生活では、四十肩や五十肩、ひどい肩こりが気になる症状です。

四十肩や五十肩になると腕を上げると痛いので、日常生活に支障をきたします。肩や腕の筋肉が固まってしまうことが原因ですので、ふだんから意識してある程度の重さの鞄などを持ち歩くようにすることで、予防できる場合があります。

肩こりはだれもが感じる症状といえますが、ひどくなるとストレスを感じたり、頭痛の原因になったりします。肩こりは、同じ姿勢を続けていたり悪い姿勢でいたりすることでひどくなります。

肩の脱臼はこんなスポーツでよく起こる

アメリカンフットボール
イテテ…
ラグビー
野　球
ザザー
格 闘 技

テーピングのポイント テープで肩を引き上げ、脱臼や四十肩・五十肩の痛みを軽くする

脱臼したときは、腕の重みが肩にかからないようなテーピングをします。肩を上げた状態でテープを貼れば、自然に肩が上がりやすくなり、負担が軽くなります。

四十肩や五十肩では、テーピングで肩の筋肉をゆるめてあげます。大切なのは、力を抜いて軽く肩を上げた状態でテーピングすることです。

肩こりでは、首の後ろにテープを貼ります。頭と肩の位置をテープによって戻し、自然に首のストレッチができるようにします。

脱臼、四十肩・五十肩、ひどい肩こりのテーピングはここに注意!

! 脱臼はこぶしをつくり腕を腹につけた姿勢で

脱臼のテーピングでは、肩関節にかかる負担を軽くすることが大切です。肩が自然に上がる姿勢で上腕から首の付け根にテープを貼ります。これが基本で、前後に動かすと痛い場合は、前と後ろにテープを貼って動きを制限します。

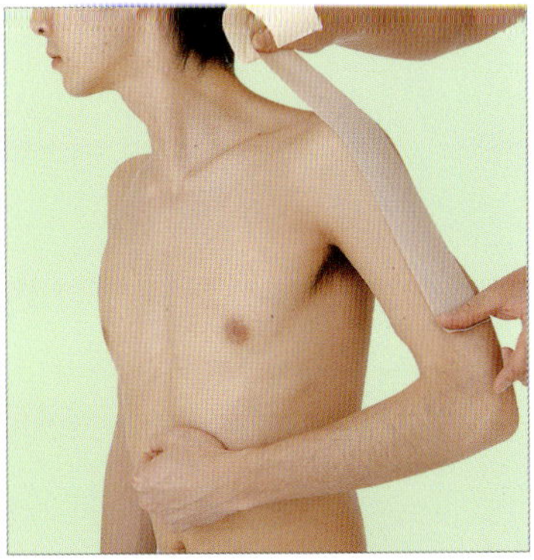

! 四十肩や五十肩はリラックスした状態でテープを貼る

四十肩や五十肩のテーピングの方法は、脱臼と同じです。上腕から肩関節にテープを貼るのですが、姿勢が違います。筋肉が緊張した状態でテープを貼っても意味がないので、力を抜いてリラックスした姿勢でテープを貼ります。

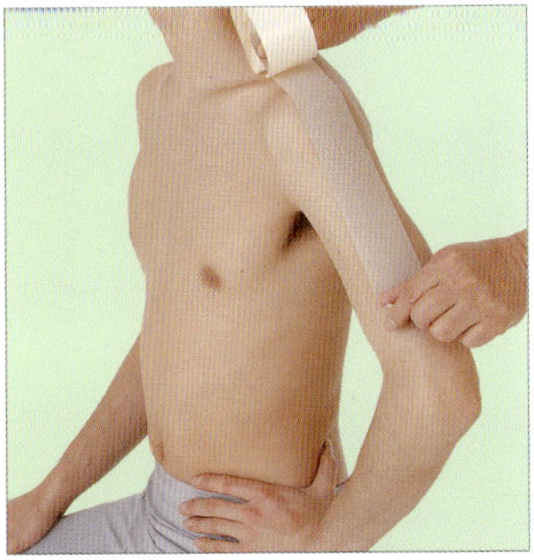

! 首の後ろと肩から肩甲骨にテープを貼って姿勢を正す

肩こりのテーピングは、首の後ろと肩関節から肩甲骨にかけてテープを貼って、姿勢を正すことが目的です。片側の肩こりがひどい場合も、バランスを考えて、両サイドにしっかりテーピングしたほうが効果が高まります。

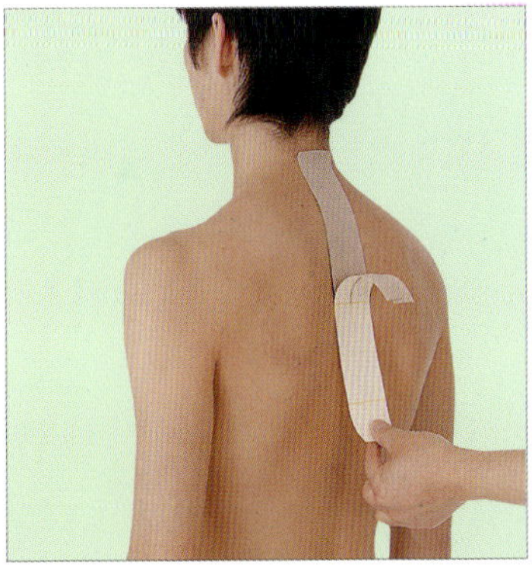

肩を脱臼しやすい
運動後・日常生活のテーピング（基本）

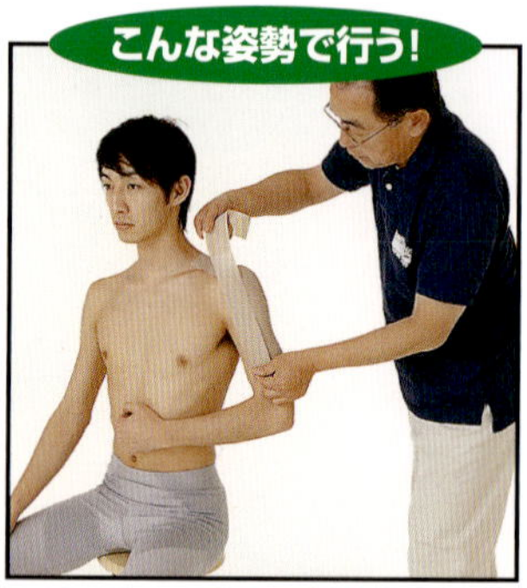
こんな姿勢で行う!

使用するテープ

キネシオロジーテープ（50ミリ）

テープは3本カットしておく!

50センチほど ×3本

テープで腕を持ち上げて肩への負担を軽減する

肩を脱臼《だっきゅう》すると肩の重みが腕にかかり、激しい痛みを伴います。また、クセになりやすいので、外からのちょっとした力でも脱臼してしまいます。

肩を脱臼したときや再発を防止したいときは、テープによって腕を持ち上げて固定することで、肩への負担が軽くなります。

図解! 前後のテープの貼り方

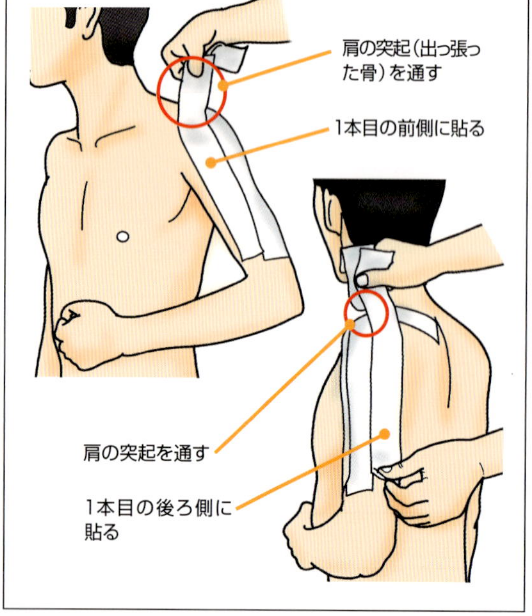
肩の突起（出っ張った骨）を通す
1本目の前側に貼る
肩の突起を通す
1本目の後ろ側に貼る

腕をひじから曲げて握りこぶしをつくる

脱臼のためのテーピングは、姿勢が重要です。腕をひじで曲げ、握りこぶしをつくって腹につけ、動かないように固定します。こうすることで肩が自然に上がります。

首は動きを制限しないように、やや逆方向にしておきます。

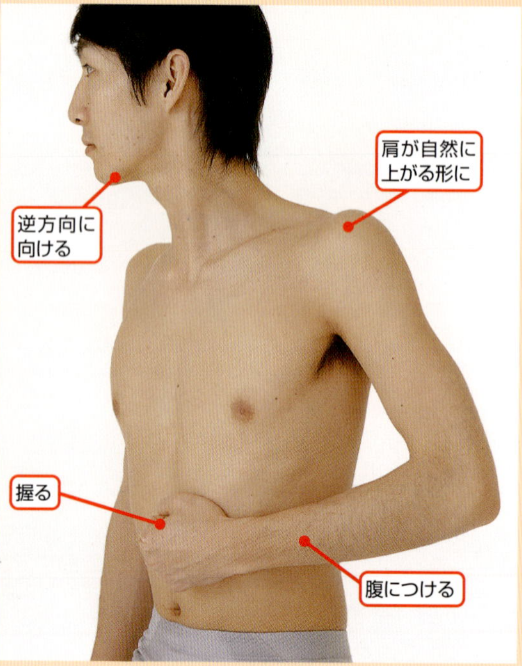
逆方向に向ける
肩が自然に上がる形に
握る
腹につける

テープの強度 ➡ 強く ➡ 軽く

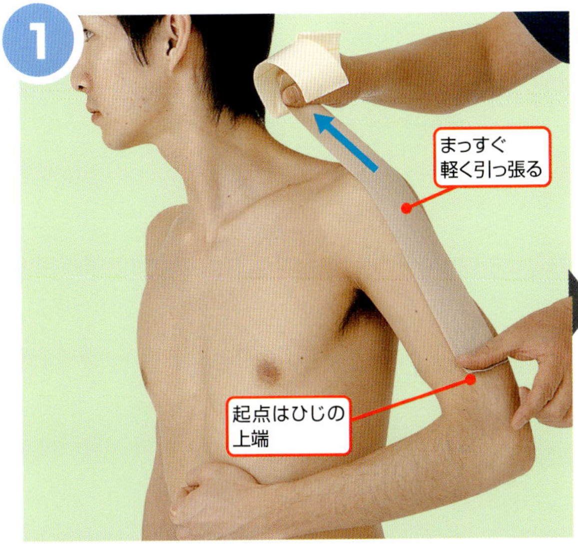
1
まっすぐ
軽く引っ張る
起点はひじの
上端

ひじ関節にかからないところを起点にして、テープを肩方向に軽く引っ張る。

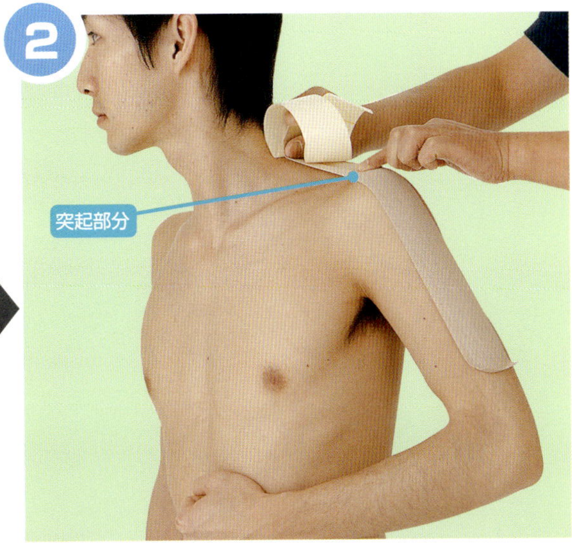
2
突起部分

肩の突起部分（出っ張った骨）を通すようにテープを貼る。

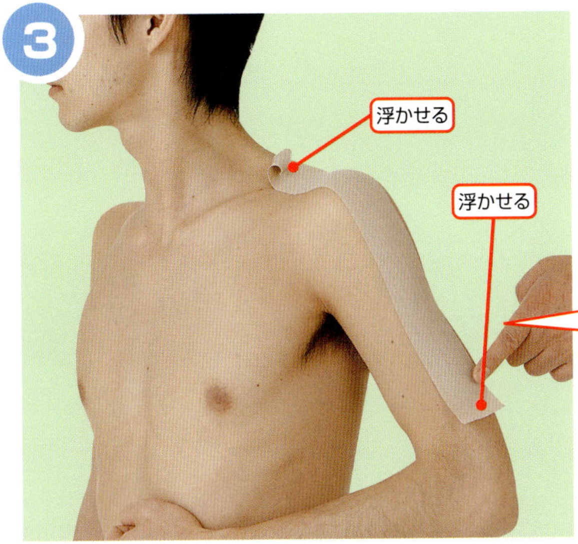
3
浮かせる
浮かせる

始点と終点のテープは、かぶれ防止のため浮かせておき、軽く押さえるように貼る。

→P.88に続く

Point

始点と終点は浮かせておき最後に押さえるように貼る

テープの先端を引っ張りながら貼ると皮膚がかぶれてしまいます。テープの始点と終点は最後に軽く押さえるように貼ることにより、かぶれを防ぐことができます。

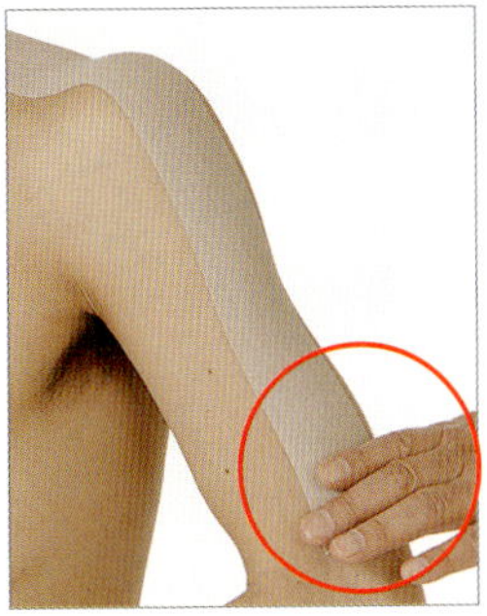

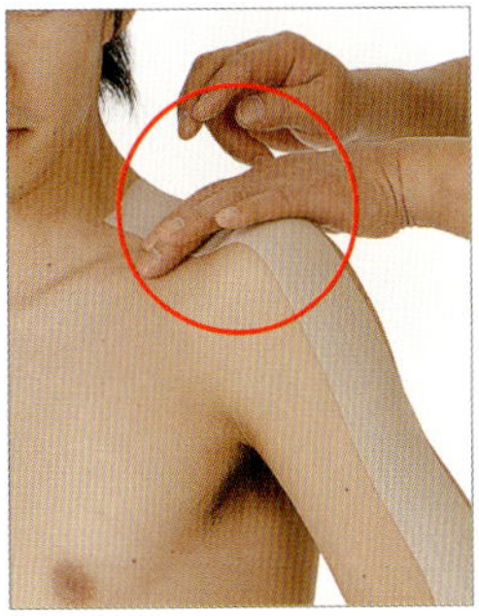

肩を脱臼しやすい

運動後・日常生活のテーピング（基本）

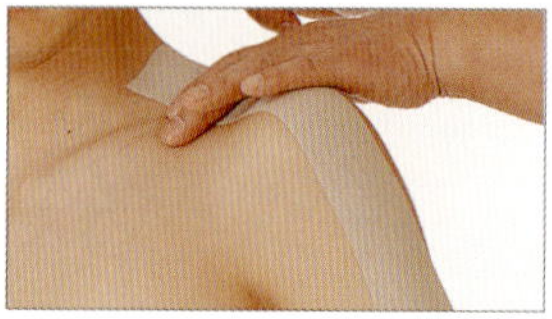

P.87写真3から続けて

ここに注意!

1本目のテープとクロスするところは肩の突起部分。3本目のテープも同じところを通し、2本のテープが左右対称になるように貼ることが大切。

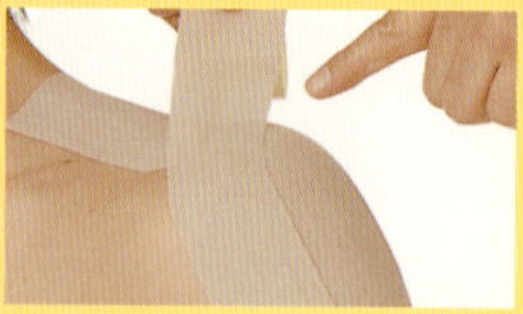

4

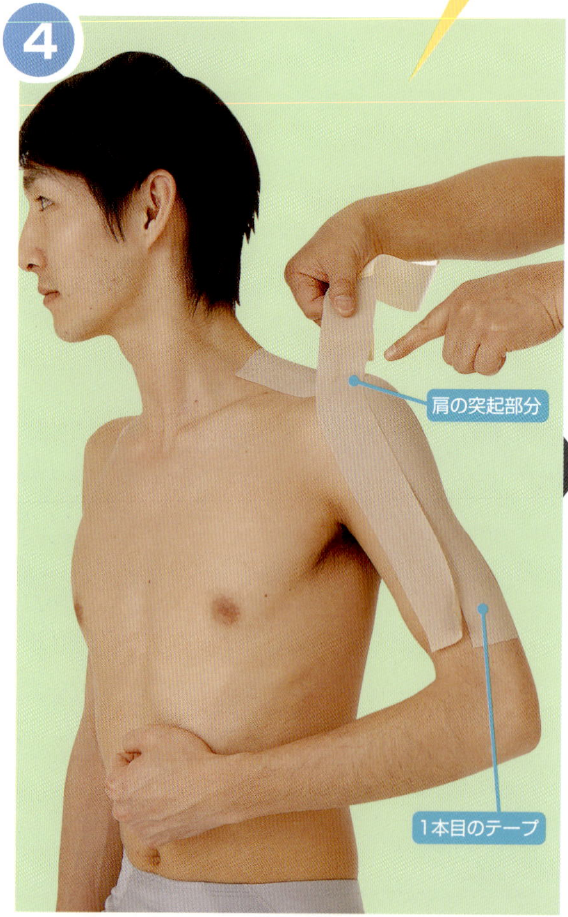

2本目のテープは1本目の前側を起点に、軽く引っ張りながら肩の突起部分を通す。

5

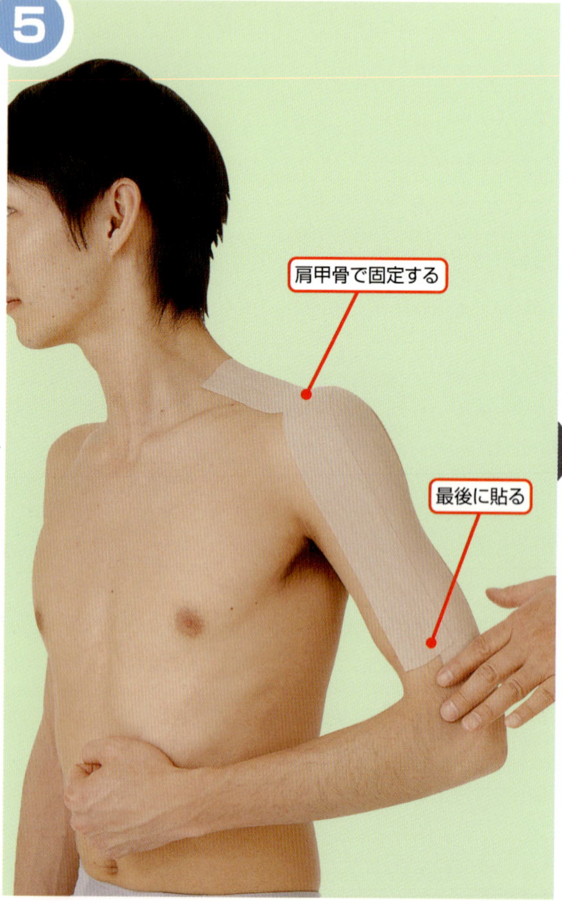

肩甲骨あたりで固定する。テープの始点と終点は浮かせておき、最後に軽く押さえる。

テープの強度　強く　軽く

Point

テープを貼り終えると肩が自然に上がった状態になる

1本目のテープは肩を持ち上げるために貼るテープで、2・3本目のテープは1本目とクロスさせることによって肩の前後の動きを制限するために貼るテープ。テープを3本貼り終えると、右の写真のように肩が上がった状態になるため、脱臼を防げます。

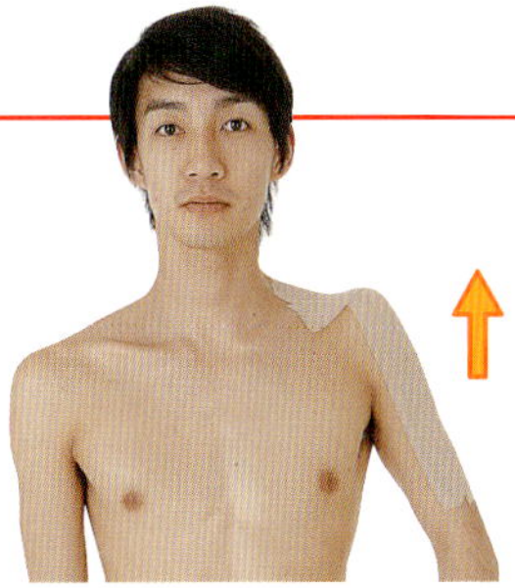

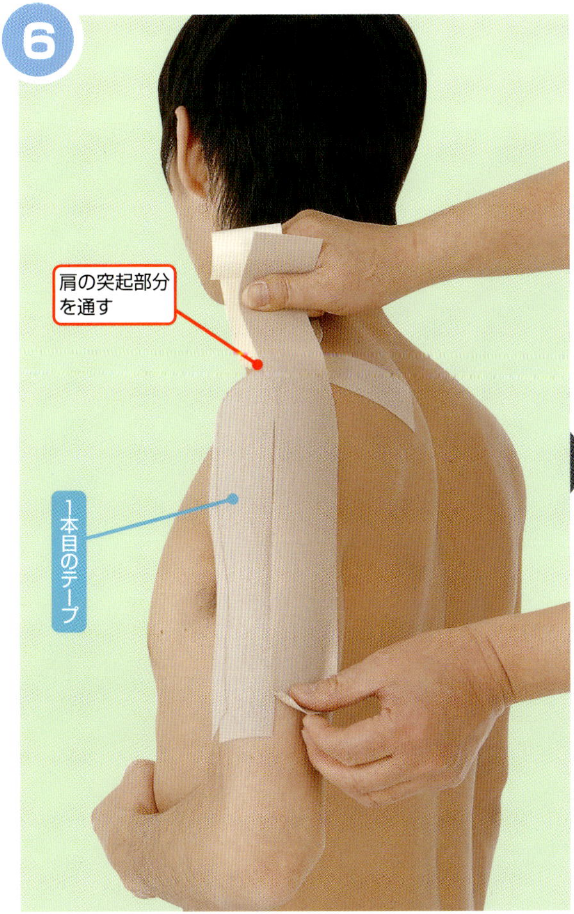

3本目のテープは1本目の後ろ側を起点に、軽く引っ張りながら肩の突起部分を通す。

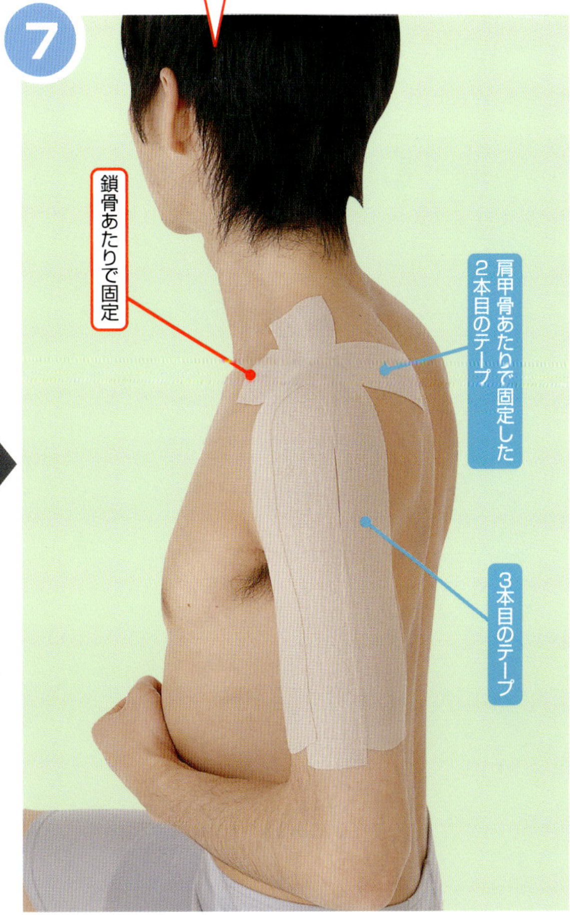

鎖骨あたりで固定して、脱臼予防のテーピングの完成。

肩を前後に動かすと痛い

運動するときのテーピング

テープは4本カットしておく！

50センチほど ×4本

使用するテープ

キネシオロジーテープ（50ミリ）

痛い方向にいかないようにテープを貼るだけ

肩を前後に動かすと痛いのは、脱臼《だっきゅう》の症状の1つです。前に動かすと痛い場合は腕の後面に、後ろに動かすと痛い場合は腕の前面にテープを貼ります。そうすることで、痛い方向にいかないように腕の動きを制限できます。

肩を前に動かすと痛い場合

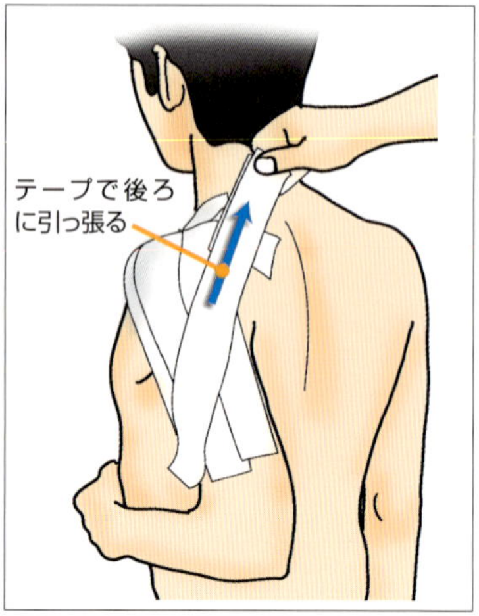
テープで後ろに引っ張る

1

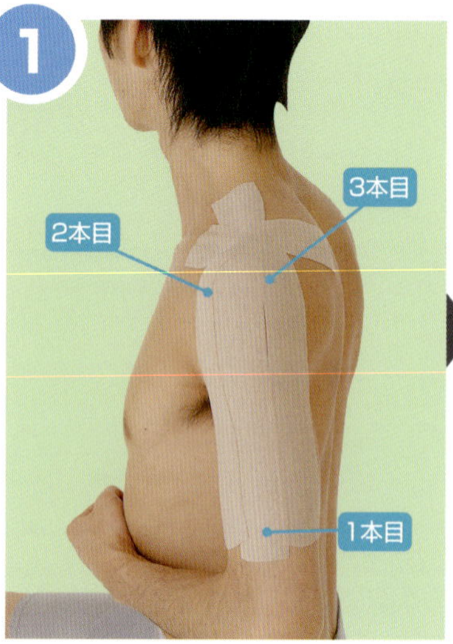
3本目
2本目
1本目

P.87～**P.89**の写真1～7に従ってテープを3本貼る。

肩を後ろに動かすと痛い場合

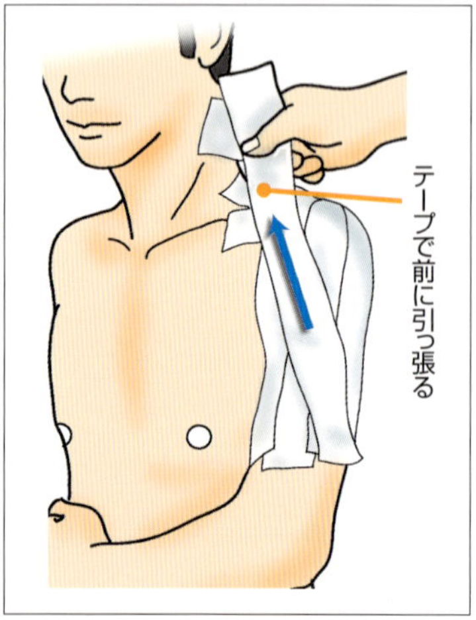
テープで前に引っ張る

1

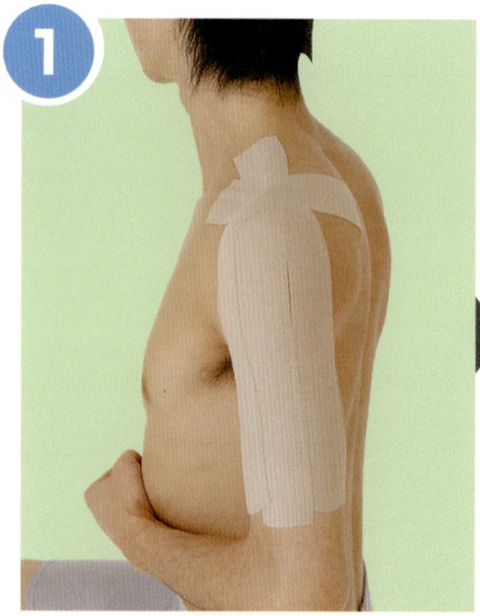

P.87～**P.89**の写真1～7に従ってテープを3本巻く。

2

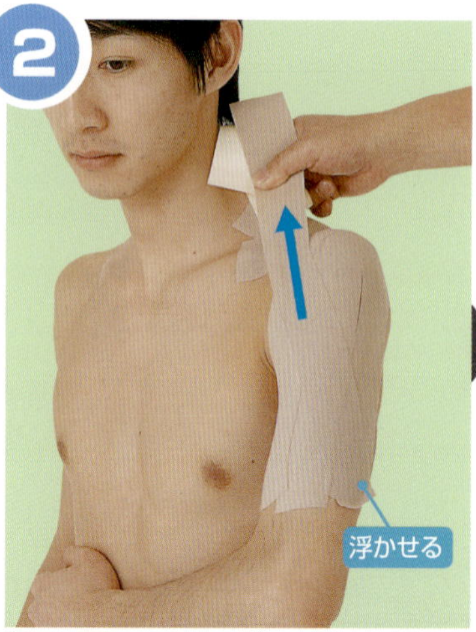
浮かせる

腕が前にいくように、腕の後面からクロスするように前面へテープを引っ張る。

テープの強度 → 強く → 軽く

2

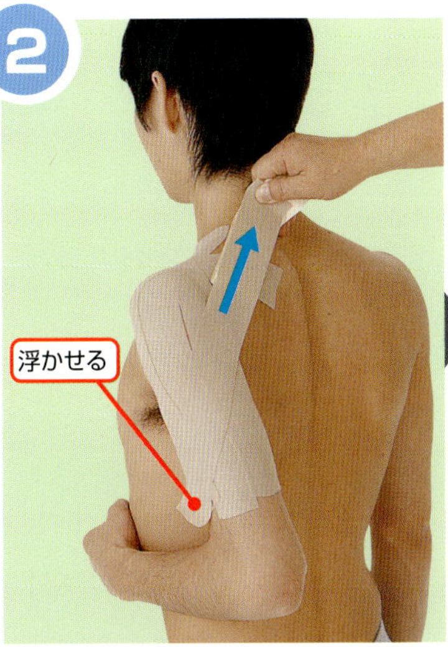

腕が後ろにいくように、腕の前面から背中側に斜め上へテープを引っ張る。

3

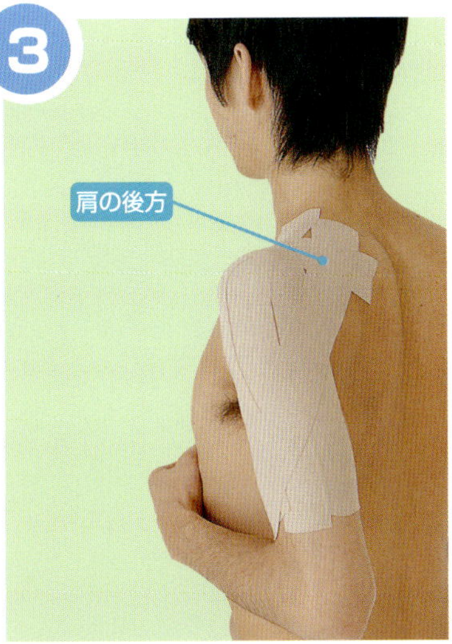

肩の後方を終点にテープを固定する。最後に浮かせておいた両端のテープを貼る。

テーピング・レッスン

テープを貼り終えると腕が自然に後ろにいく

腕の後面にテープを貼ると前にいく動きが制限されて、腕が後ろにいくようになります。

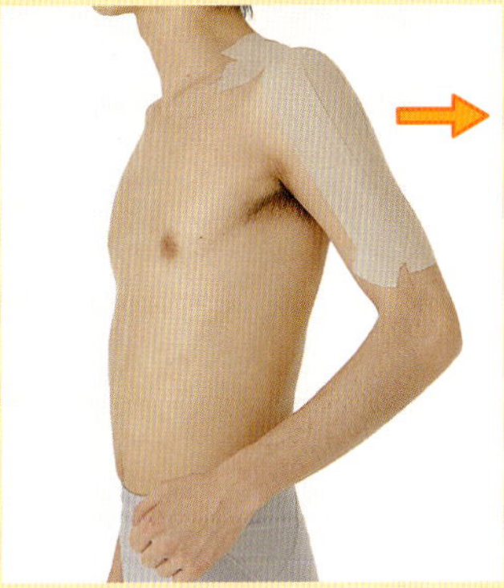

3

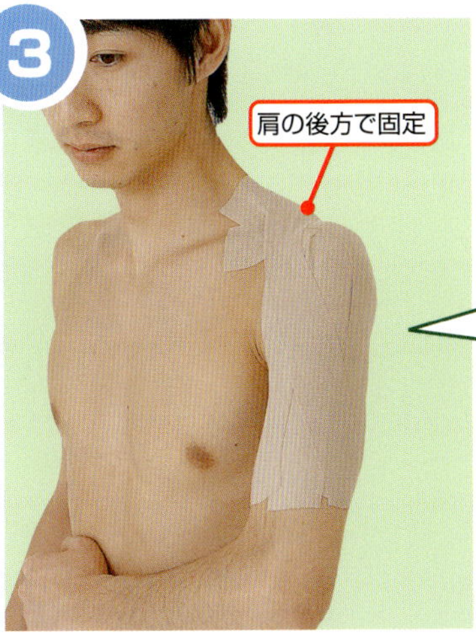

肩口を通し、肩の後方でテープを固定する。最後に浮かせておいた両端のテープを貼る。

マルチアングル（後方）

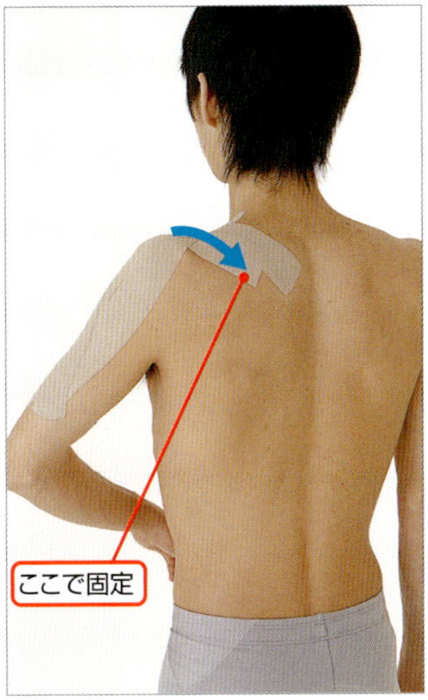

テーピング・レッスン

テープを貼り終えると腕が自然に前にいく

腕の前面にテープを貼ると後ろにいく動きが制限されて、腕が前にいくようになります。

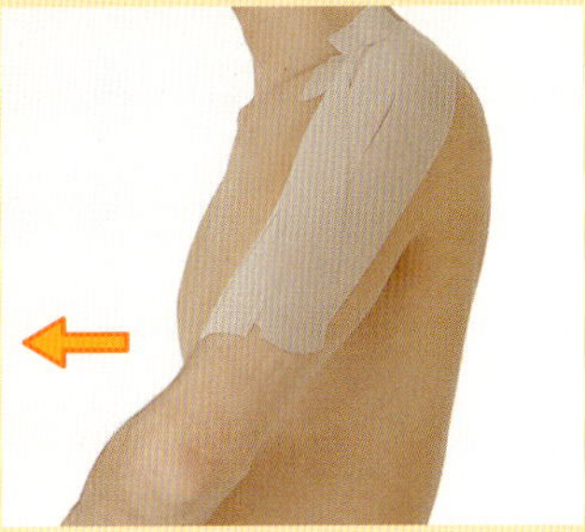

肩

肩を上げようとすると痛い［四十肩・五十肩］

運動後・日常生活のテーピング

使用するテープ

キネシオロジーテープ（50ミリ）

ここに注意!

テーピング方法は、**P.86～P.88**の「脱臼」と同じですが、貼るときの姿勢が違います。手を腰に当て、腕をリラックスした状態でテープを貼ります。

上腕を引き上げて肩の負担を減らす

肩が上がらない、肩を上げようとすると痛いのは、「四十肩・五十肩」の症状です。文字どおり中高年の人に見られますが、最近では若い人にも多くなっています。肩を上げると痛いのは、スポーツはもちろん、日常生活でも動きが制限され、それがストレスとなるという弊害もあります。

テープで上腕を肩のほうに引き上げ、肩関節にかかる負荷《ふか》を減らして、肩の上げ下げを楽にしてあげましょう。

1

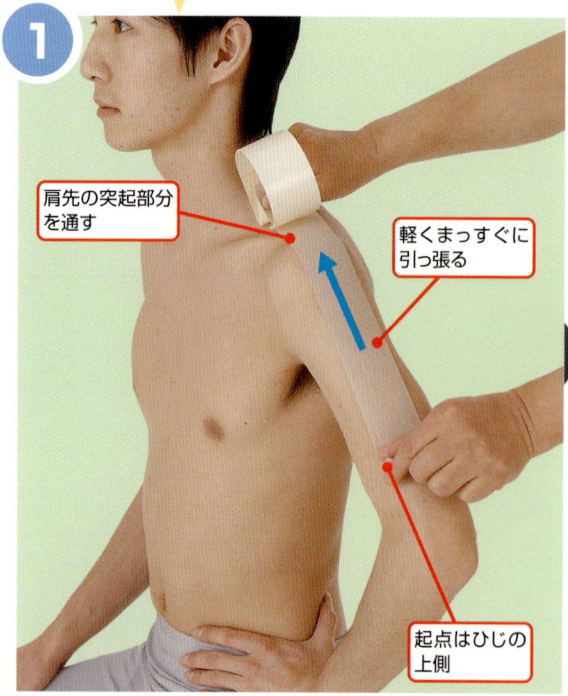
肩先の突起部分を通す
軽くまっすぐに引っ張る
起点はひじの上側

腰に手を置き、肩の力を抜く。ひじの上側を起点にテープを軽くまっすぐに引っ張り、首の付け根で固定する。

2

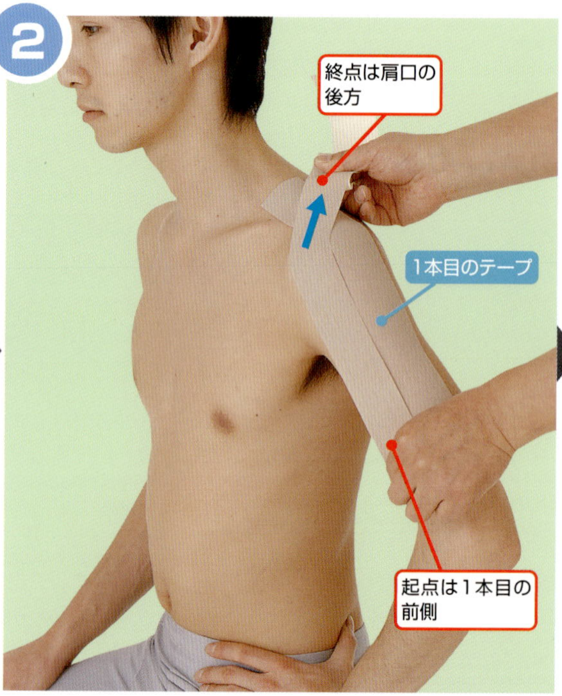
終点は肩口の後方
1本目のテープ
起点は1本目の前側

1本目の前側を起点に肩先の突起部分（出っ張った骨）を通し、肩口の後方で固定する。

テープの強度　➡ 強く（赤）　➡ 軽く（青）

テーピング・レッスン

テープを貼り終えると肩が上がりやすくなる

　四十肩や五十肩になると、肩を上げるのに苦痛を伴います。上腕に貼る3本のテープで肩を引っ張り上げることで、 肩の上げ下げがラクにできるようになり、 肩関節への負担が軽減します。
　腕をリラックスした状態でテープを貼ることが大切です。

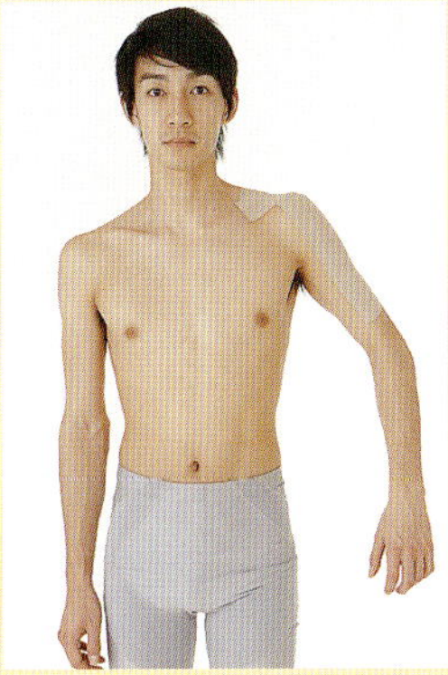

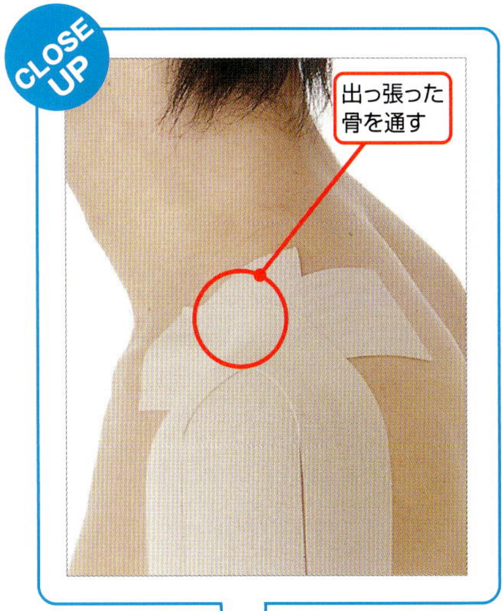
CLOSE UP
出っ張った骨を通す

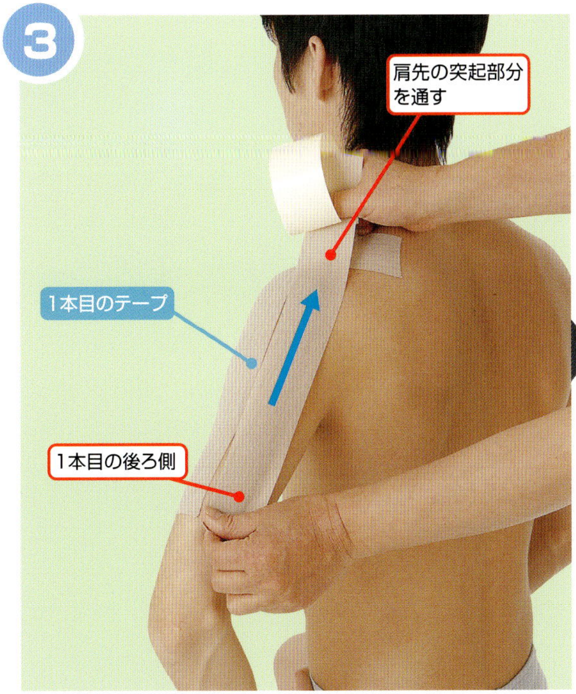
3
肩先の突起部分を通す
1本目のテープ
1本目の後ろ側

1本目の後ろ側を起点に肩先の突起部分を通し、肩の前方で固定する。

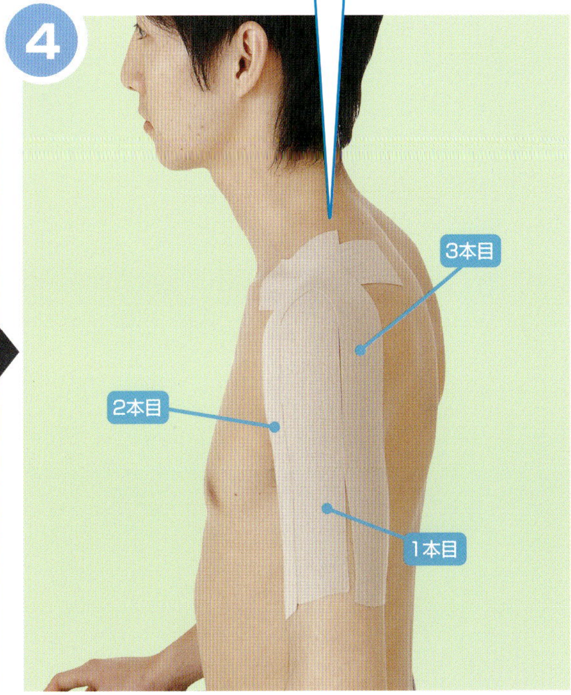
4
3本目
2本目
1本目

これが完成の形。3本とも肩の突起部分を通すこと。

肩

肩こりがつらい

運動後・日常生活のテーピング

ここに注意!

肩こりは前かがみの姿勢を続けていることによって起こることが多いので、胸を張るような姿勢で行います。

使用するテープ

キネシオロジーテープ(50ミリ)

無意識に胸を張れるように首と肩を後ろに引っ張る

肩こりは、長時間同じ姿勢でいることにより血行が悪くなり、筋肉が固まることで痛みが出てくるものです。ストレスの元になったり、頭痛を引き起こしたりするという弊害もあります。

肩こりを緩和するには、前かがみになった首の筋肉、肩甲骨が開きっぱなしになっている体勢を無意識のうちに正しくなるように、テープで筋肉を引っ張ってあげればいいのです。

テープはカットしておく!

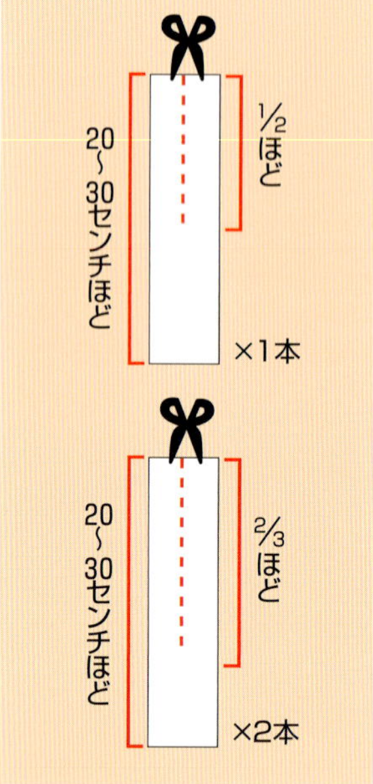

20〜30センチほど
1/2ほど
×1本
20〜30センチほど
2/3ほど
×2本

図解! 首から背中へのテープの貼り方

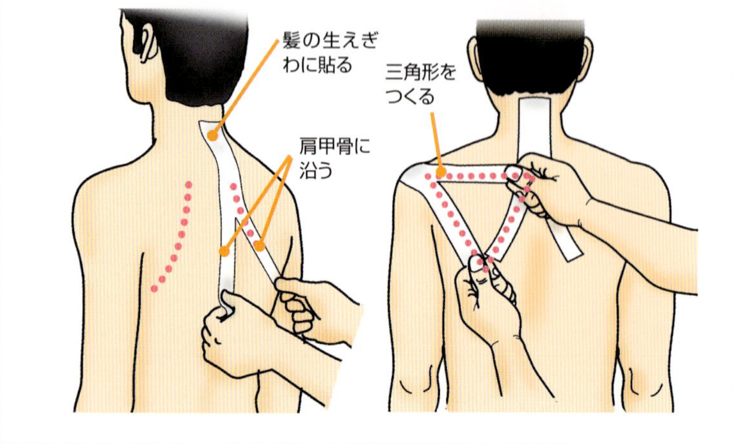

髪の生えぎわに貼る
肩甲骨に沿う
三角形をつくる

1

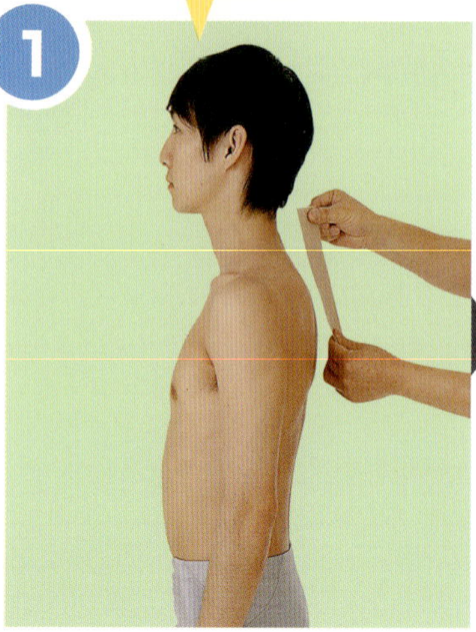

まっすぐ前を見て立つ。

5

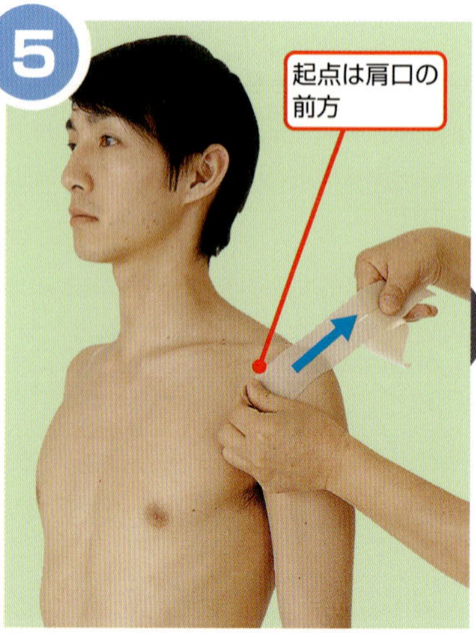

起点は肩口の前方

左の肩口の前方を起点に、肩の角にテープのまん中を通す。

テープの強度 → 強く → 軽く

テーピング・レッスン

首に貼るテープは上にすればするほど効果がありますが、上すぎると首が前に曲がらなくなります。髪の生えぎわを目安にテープを貼ること。

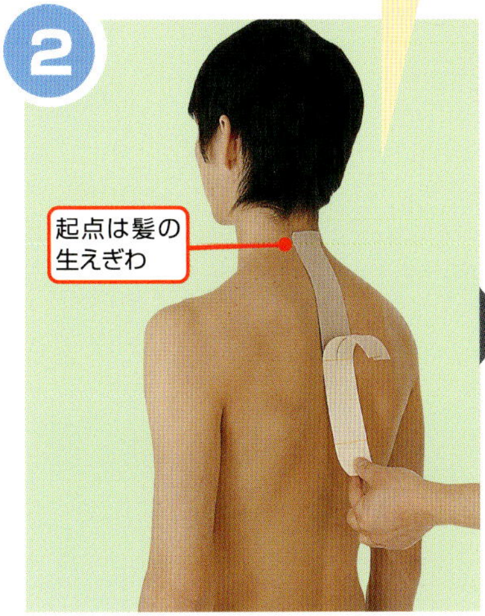

2
起点は髪の生えぎわ

先端を切っていないほうを髪の生えぎわに貼り、真下に引っ張る。

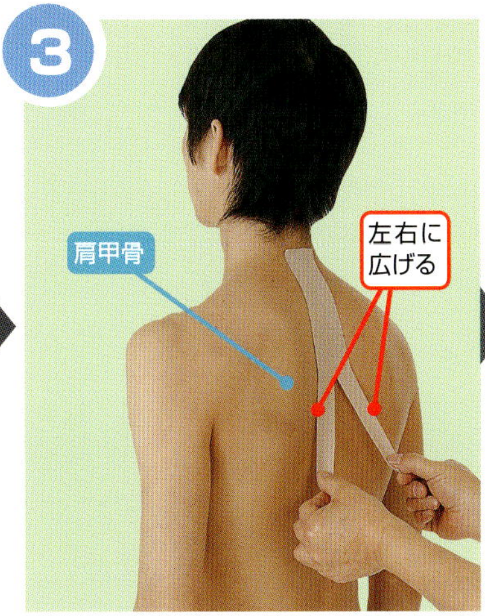

3
肩甲骨
左右に広げる

肩甲骨に沿って左右にテープを広げる。

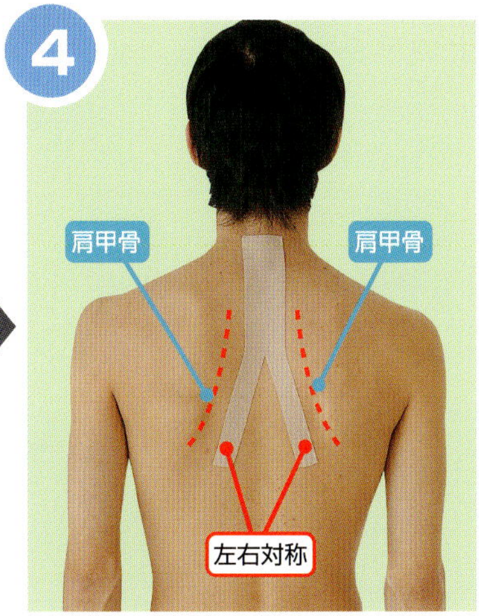

4
肩甲骨
肩甲骨
左右対称

1本目の完成の形。肩甲骨に沿って左右対称になるようにする。

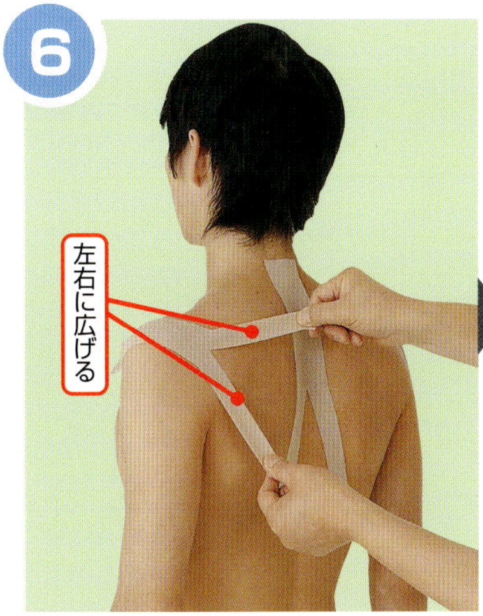

6
左右に広げる

45度ぐらいの角度で斜めに貼り、先端を広げる。上側は真横に、下側は45度の角度で貼る。

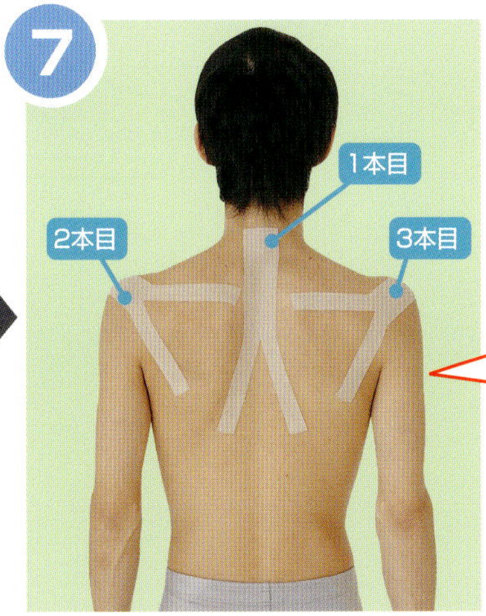

7
1本目
2本目
3本目

3本目は右の肩口前方を起点に、2本目と同じように背中に貼る。

Point

三角形が2つできるようにテープを貼る

1本目と2本目、1本目と3本目のテープは、それぞれ三角形になるように貼ります。

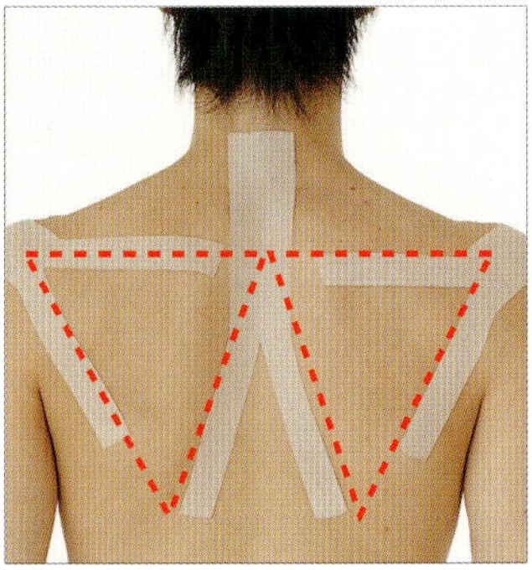

ひじ関節

使いすぎが傷害の原因 テーピングでひじへの負担を軽くする

Point

- ひじ下のテープはこぶしをつくり、手首のテープは指を開いて巻く。
- 痛いところまで曲がらないようにテープで制限する。

ひじ関節に多い傷害　物を握って手首を動かすとひじが痛むのが「テニスエルボー」

運動中に起こるひじの痛みでよく知られているのは「野球ひじ」と「テニスエルボー」で、ともに「使いすぎ症候群」の1つです。

テニスエルボーについては、テニスをする人だけに起こるのではありません。登山などでピッケルを使うときや、日常生活でぞうきんを絞るときにひじが痛むのもテニスエルボーになります。つまり、物を握って手首を動かすとひじが痛くなるのがテニスエルボーなのです。また、ひじを伸ばすと痛い場合も「使いすぎ症候群」になります。

テニスエルボーになるひじの痛み

「テニスエルボー」は、ラケットなど物を持って手首を動かすとひじが痛い症状をいう。
イテテ‥
登山でピッケルを使うときひじが痛い
ラケットを握って手首を動かす
ぞうきんを絞るときひじが痛い
キュー

テーピングのポイント 伸びるテープと伸びないテープを使い分ける

物を握って手首を動かすとひじが痛くなるテニスエルボーのテーピングは、痛みをやわらげることがメインになります。

ひじの下に巻くのは伸びる「伸縮テープ」と伸びない「非伸縮テープ」の両方を使い、こぶしをつくって腕を太くした状態で巻きます。手首に巻くのは「非伸縮テープ」だけを使い、指を開いた状態で巻きます。

ひじを伸ばすと痛いときは、どこまで伸ばすと痛いのか、その箇所を事前に確認しておくことが大切です。テーピングは、痛いところまでいかないようにすることが目的ですから、痛いところの少し手前まで伸ばしてテープを貼り、動きを制限します。

ひじを伸ばすと痛い場合のテーピングはここに注意!

! 運動するときと運動後。日常生活のテーピングは基本的に同じ

ひじを伸ばすと痛い場合のテーピングの方法は、運動時・運動後も同じです。違うのは使用するテープで、運動するときは「伸縮テープ」を、運動後や日常生活では「キネシオロジーテープ」を使います。

どのくらいまで伸ばすと痛いのかをあらかじめ確認して、痛くないほうに少しも戻して、その位置にブリッジをつくるようにサポートテープを貼るのがポイントです。そして、ひじの後ろでクロスするように2本テープを貼ります。

●まず、痛いところまで伸ばして少し戻す

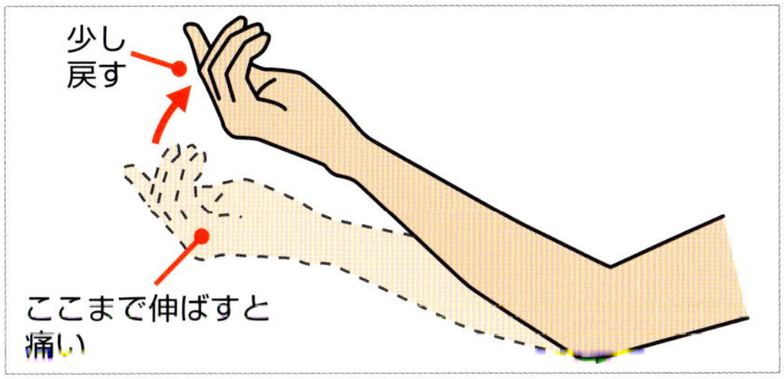

少し
戻す
ここまで伸ばすと
痛い

●運動するときは「アンカー」を巻く

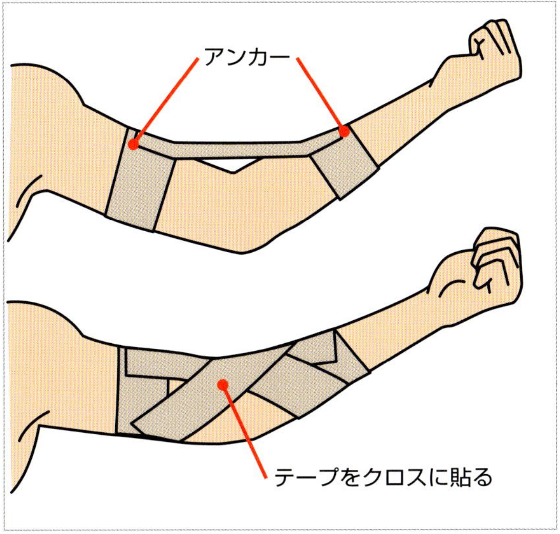

アンカー
テープをクロスに貼る

●運動後は「キネシオロジーテープ」を使う

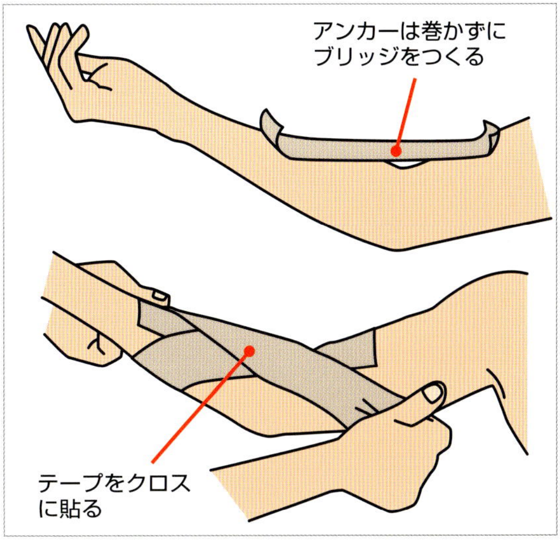

アンカーは巻かずに
ブリッジをつくる
テープをクロス
に貼る

握ったときにひじが痛い［テニスエルボー］

運動するときのテーピング

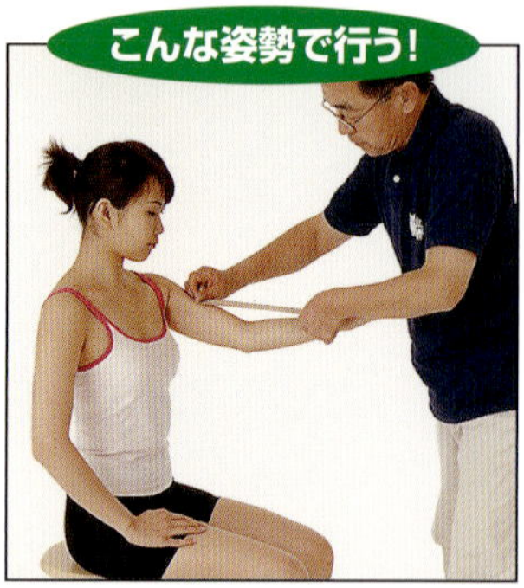

使用するテープ

- 伸縮テープ（50ミリ）
- アンダーラップテープ
- 非伸縮テープ（38ミリ）

使わなければいけないときだけテープを巻く

テニスエルボーのときのテーピングは、テニスなどをするときにひじが痛いときだけにとどめるようにします。テニスエルボーを治すには時間がかかり、使わないのが最大の治療法です。しかたがないときだけテーピングし、終わったらはずして患部を冷やします（アイシング）。

アンダーラップでパットをつくる!

① アンダーラップを 50 ～ 60 センチほどに切ります。
② 何重にも折りたたみます。
③ ハサミを使ってドーナツ型に切ります。
④ アンダーラップのパットのでき上がり。

運動後はアイシングで患部を冷やす

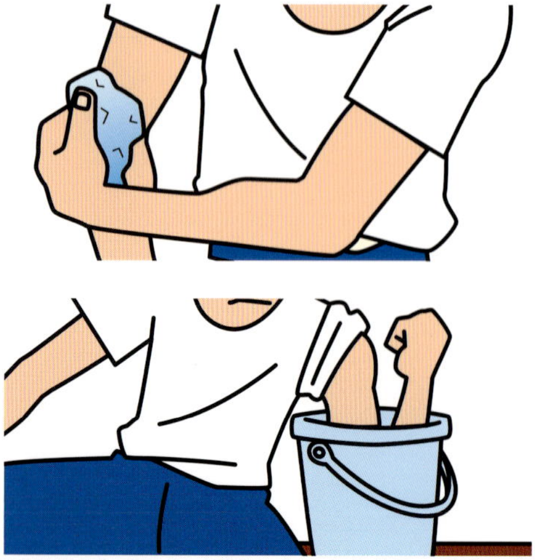

患部を冷やすことで炎症や痛みをおさえ、疲労を早く回復させる効果が高まる。

Point
こぶしを握って腕に巻き指を開いて手首に巻く

腕に巻く2本のテープは、物を握っている状態でパットを当て、圧迫することが大切です。逆に手首に巻くテープは、指を開いて固定します。

腕にパットを当てるのは圧迫をより強めるためです。市販の物でもよいですが、アンダーラップを重ねて使用するほうが手軽にできます。

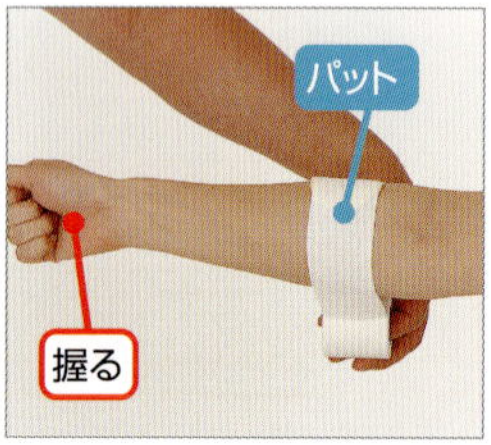

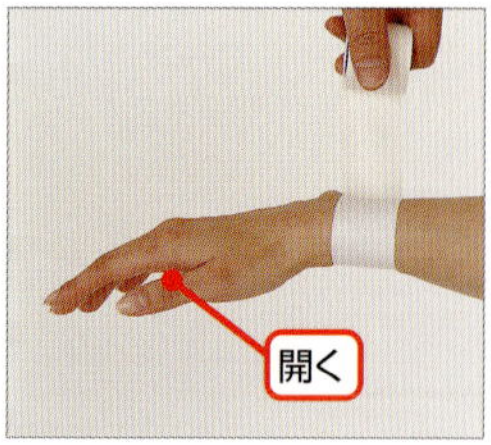

テーピング・レッスン

腕に巻く1本目は伸縮テープ 2本目は非伸縮テープを使用する

腕に巻くテープは、2本とも伸縮テープでは弱すぎ、非伸縮テープでは強すぎます。伸縮テープで圧迫しておき、非伸縮テープで動く範囲を制限します。

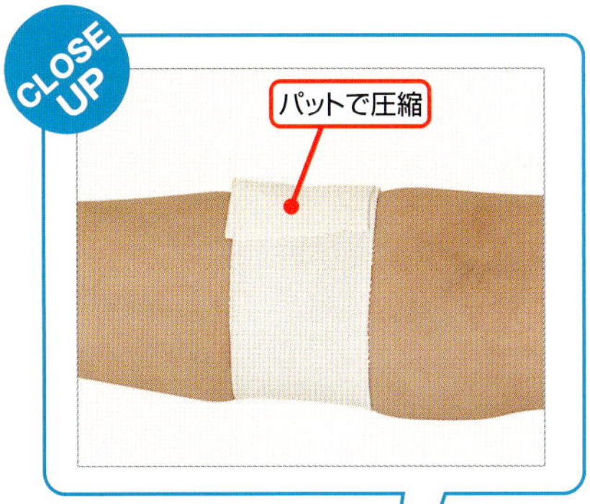

CLOSE UP
パットで圧縮

1

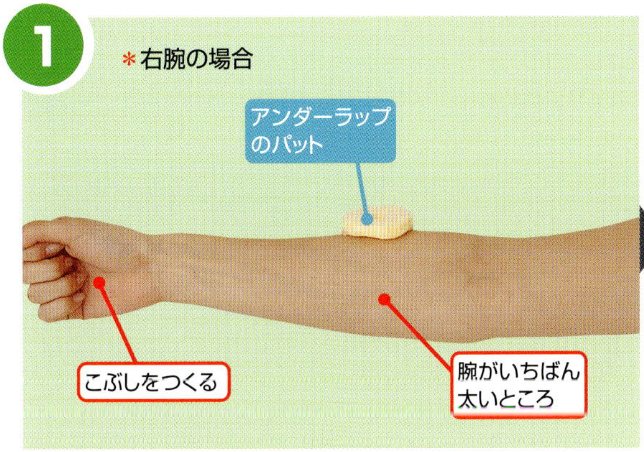

＊右腕の場合
アンダーラップのパット
こぶしをつくる
腕がいちばん太いところ

ひじをまっすぐ伸ばした状態で、こぶしをつくる。いちばん太くなるところに、アンダーラップでつくったドーナツ型のパットを置く。

2

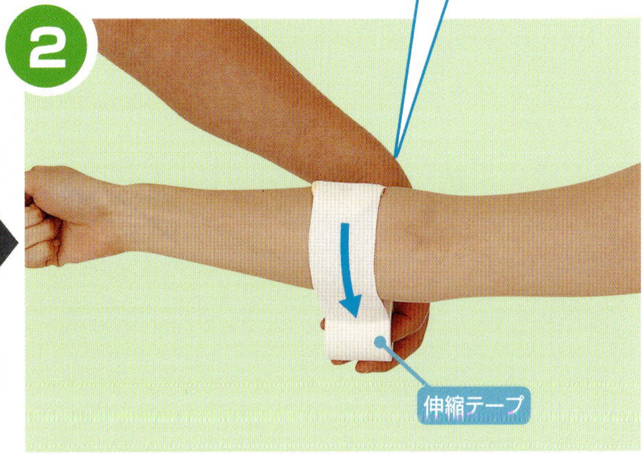

伸縮テープ

パットにかぶせる形で、外側から内側に伸縮テープを1周巻く。

3

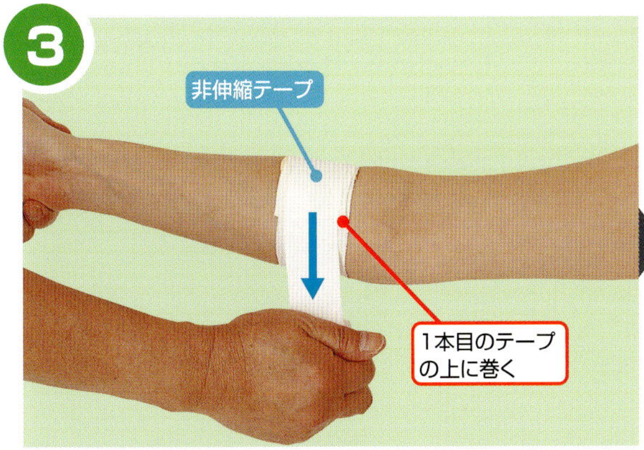

非伸縮テープ
1本目のテープの上に巻く

2本目は非伸縮テープを使用し、1本目のまん中を重ねるように1周巻く。

4

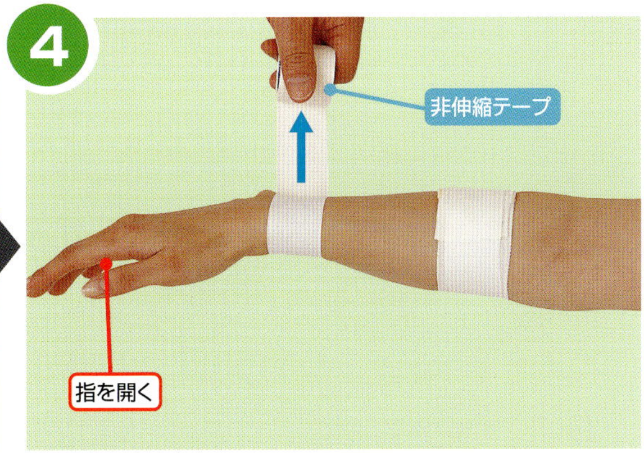

非伸縮テープ
指を開く

指を開いた状態で、非伸縮テープを手首に1周巻く。完成するとこぶしをつくれなくなるので、痛みが出ない。

ひじ関節

ひじを伸ばすと痛い

運動後・日常生活のテーピング

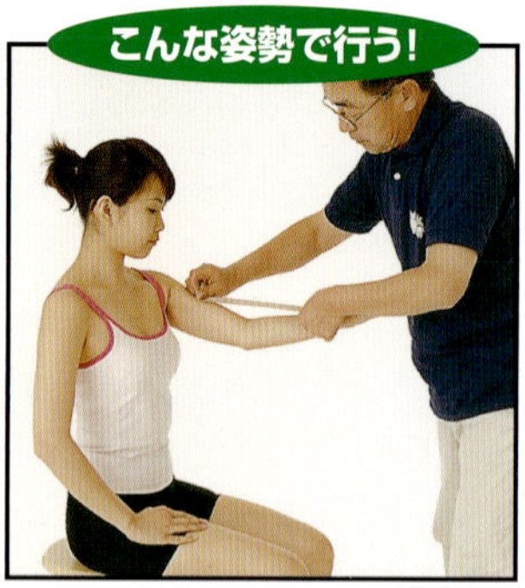
こんな姿勢で行う!

使用するテープ

キネシオロジーテープ（50ミリ）

テープは3本カットしておく!

20〜30センチ ×3本

腕を曲げた状態で貼る縦のテープで伸ばす範囲を制限する

ひじを伸ばしたときに痛みを感じるのは、ひじの使いすぎによるケースが多くなります。腕を曲げた状態で縦にテープを貼ることにより、腕を伸ばす範囲を制限します。

キネシオロジーテープを使い、腕をある程度動かせるようにして、日常生活の中で徐々に治していくのがよいでしょう。

図解! ひじへのテーピングの貼り方

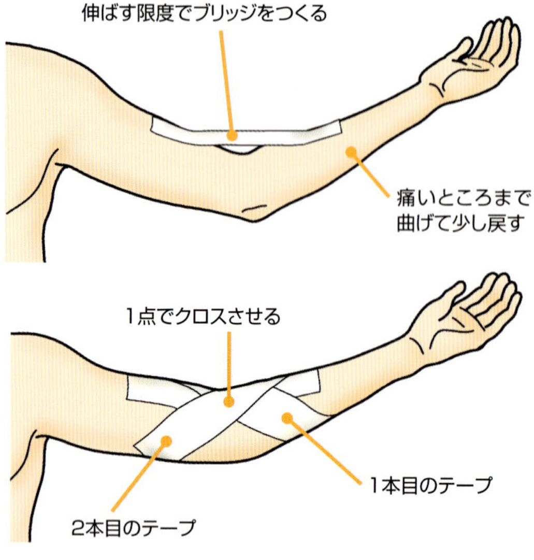
伸ばす限度でブリッジをつくる
痛いところまで曲げて少し戻す
1点でクロスさせる
1本目のテープ
2本目のテープ

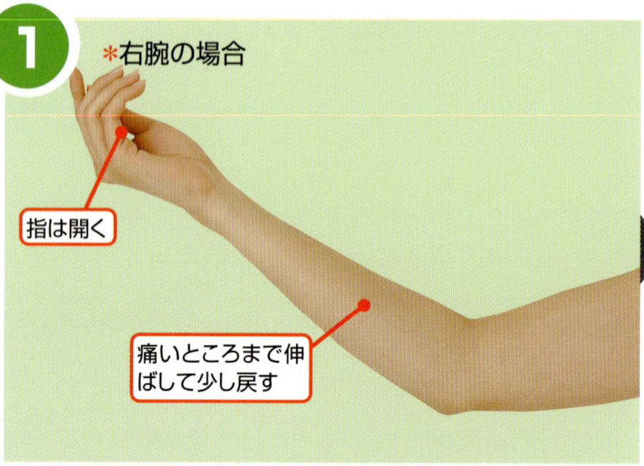
1
*右腕の場合
指は開く
痛いところまで伸ばして少し戻す

伸ばすと痛いところから少し戻して腕を曲げる。

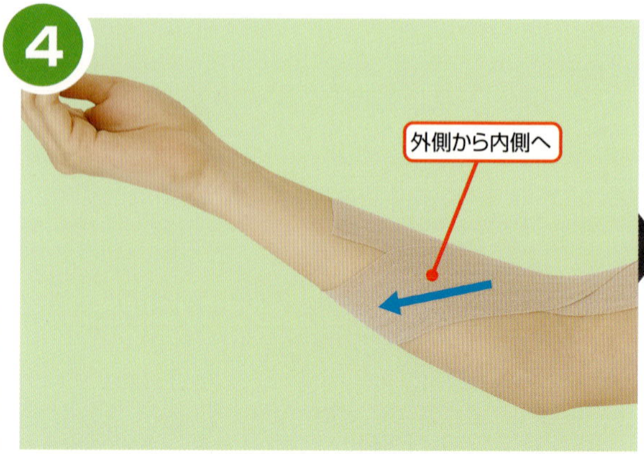
4
外側から内側へ

写真**1**のように腕を曲げ、外側（親指側）から内側（小指側）へ斜めにテープを貼り、腕を伸ばす。

→ 強く引っ張る → 弱く引っ張る

Point

腕を曲げる角度によって伸ばす範囲が制限される

縦のテープを貼るとき（写真**2**）は、腕を曲げる角度が重要です。曲げすぎると腕を曲げる範囲が制限されすぎる（腕が伸びない）し、伸ばしすぎると痛いところまで伸びてしまいます。痛いところまで伸ばし、少し戻したところで縦のテープを貼るのがポイントです。

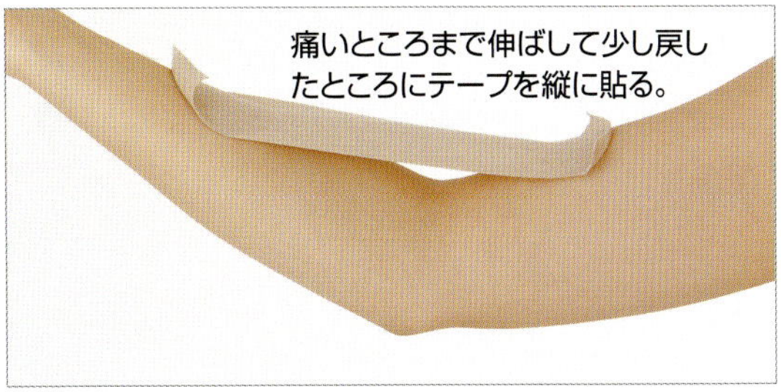
痛いところまで伸ばして少し戻したところにテープを縦に貼る。

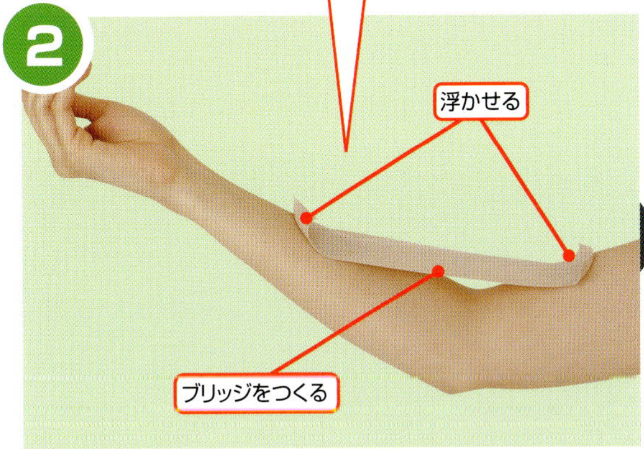
2
浮かせる
ブリッジをつくる

前腕と上腕にブリッジをつくるように、1本目のテープを貼る。

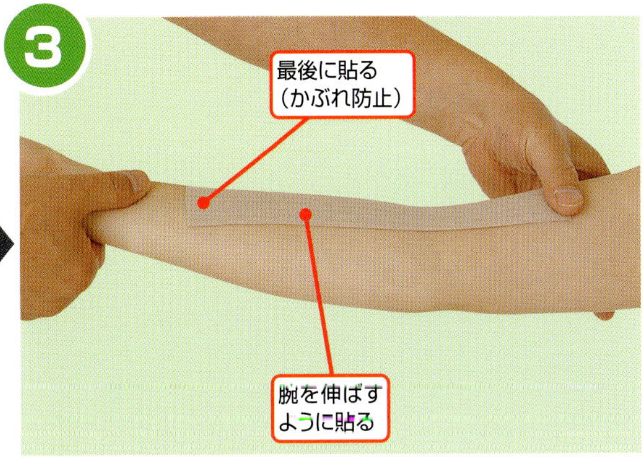
3
最後に貼る（かぶれ防止）
腕を伸ばすように貼る

腕を伸ばすようにブリッジ部分を貼る。最後に浮かせた部分を肌に密着させる。

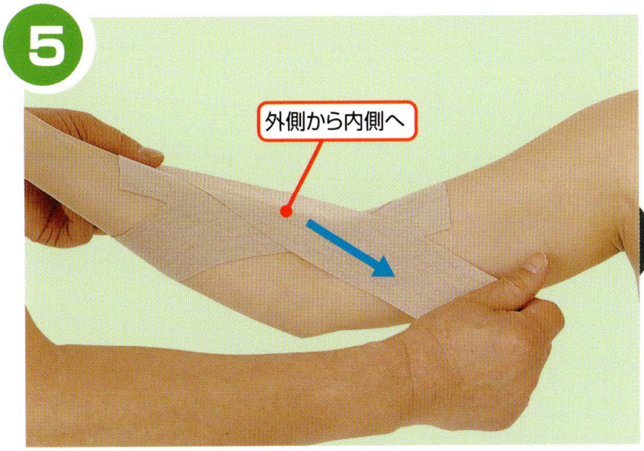
5
外側から内側へ

写真**1**のように腕を曲げ、外側から内側へ斜めにテープを貼り、腕を伸ばす。

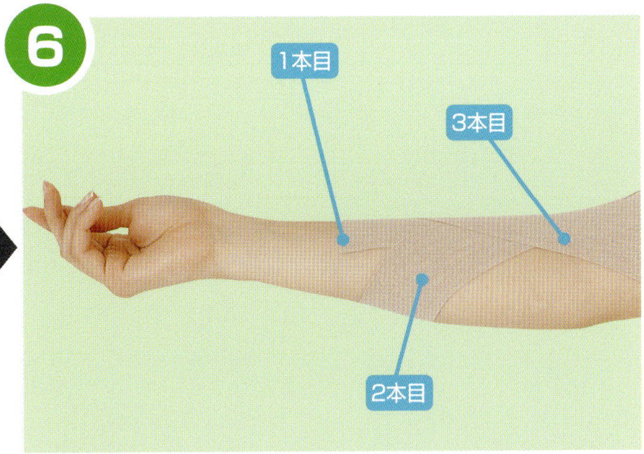
6
1本目
3本目
2本目

2本目と3本目のテープは、クロスするように左右対称になる。

手関節（手首）手首にテープを巻くだけで腱しょう炎を予防できる

Point
- 指を開いて手首を太くした状態でテープを巻く。
- 痛い方向と反対方向にテープを巻く。

手関節に多い傷害　曲げると痛い、ひねると痛いケースの2パターン

手首の痛みは、大きく2つに分けられます。

1つは曲げると痛い場合で、甲側と手のひら側に曲げるケースが考えられます。ラケットを振るスポーツでは手首の腱しょう炎になるケースが多いのですが、運動をしない人たとえばパソコンを長時間使用する人などでも起こります。

もう１つは手首をひねると痛い場合です。野球やソフトボールなど、ボールを投げる種目で痛めやすくなります。また、スポーツをしている人だけでなく、たとえば薬局の薬剤師や家庭の主婦などでびんのふたを回してあけることが多い人が比較的なりやすい傷害です。

テーピングのポイント　指を開いた状態でテープを巻く

手関節の曲がる範囲を制限するテーピングは手首に伸びる「伸縮テープ」を巻くだけです。

テープを手首に1周巻くだけでも、腱しょう炎の予防になります。

曲げると痛い、ひねると痛い場合のテーピングはここに注意!

曲げると痛い場合は指を開いて手首にテープを巻く

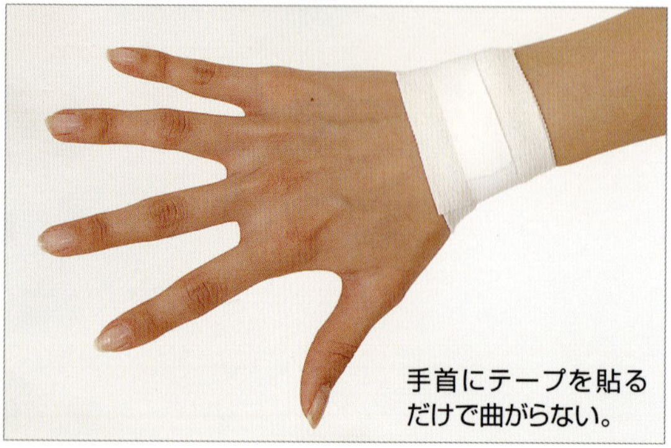

手首にテープを貼るだけで曲がらない。

ひねると痛い場合は痛くないほうにテープで引っ張る

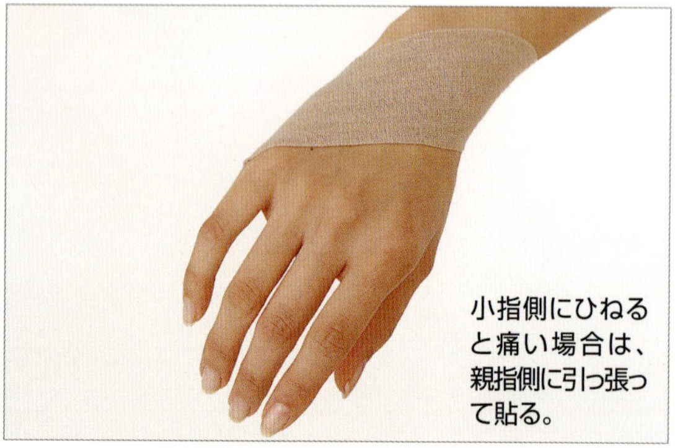

小指側にひねると痛い場合は、親指側に引っ張って貼る。

手指

まん中の関節にテープを巻くだけで突き指を予防できる

Point
- 親指と他の指ではテーピングの方法が違う。
- 指の両サイドにテープを貼ると曲げ伸ばしの両方を制限できる。

手指に多い傷害　指先にボールが当たって痛めることが多い

バレーボールやバスケットボールなどの球技では、指に傷害を起こすことが多くなります。指先にボールが当たったときなどは、曲げたり伸ばしたり突いたりしたときに痛みが出ます。

一般的に痛めやすいのは親指で、運動中はねんざが、とくに多くなります。

指を痛めると運動するときだけでなく、日常生活にも支障をきたします。

テーピングのポイント　突き指の場合は指の両サイドにテープを貼る

親指はねんざをしやすい部位ですが、伸ばして痛い場合は伸びないようにテープで反対側へ引っ張ります。

他の4本の指を曲げると痛い場合は、手でいうと甲側の指にテープを貼って曲がる範囲を制限します。

逆に伸ばすと痛い場合は、手のひら側にテープを貼ります。

突き指のテーピングはここに注意!

! 関節にテープを貼るだけで突き指の予防になる

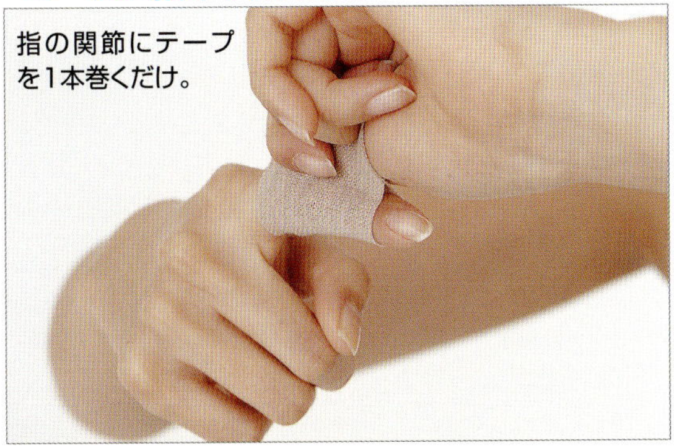
指の関節にテープを1本巻くだけ。

! 運動するときは指の両側にテープを縦に貼る

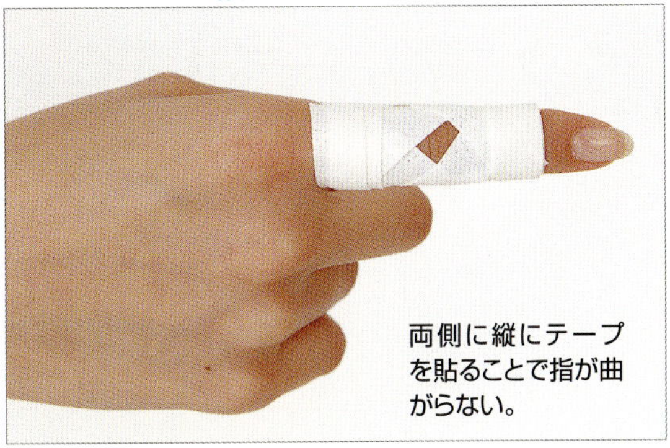
両側に縦にテープを貼ることで指が曲がらない。

手関節（手首）・手指

手のひらをつくと痛い

運動後・日常生活のテーピング

使用するテープ

- 伸縮テープ（50ミリ）
- 非伸縮テープ（19ミリ）

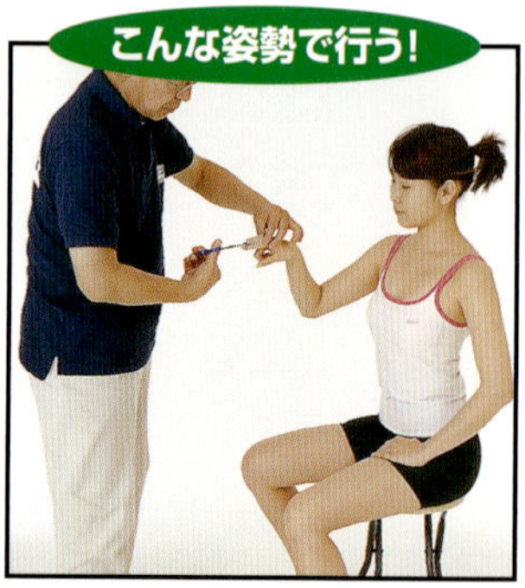

こんな姿勢で行う！

手首が甲側に曲がるのを制限する 軽い腱しょう炎にも有効

手関節は多くの腱や靱《じん》帯《たい》に支えられています。手のひらをつくと痛い、手首を甲側に曲げると痛い場合は、手首を圧迫固定することにより甲側に曲がらないように制限します。

また、このテーピングはパソコンを使う人に多い腱しょう炎の予防にも有効です。

図解！ 手首へのテープの巻き方

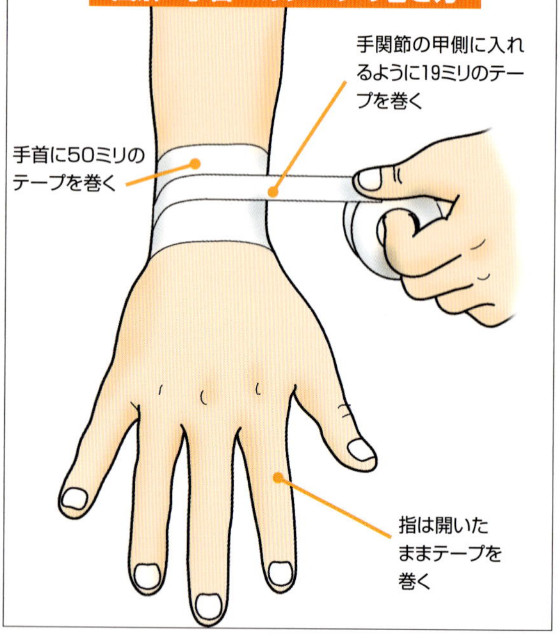

手関節の甲側に入れるように19ミリのテープを巻く
手首に50ミリのテープを巻く
指は開いたままテープを巻く

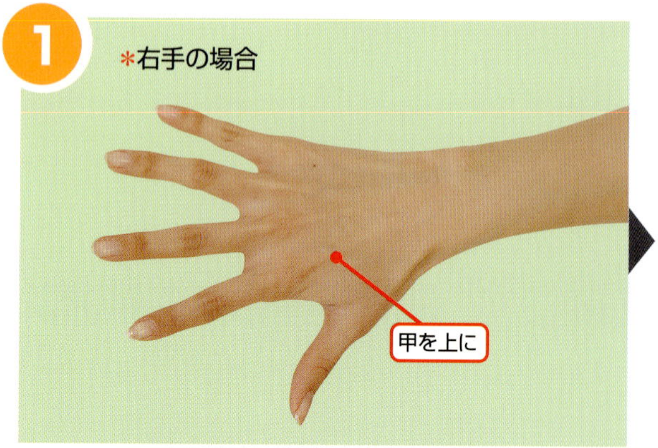

1
*右手の場合
甲を上に

手のひらを下にして、目一杯に開く。

テーピング・レッスン

テープを重ねて巻くことで 手首の動きを制限できる

手首が甲側に曲がらないようにするには、写真1～3または写真4・5のテープを1本だけ巻くだけでも十分効果があります。50ミリのテープの上に19ミリまたは25ミリのテープを巻くことで、手首をさらに圧迫できます。

たとえば、料理で中華鍋を手首で上下させるようなとき、事前にテーピングしておけば痛みはでにくくなります。

Point

非伸縮テープは手関節の甲側に入れるように巻く

1本目のテープは手関節の上に、2本目のテープは関節部分の甲側に入れるように巻きます。また、始点と終点を内側(手のひら側)にするとこすれるので、外側(甲側)にしたほうがよいでしょう。

CLOSE UP

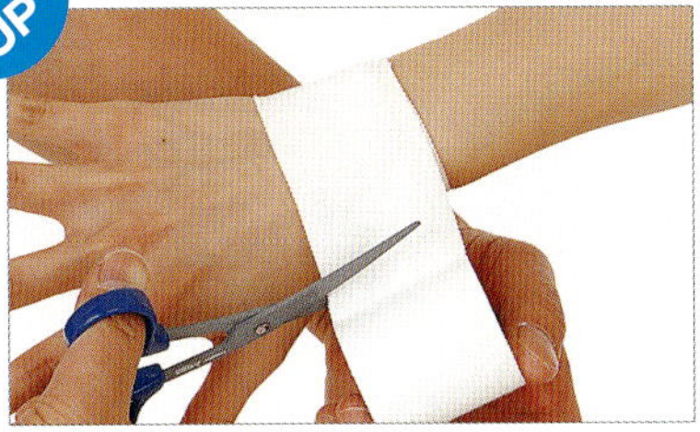

軽く引っ張ってテープを切る。

2

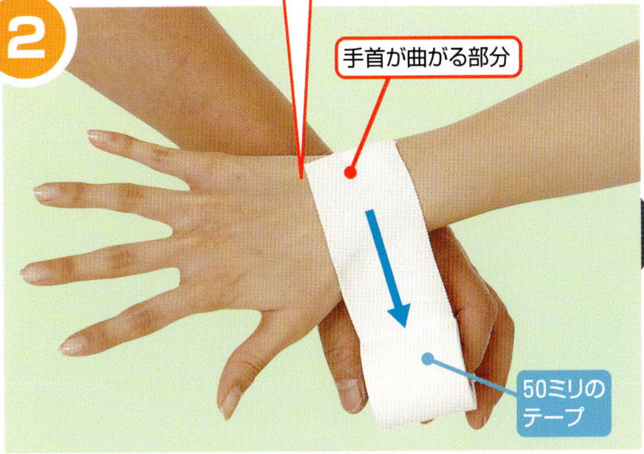

小指側の手首が曲がる部分を起点に、親指側に軽く引っ張る。

3

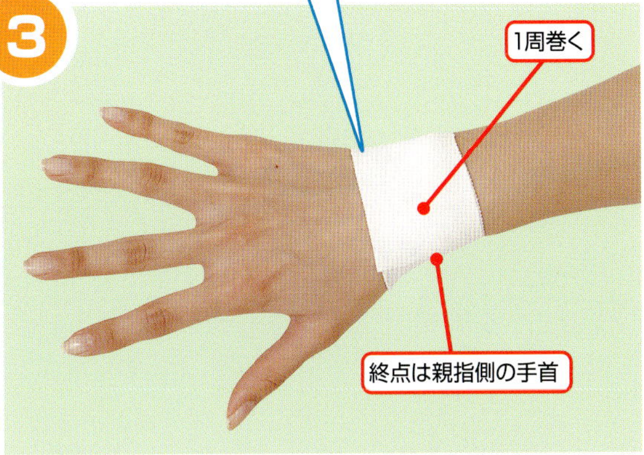

テープを1周巻き、親指側の手首で固定する。

4

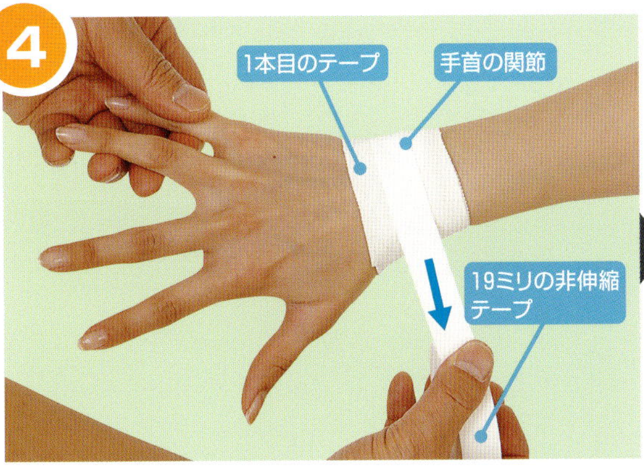

手首の関節の甲側を起点に、19ミリの非伸縮テープを親指側にまっすぐ引っ張る。

5

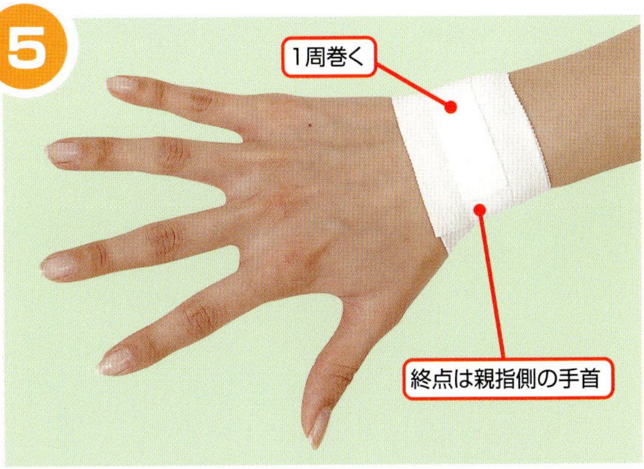

テープを1周巻き、親指側の手首で固定して完成。

手関節（手首）・手指

手首をひねると痛い
運動後・日常生活のテーピング

手首を痛くないほうに引っ張って動きを制限する

手首をひねると痛い場合は、痛いほうにいかないように反対側に引っ張ってテープを貼ります。びんのふたを開けると手首が痛いときなどに有効なテーピングです。

使用するテープ

キネシオロジーテープ（50ミリ）

テープはカットしておく！

20～30センチほど　1本

手首を小指側にひねると痛い場合

1

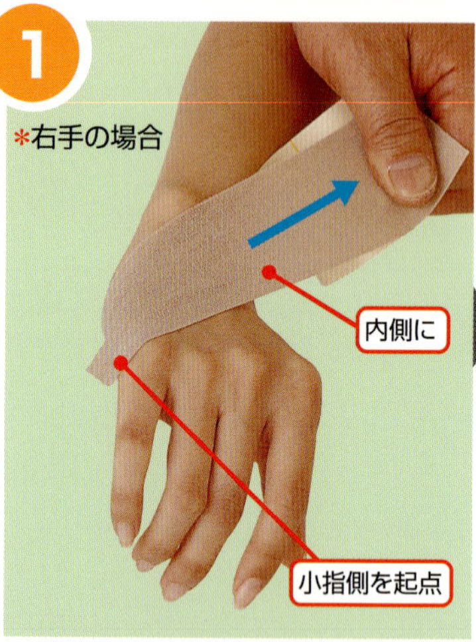
＊右手の場合
内側に
小指側を起点

小指側を起点に、甲の斜め内側にテープを引っ張る。

2

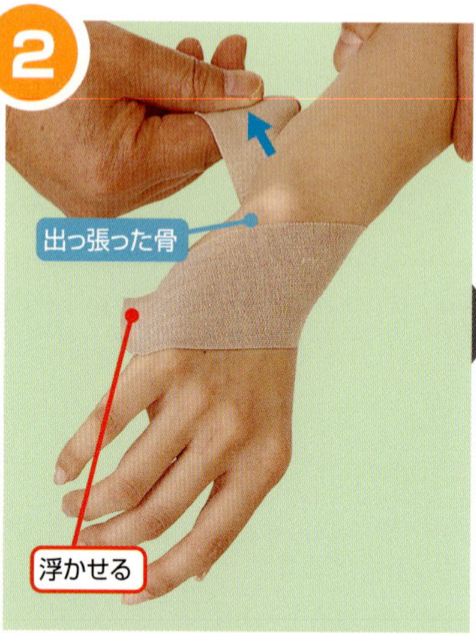
出っ張った骨
浮かせる

手首の後ろ側斜め上にテープを貼る。

3

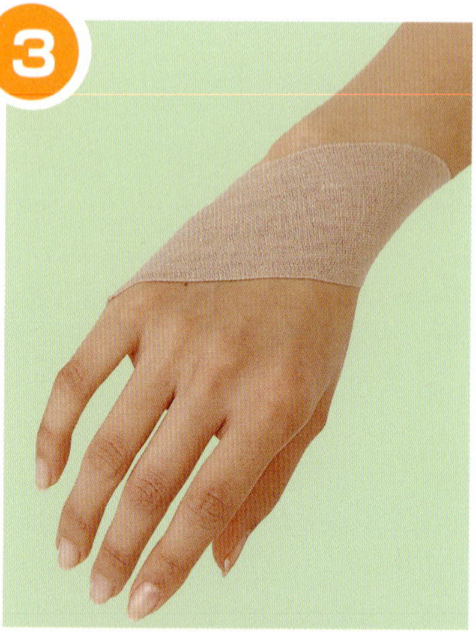

浮かせておいた始点と終点のテープを最後に押さえて完成。

Point

どちらにひねると痛いのか最初に確認する

テープを貼るときは、まず痛い方向を確認し、痛いほうにいかないようにするのがテーピングの基本的な考え方。これは、どの部位についても同じです。

小指側にひねると痛い場合は、親指側に引っ張るようにテープを貼って、小指側に手首がいかないようにすればよいのです。

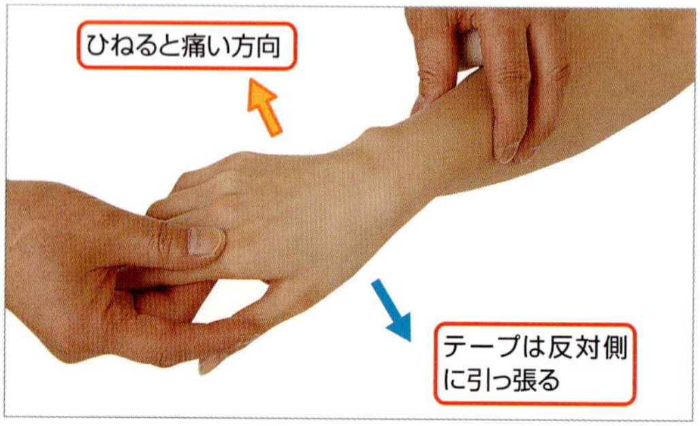
ひねると痛い方向
テープは反対側に引っ張る

テープの強度　→ 強く　→ 軽く

指を伸ばすと痛い

運動後・日常生活のテーピング

使用するテープ

キネシオロジーテープ（50ミリ）

テープはカットしておく!

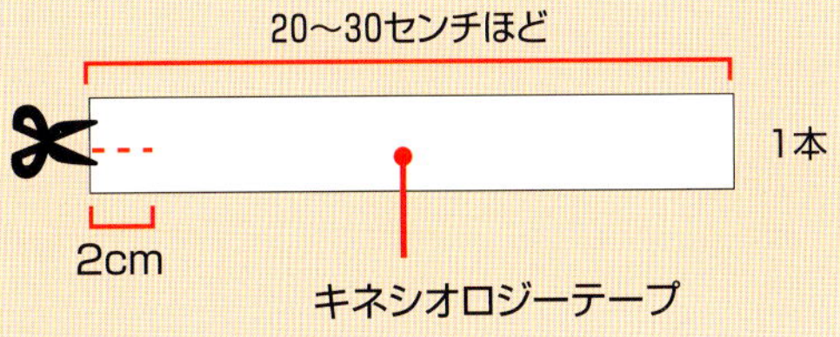
20〜30センチほど
1本
2cm
キネシオロジーテープ

親指を伸ばすと痛い場合

痛くないほうに指を戻して テープを引っ張らずに貼る

指を伸ばすと痛いときは、指がそこまでいかないように制限するテーピングをします。つまり、痛くないほうにいくようにテープを貼ればよいのです。貼るときは、テープを引っ張らずにシワにならないようにすることが大切です。

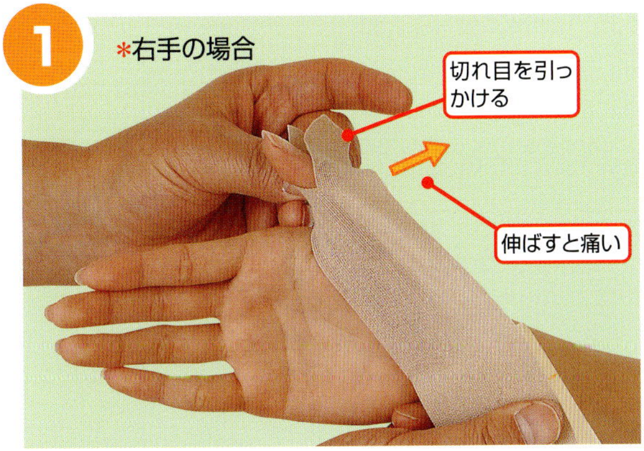
1
＊右手の場合
切れ目を引っかける
伸ばすと痛い

先端を1センチほど切ったほうを、親指の表と裏に引っかけるように貼る。

ここに注意!

テープを引っ張りながら貼ると、手首の動きも制限されてしまいます。シワにならないようにきれいに貼れば、引っ張らなくても痛い方向にはいきません。

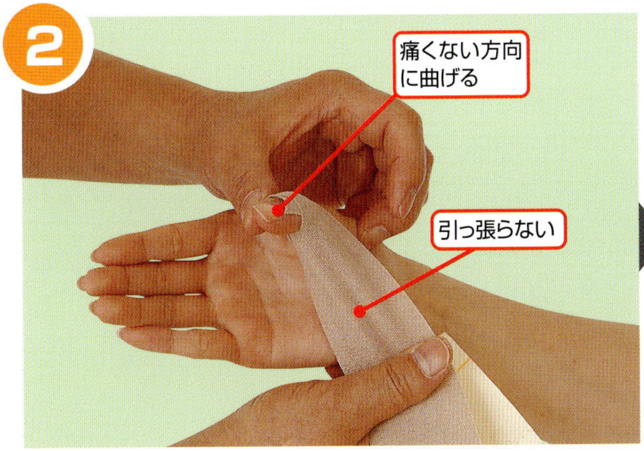
2
痛くない方向に曲げる
引っ張らない

親指を痛くないほうに曲げ、テープを引っ張らずに手のひらから手首に貼る。

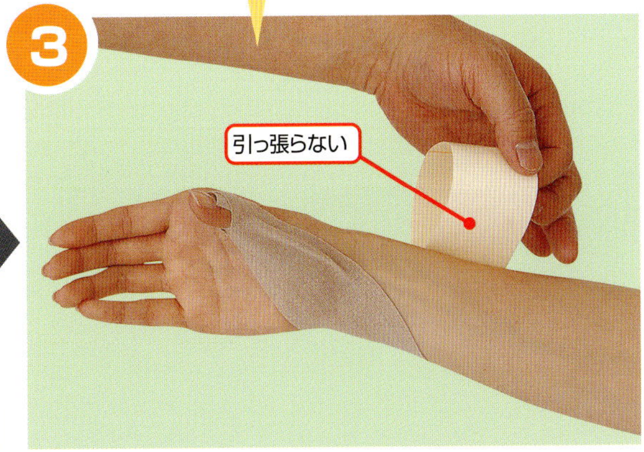
3
引っ張らない

テープを引っ張らないように反対側に貼って完成。

手関節（手首）・手指

指を曲げると痛い

運動するときのテーピング

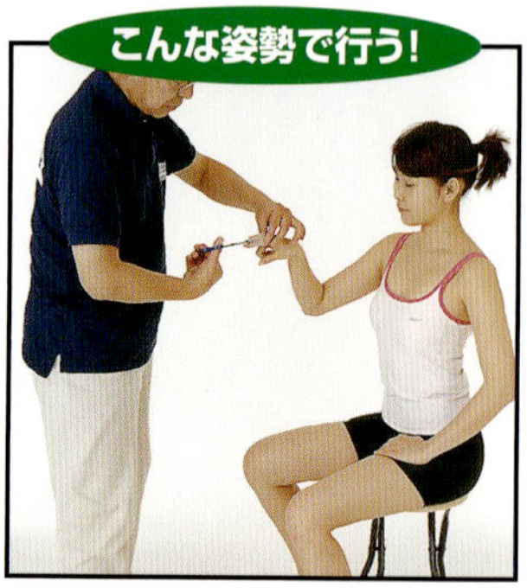

こんな姿勢で行う！

使用するテープ

非伸縮テープ（12ミリ）

痛いところまで曲がらないように指の外側にテープを貼る

指を曲げると痛いときは、そこまで曲がらないようにテープを貼って制限します。アンカーの2本のテープは指を伸ばして巻き、縦とクロスのテープは指をやや曲げて貼ることがポイントです。

図解！アンカー・サポートの貼り方

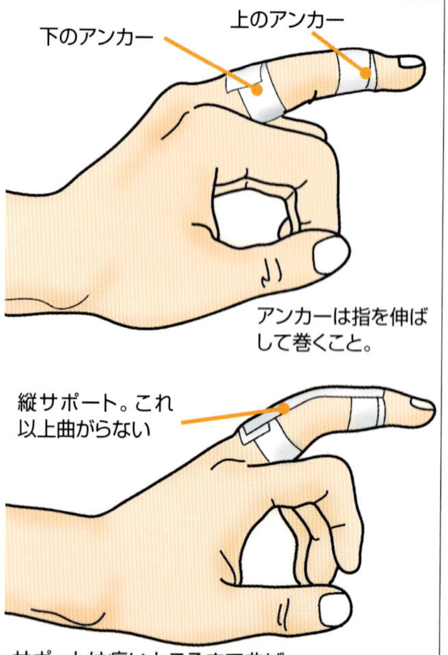

下のアンカー
上のアンカー
アンカーは指を伸ばして巻くこと。
縦サポート。これ以上曲がらない
サポートは痛いところまで曲げ、少し戻したところに巻くこと。

人さし指を曲げると痛い場合

テープはあらかじめ切っておく！

アンカー（×2本）　2〜3センチ

サポート（×3本）　3〜5センチ

指に巻くテープは、必要な分だけあらかじめ短く切っておきます。テープを巻いてから切ると締まりすぎてしまい、血行障害などを引き起こします。

＊右手の場合

1

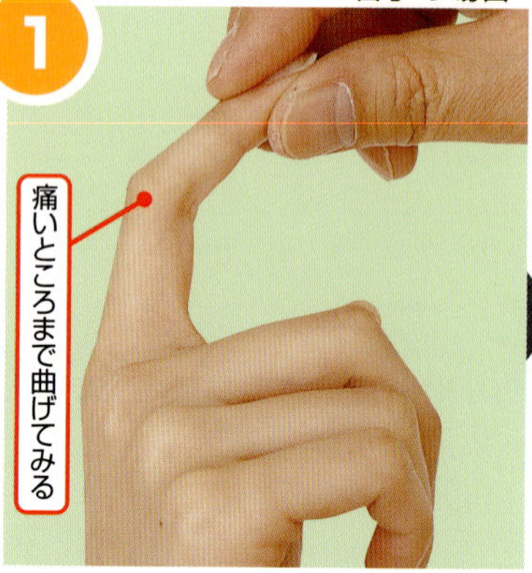

痛いところまで曲げてみる

痛みを感じるところまで指を曲げ、テープで制限する範囲を決める。

ここに注意！

縦のサポートテープを貼るときは指を曲げること。まっすぐのまま貼ると、指が伸びたままになってしまいます。痛いところから少し戻したところでテープを貼るようにします。

4

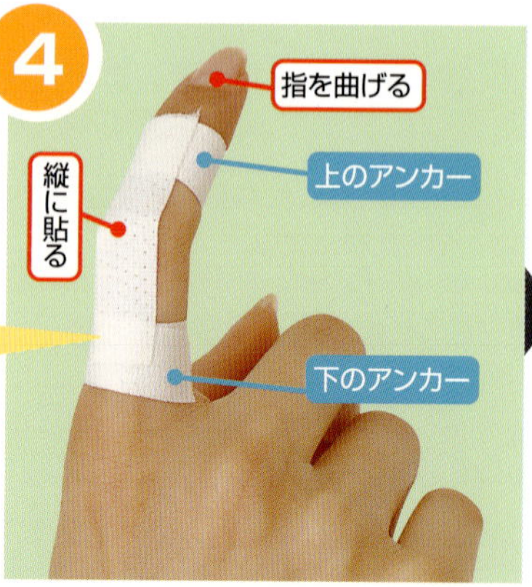

指を曲げる
上のアンカー
縦に貼る
下のアンカー

痛いところまで指を曲げ、少し戻して、アンカーからアンカーへ縦にテープを貼る。

Point

関節部分にはアンカーを巻かない 爪の下の関節にかからないよう巻く

上のアンカーを巻くときは、関節部分にかからないようにすることが大切です。指のまん中の関節を痛めたときは、爪側の関節下ぎりぎりのところに2本目のテープ（上のアンカー）を巻きます。「痛めた関節の先の関節は止めてはいけない」ということを覚えておきましょう。

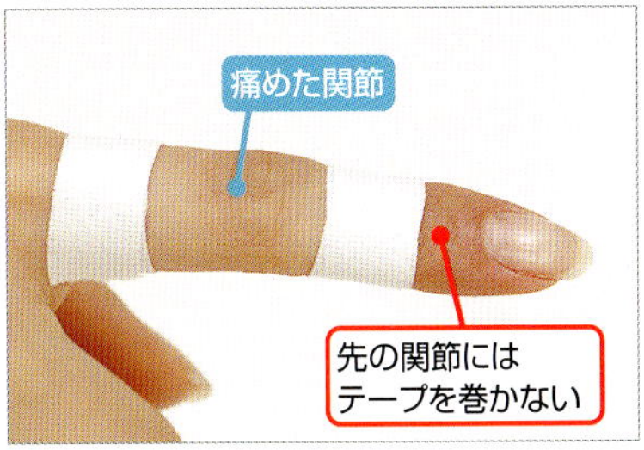
痛めた関節
先の関節には
テープを巻かない

2

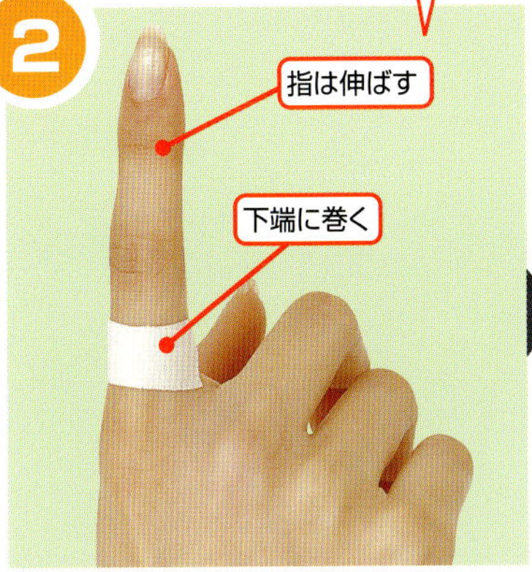
指は伸ばす
下端に巻く

指を伸ばした状態で、指の下端にテープを１周巻く（下のアンカー）。

3

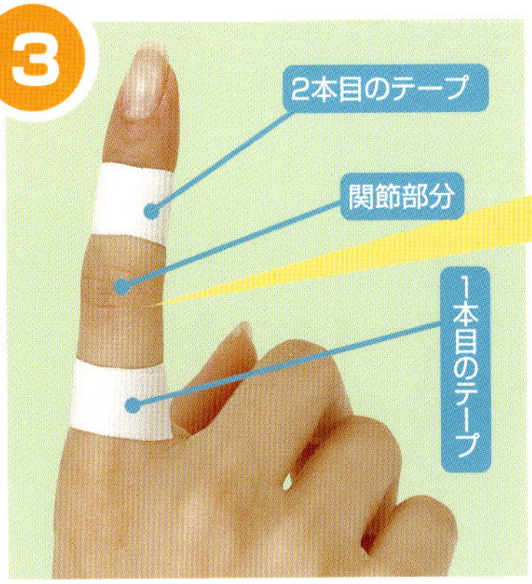
2本目のテープ
関節部分
1本目のテープ

関節にかからないように2本目のテープを巻く（上のアンカー）。

ここに注意!

指を伸ばすと痛いときは、指を曲げたままテープを貼ります。

イテテ…

5

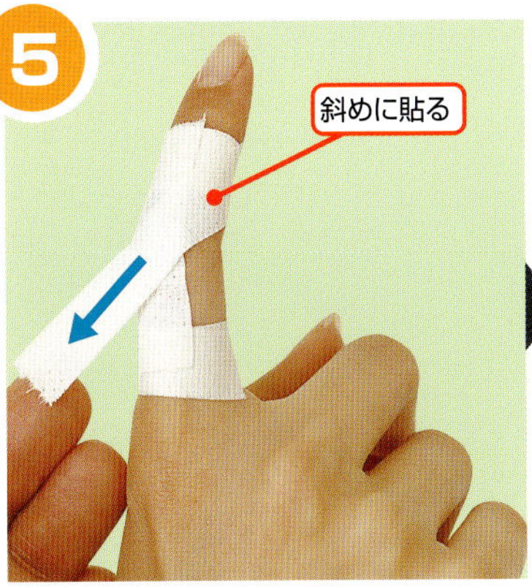
斜めに貼る

上のアンカーの中指側から、関節を通るようにテープを斜めに貼る。

6

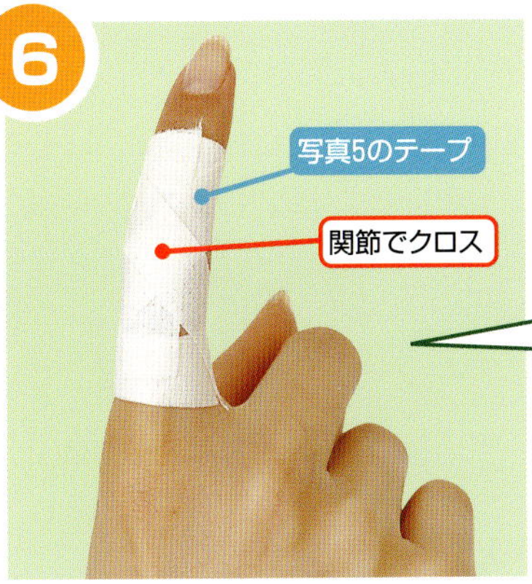
写真5のテープ
関節でクロス

上のアンカーの親指側から、関節でクロスするようにテープを斜めに貼って完成。

マルチアングル（真横）

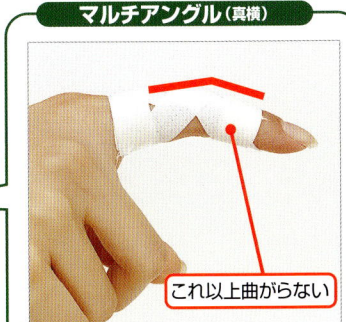

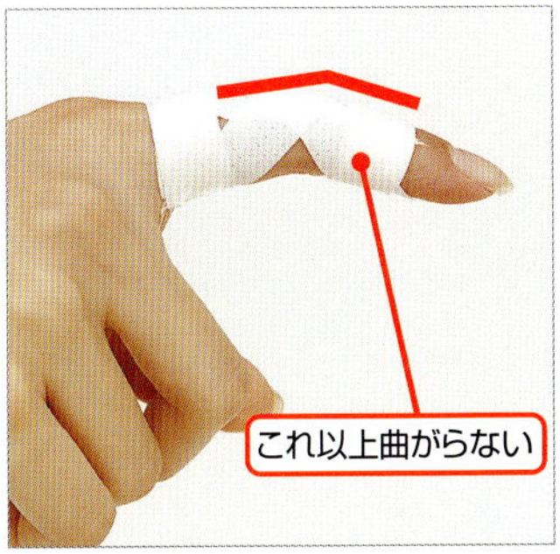
これ以上曲がらない

指はこれ以上曲がらないので、痛みは出ない。

手関節（手首）・手指

指を突くと痛い
運動するときのテーピング

テープはカットしておく！

写真1・6で使うテープ　2～3センチ　×4本

写真2～5で使うテープ　3～5センチ　×6本

使用するテープ

非伸縮テープ（12ミリ）

指の内側と外側にテープを貼り両側の靱帯を保護する

指を突くと痛みがあるのは、指関節の靱《じん》帯《たい》を痛めている可能性が高くなります。両側の靱帯を保護するため、縦方向にテープを2本貼り、クロスに補強するテーピングを行います。

図解！ サポートテープの貼り方

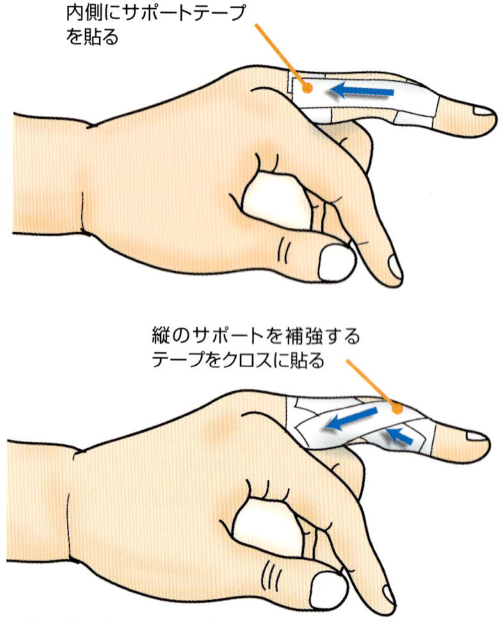
内側にサポートテープを貼る
縦のサポートを補強するテープをクロスに貼る

内側の縦サポートとXサポートを貼ったら、外側の縦サポートとXサポートを同じように貼る。

人さし指を突くと痛い場合

1

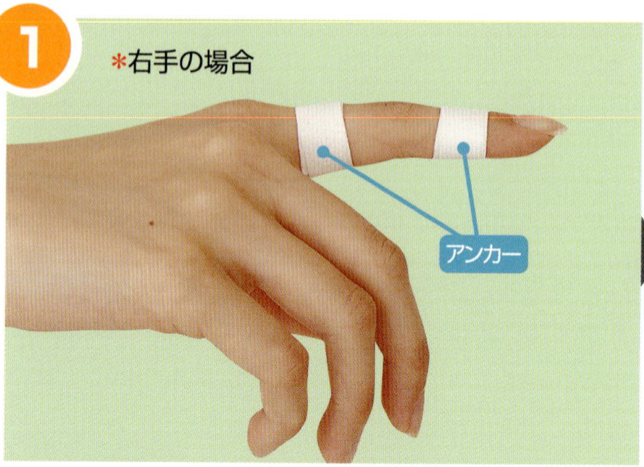
*右手の場合
アンカー

P.109写真2・3と同様に、指を伸ばした状態でアンカーを2本巻く。

4

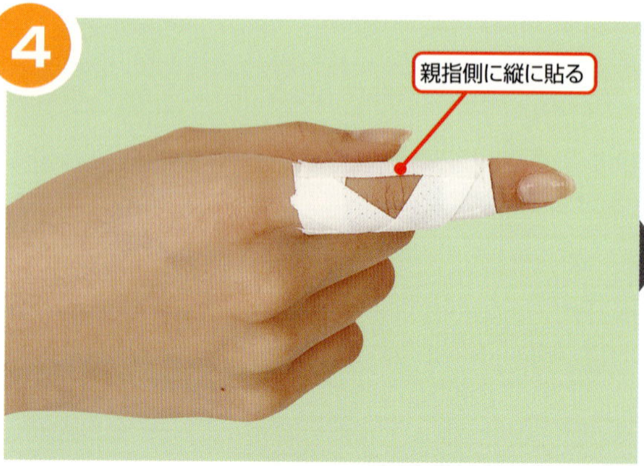
親指側に縦に貼る

親指側のアンカーの爪側から付け根側まで、縦に1本テープを貼る（写真2の反対側）。

テープの強度　→ 強く　→ 軽く

テーピング・レッスン

内側と外側のサポートテープの貼り方はまったく同じ

指の内側と外側に貼る縦とクロスのテープは、指を挟んで対称になります。つまり、写真2と4、写真3と5は指の内・外が違うだけで、貼り方はまったく同じになります。

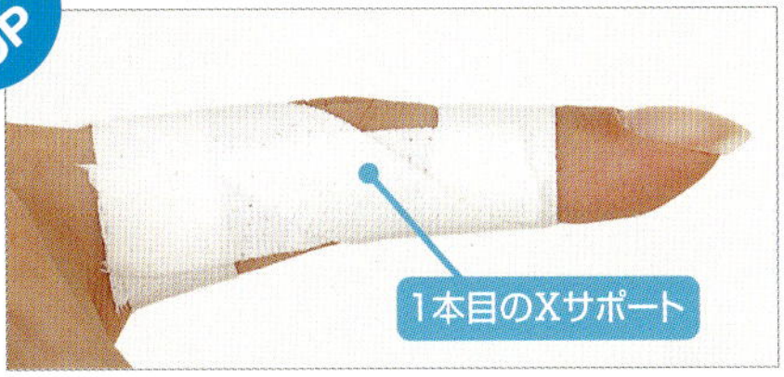

CLOSE UP
1本目のXサポート

2

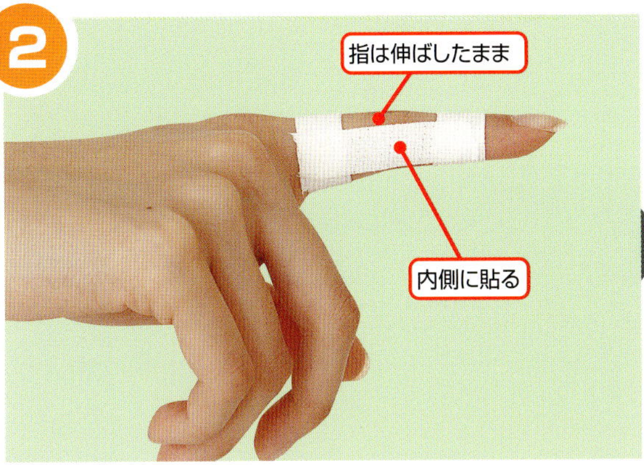

指は伸ばしたまま
内側に貼る

中指側のアンカーの爪側から付け根側まで、縦に1本テープを貼る。

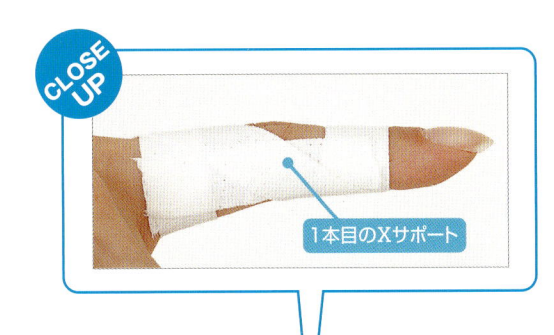

3

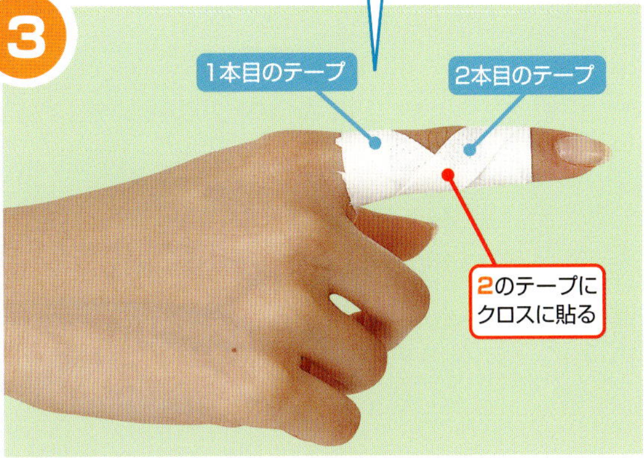

1本目のテープ
2本目のテープ
2のテープにクロスに貼る

写真2をサポートするテープをクロスに貼る。1本目、2本目ともに爪側から付け根側に貼る。

5

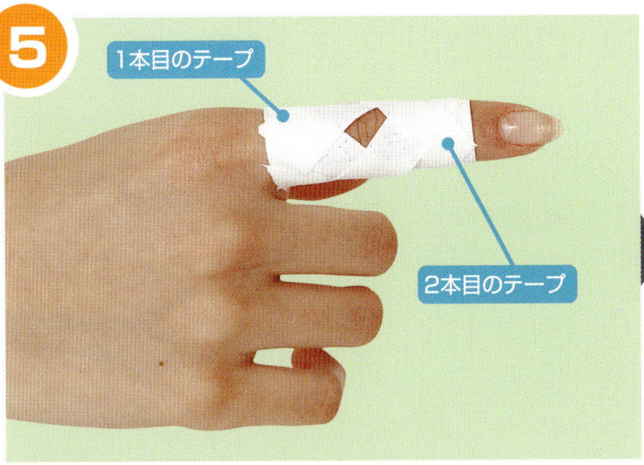

1本目のテープ
2本目のテープ

写真4をサポートするテープをクロスに貼る。1本目2本目はともに爪側から付け根側に貼る。

6

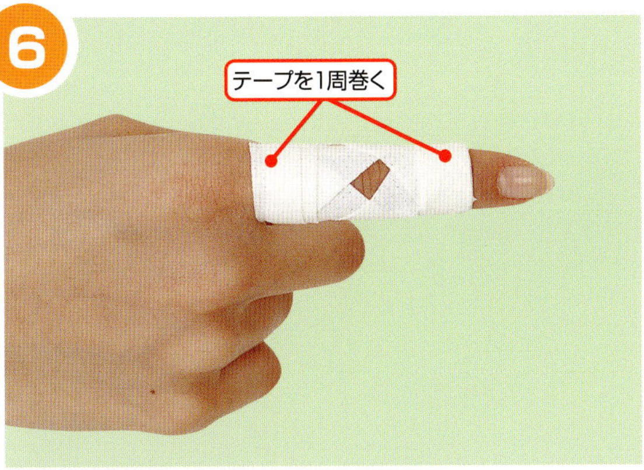

テープを1周巻く

最後に写真1（アンカー）と同じ位置に、テープをそれぞれ1周巻いて完成。

手関節（手首）・手指

突き指を防ぐ、割れた爪を保護する セルフ・テーピング

テープはカットしておく！

8〜10センチ

キネシオロジーテープ　1本

突き指を防ぐ

バレーボールやバスケットボールなどの球技では、突き指をよく起こします。練習や試合前に予防のためのテーピングをしておけば、安心してプレーできます。

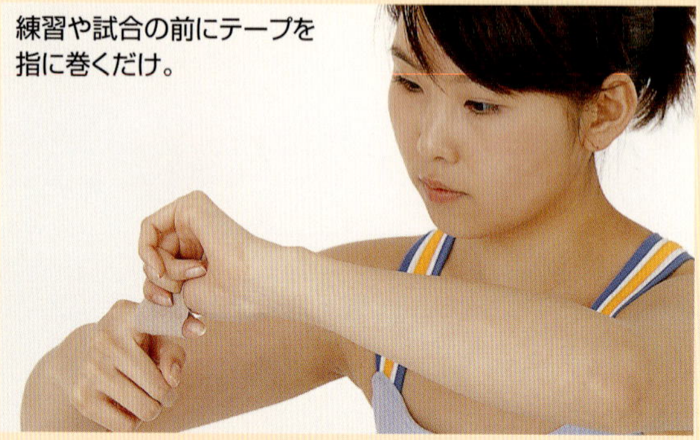

練習や試合の前にテープを指に巻くだけ。

1

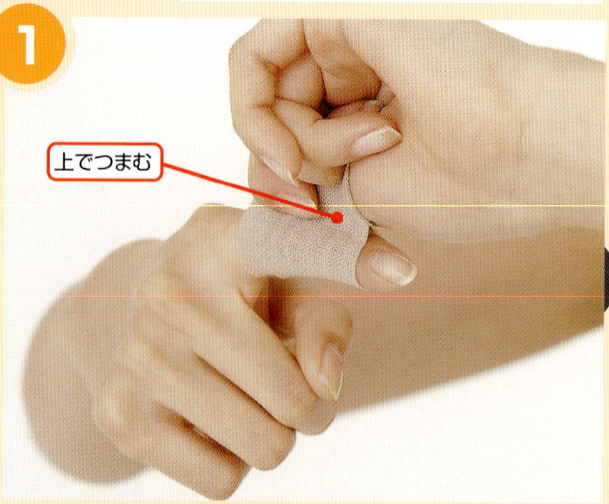

突き指が心配な指の手のひら側にテープをかけ、上につまむように貼り合わせる。

割れた爪を保護する

スポーツをしているときはもちろん、日常生活でも爪に障害を起こすケースは多いものです。とくに、爪を長く伸ばしている女性にとって、爪の傷害は深刻です。そのような人にぜひ試してもらいたいのが、これから紹介する指先のセルフ・テーピング。指先にテープを巻くだけで割れた爪はもちろん、指先のひび割れを保護することができます。

1

指先をかぶせるように、指の表裏にテープを貼る。

テープの強度　→ 強く　→ 軽く

Point

テープは1ミリほど残して切る

1ミリほど残して切るのは、短すぎるとテープがはがれやすくなるためです。また、残しすぎてもじゃまになるのでよくありません。

2

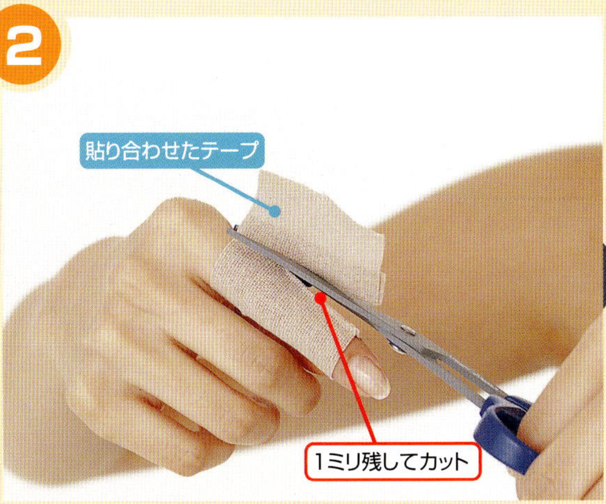
貼り合わせたテープ
1ミリ残してカット

貼り合わせた部分を1ミリほど残してハサミで切る。

3

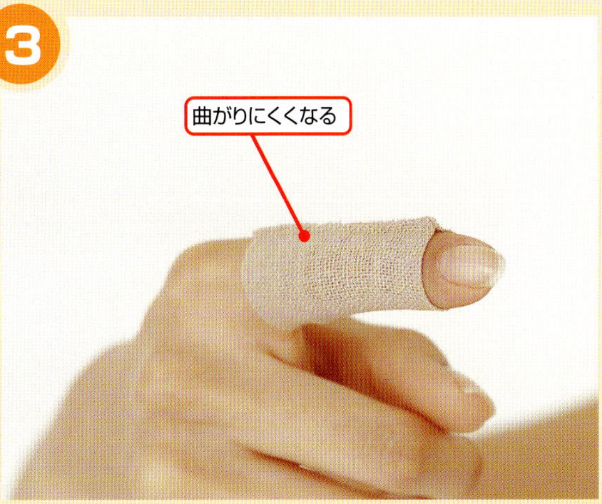
曲がりにくくなる

これが完成の形。指を圧迫して曲がりにくくすることで突き指を予防する。

2

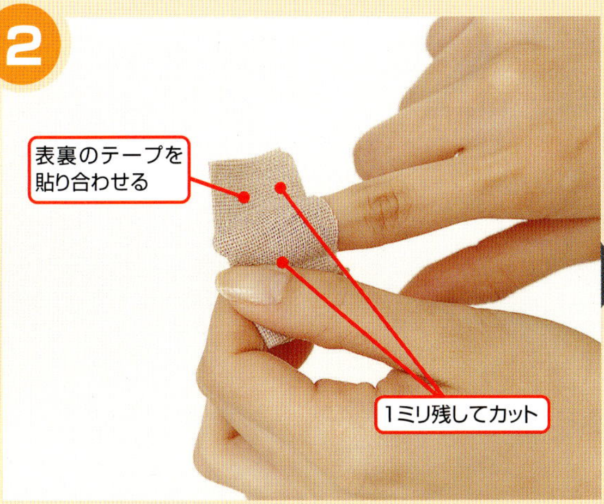
表裏のテープを
貼り合わせる
1ミリ残してカット

左右の表裏を貼り合わせ、1ミリほど残してハサミで切る。

3

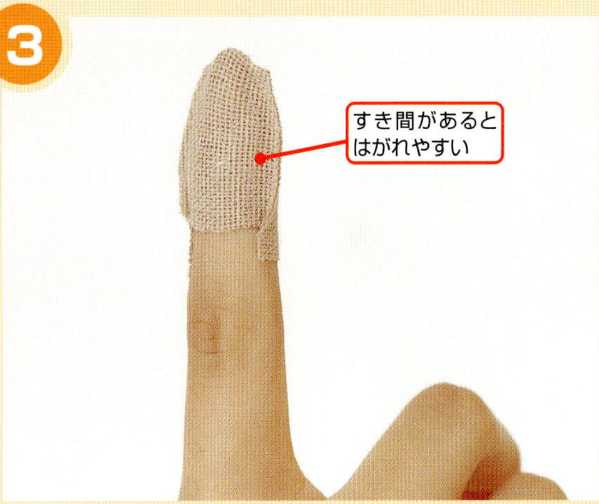
すき間があると
はがれやすい

これが完成の形。ぎりぎりまで切るとはがれやすくなるので注意する。

腰

慢性の腰痛は自然に腰が伸びるように貼り、姿勢をよくする

Point

- 曲げると痛い場合は縦に、ひねると痛い場合はクロスに貼る。
- ぎっくり腰は曲げる、ひねる両方の動きを制限するテーピングをする。

腰に多い傷害　腰に疲れがたまりやすいスポーツ選手は慢性の腰痛になりがち

体がぶつかり合うスポーツはもちろん、スポーツ選手は腰に疲れがたまりやすく、慢性の腰痛になりがちです。腰痛がひどくなると、寝ているだけでも痛みがあり、動くことが苦痛になります。

腰痛の原因はさまざまですが、慢性的なものは、長時間不自然な姿勢でいることにより筋肉に過度の負担をかけることに起因します。

重い物を持ったときや急に立ち上がったときになる“ぎっくり腰”も、日常的に起こる腰の傷害です。ぎっくり腰は突然起こることが多く予防はむずかしいのですが、腰に疲れがたまったと感じたときは危険ですので、予防のためのテーピングをしておくことで防ぐことはできます。過去にぎっくり腰の経験がある人にも有効です。

腰はこんなときに痛めやすい

運動時では
ラグビーなどの体がぶつかり合うスポーツ
腰の曲げ伸ばしを伴うスポーツ
日常では
長時間、同じ姿勢で仕事する
カタカタ
力仕事をする

テーピングのポイント　クロスに貼るときは背骨でテープを重ねることが大切

曲げると痛いときは テープを縦に貼る

腰を曲げると痛い場合は、腰を伸ばした状態でテープを縦にまっすぐ貼って腰が伸びるようにします。腰が自然に伸びるようになれば姿勢がよくなり、腰への負担を軽くできます。

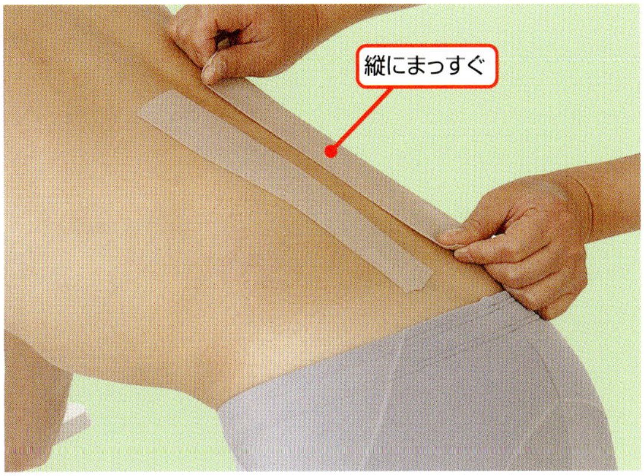

ひねると痛いときは テープをクロスに貼る

ひねると痛い場合は、背骨の位置でテープをクロスに貼ります。腰痛は左右の背骨のバランス、腹筋と背筋とのアンバランスによって起こるので、左右対称にしておく必要があるからです。

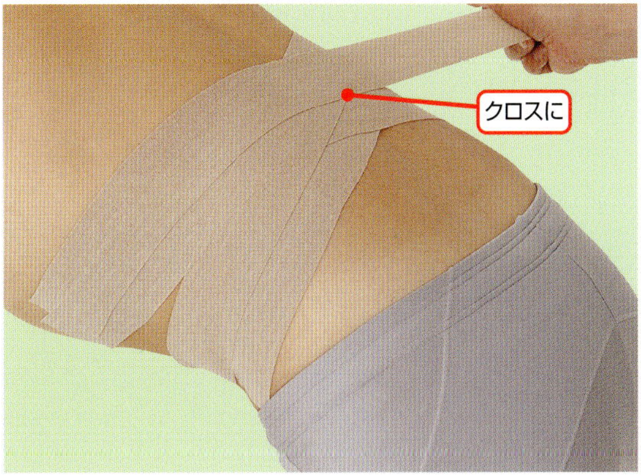

ぎっくり腰が不安なときは 曲げる、ひねるをミックスする

ぎっくり腰の場合は、曲げる、ひねる両方を制限するテーピングと考えてください。ぎっくり腰のテーピングは、あくまで予防がメインです。腰に不安がある人、再発防止したい人は、ぜひ試してみてください。

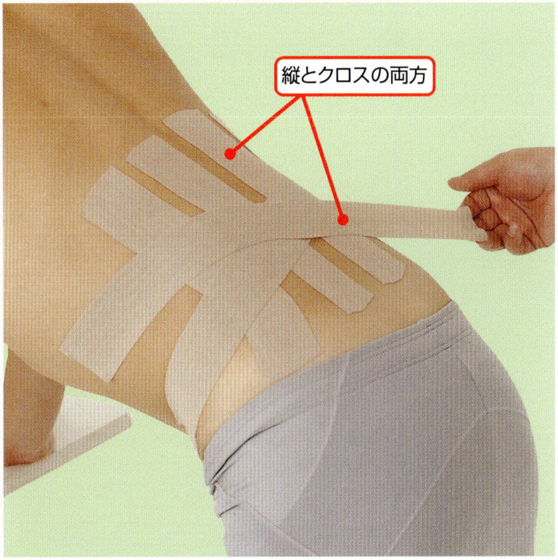

腰を曲げると痛い

運動後・日常生活のテーピング

使用するテープ

キネシオロジーテープ（50ミリ）

悪い姿勢を続けていると慢性的な腰痛になる

スポーツ選手は腰に疲れがたまりやすく、慢性的な腰痛を抱えているケースが多くなります。また、長時間同じ姿勢でいたり悪い姿勢を続けることで筋肉によけいな負担をかけ、発症するケースが多くなります。

腰を曲げると痛い場合は、背骨を中心に縦にテープを貼ることで腰の動きを制限します。

テープはカットしておく！

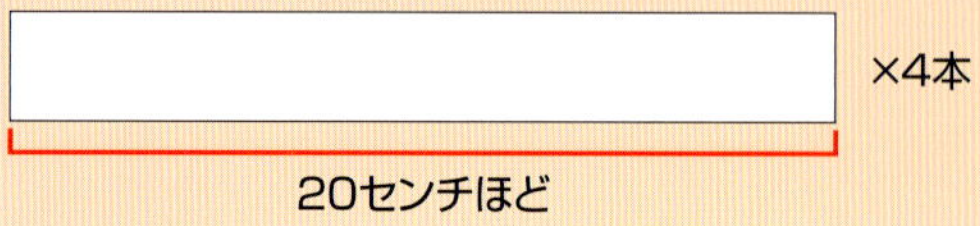
×4本
20センチほど

1

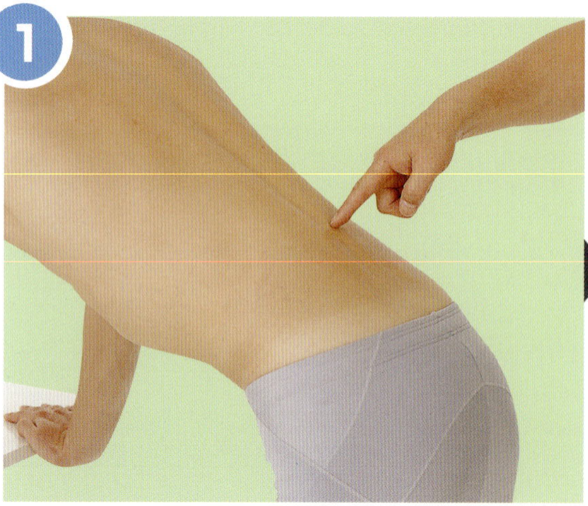

前かがみの姿勢で、痛みがある位置を確認する。

こんな姿勢で行う！

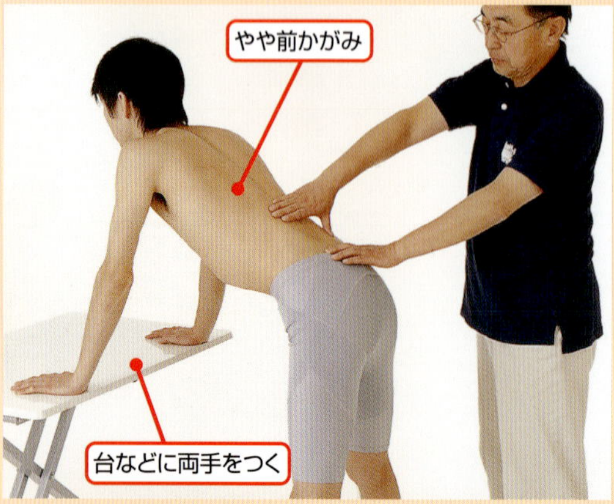
やや前かがみ
台などに両手をつく

前かがみで台などに両手をつき、お尻を突き出す体勢をとる。

Point

1・2本目のテープと3・4本目のテープは貼り方が異なる

1・2本目のテープ（写真2・3）は両端を引っ張りながら貼りますが、3・4本目のテープ（写真4）はまず腰の上部を貼ってから、お尻の部分に向かって軽く引っ張りながら貼っていきます。

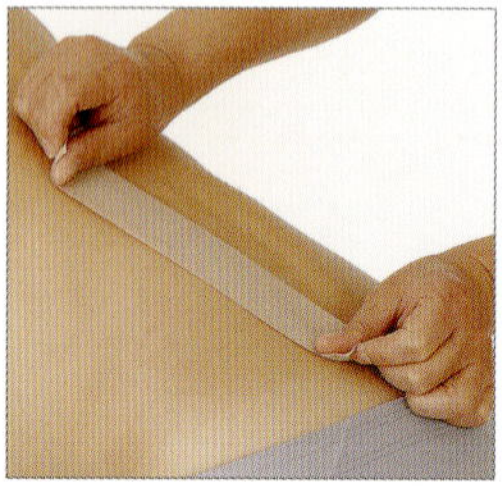

1・2本目のテープ

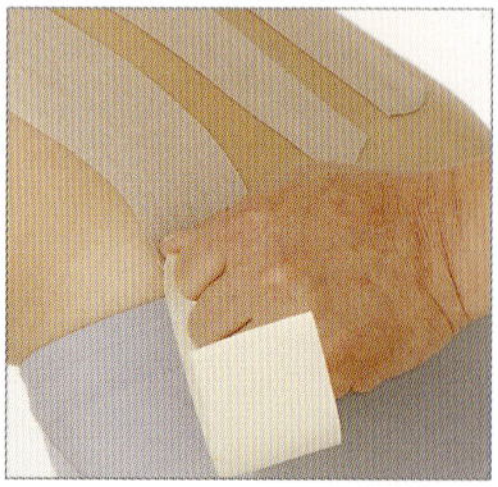

3・4本目のテープ

ここに注意!

テープを貼るときは、お尻を突き出すようにして腰が丸まらないようにします。

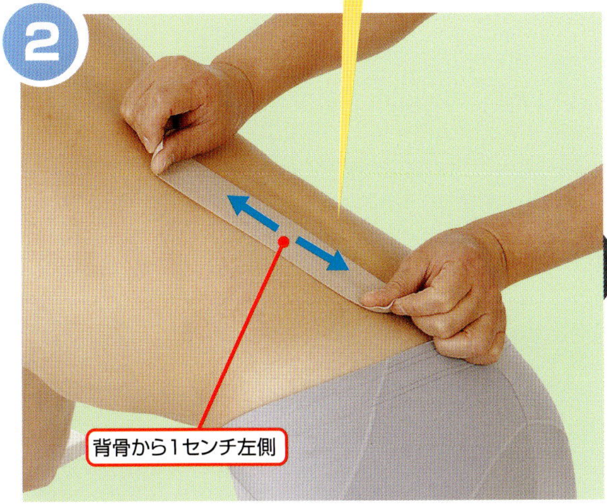
2
背骨から1センチ左側

痛い位置がテープのまん中にくるように、テープの両端を軽く引っ張りながら、背骨から1センチほど左側に貼る。

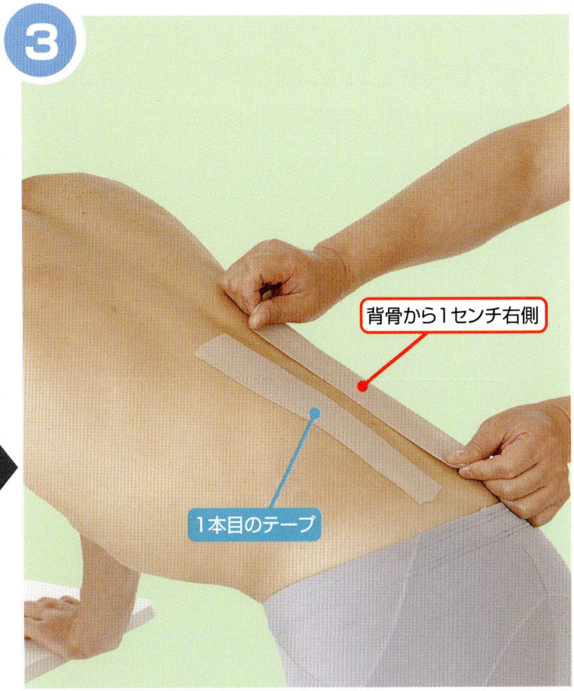
3
背骨から1センチ右側
1本目のテープ

1本目と平行になるように、背骨から1センチほど右側に2本目のテープを貼る。

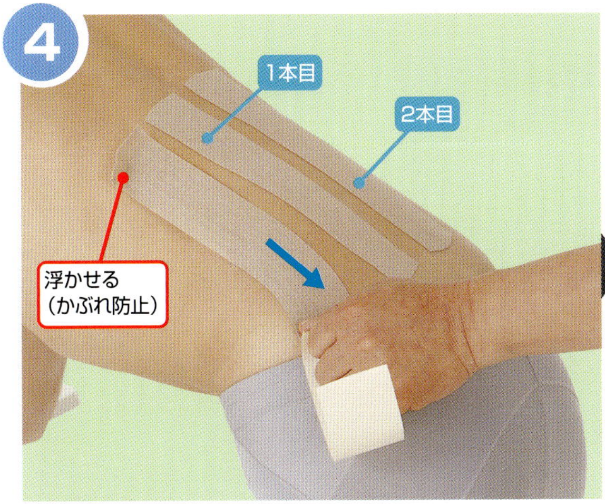
4
1本目
2本目
浮かせる
(かぶれ防止)

写真2のテープの外側1センチほどのところにテープを貼る。腰の上部に貼ってから軽く引っ張り、お尻の曲線に合わせてカーブを描くように貼る。

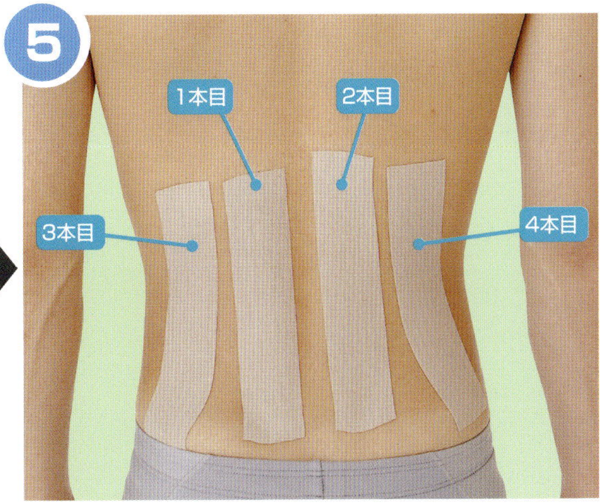
5
1本目
2本目
3本目
4本目

写真3のテープの外側に、3本目と同じように4本目のテープを貼って完成。

腰

腰をひねると痛い
運動後・日常生活のテーピング

テープはカットしておく！

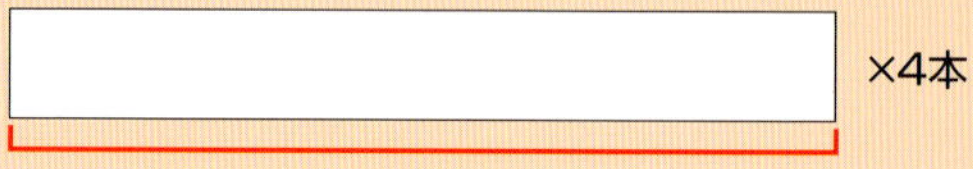

×4本
60〜70センチ

使用するテープ

キネシオロジーテープ（50ミリ）

背骨でクロスするように4本のテープを貼る

ひねると痛い場合は、縦のテーピングはとくに必要ありません。背骨部分でクロスするように斜めにテープを貼ります。こうすることで、左右のひねりを制限できるのです。

また、腰が自然に伸びるようにするため、テープの終点は腹筋にかけるようにします。

図解！テーピングの姿勢とテープの貼り方

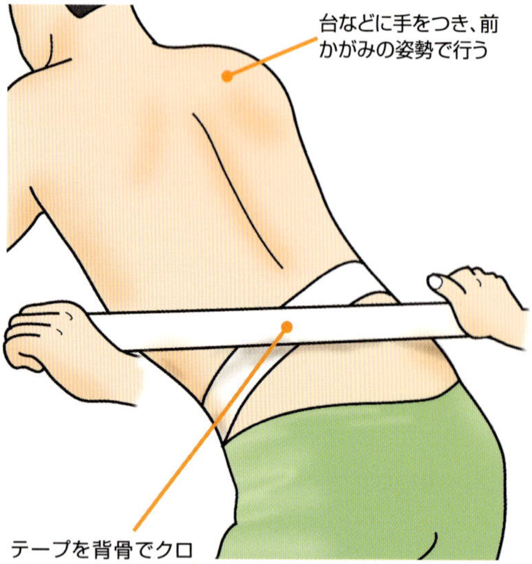

台などに手をつき、前かがみの姿勢で行う
テープを背骨でクロスするように貼る

1

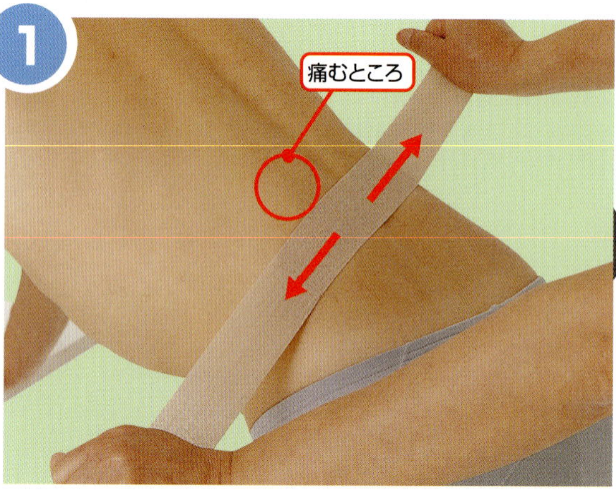

痛むところ

前かがみの体勢をとる。テープの両端を強く引っ張り、痛いところのやや下を通るように斜めにテープを貼る。

4

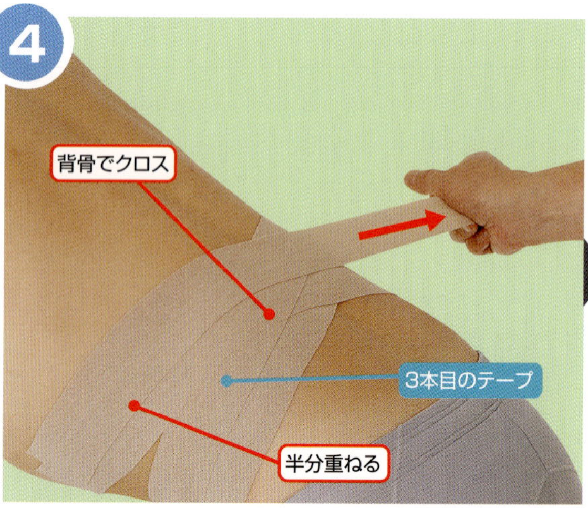

背骨でクロス
3本目のテープ
半分重ねる

両端を強く引っ張り、2本目のテープの上半分を重ねるように4本目のテープを貼る。

テープの強度 → 強く → 軽く

テーピング・レッスン

ここでは50ミリのテープを4本貼るバージョンを紹介しましたが、75ミリのテープを2本クロスに貼ってもよいでしょう。ただし、幅が狭いテープを多く貼ったほうが効果は高くなります。

2

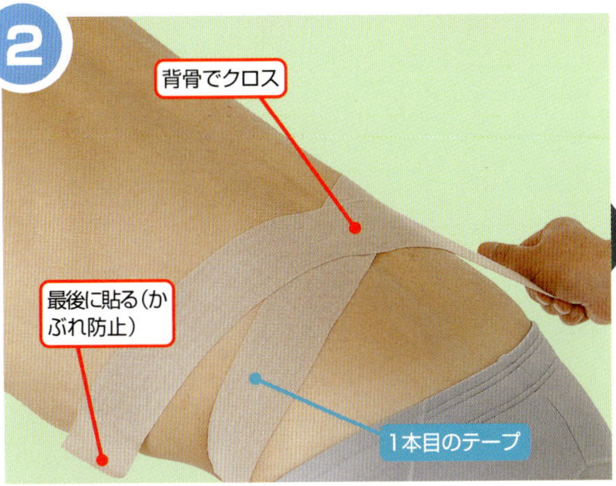

背骨でクロス
最後に貼る（かぶれ防止）
1本目のテープ

1本目のテープと背骨でクロスするように、両端を強く引っ張りながら2本目のテープを貼る。

3

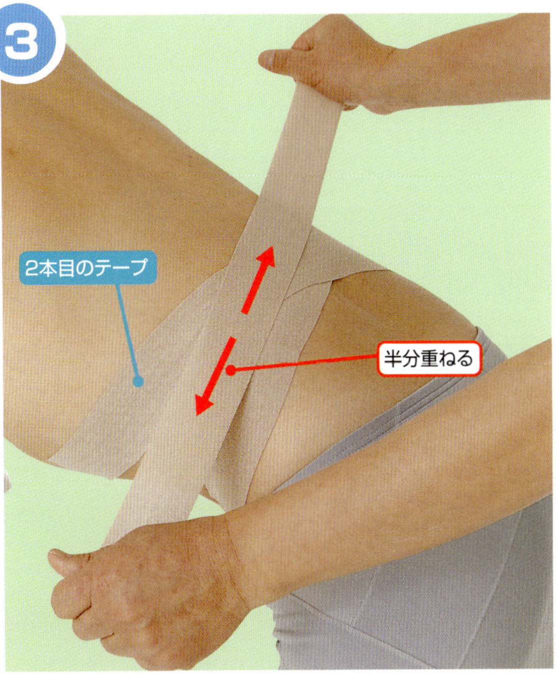

2本目のテープ
半分重ねる

両端を強く引っ張り、1本目のテープの上半分を重ねるように3本目のテープを貼る。

5

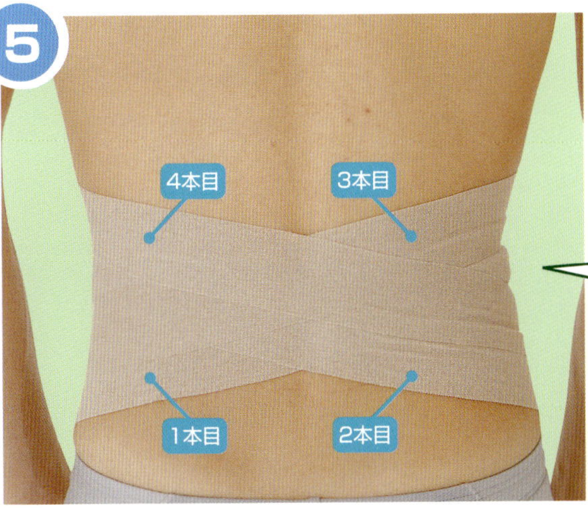

4本目
3本目
1本目
2本目

これが完成の形。背骨でクロスするように貼るのがポイント。

マルチアングル（斜め前）

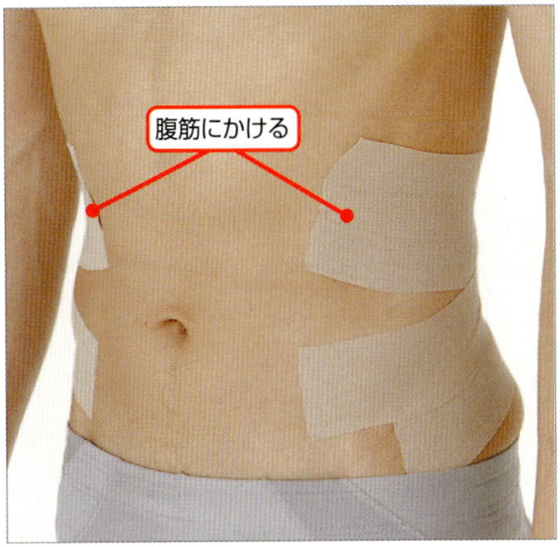

腹筋にかける

テープは腹筋にかけること。おなかをふくらませると、それに応じて腰が引っ張られ、よい姿勢を保つことができる。

腰痛がひどい、ぎっくり腰が不安
運動後・日常生活のテーピング

テープはカットしておく!

30センチほど ×4本

60センチ～70センチ ×4本

使用するテープ

キネシオロジーテープ（50ミリ）

テープを斜めに貼ることで横や斜め方向の動きを制限する

腰痛がつらいときは、テーピングによる圧迫を強める必要があります。さらに、ぎっくり腰が不安な人には縦方向だけでなく、横や斜め方向への動きもテーピングによって制限しなければなりません。**P.116**～**P.117**の縦方向のテーピングに加えて、斜め方向に4本のテープを貼ることで、腰痛やぎっくり腰の不安を解消できます。

1

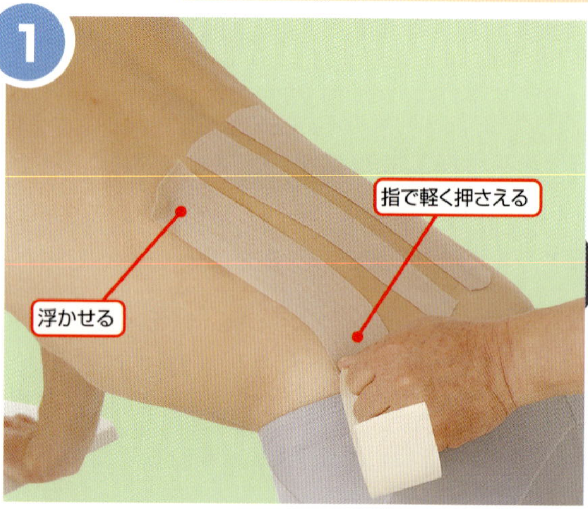
指で軽く押さえる
浮かせる

P.116～**P.117**の写真1～5と同様に、縦方向に4本テープを貼る。

Point

腹筋にかかる部分が長いほど腰を伸ばす力がアップする

テープの終点を腹筋にかけるようにすることは**P.119**で述べましたが、かかる部分が長いほど腰を伸ばそうとする力は強まります。いちばんいけないのは短すぎるとき。腹筋まで届かないと、左右にひねる動きも制限できません。斜めに貼るテープは、やや長めに切っておきましょう。

4

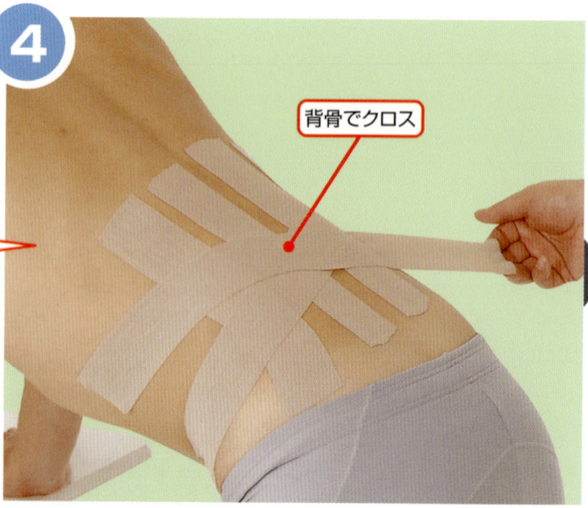
背骨でクロス

両端を強く引っ張り、写真3のテープと背骨でクロスするように2本目のテープを貼る。

! テーピング・レッスン

写真2〜5の貼り方は**P.118〜P.119**の1〜5と同じ。縦に貼った4本の上に斜めの4本を加えることで、強度がさらにアップします。

ここに注意!

テープは両端をなるべく強く引っ張り、まん中→左右の順番に貼ります。強く引っ張ることで、テーピングの効果が高まります。

2

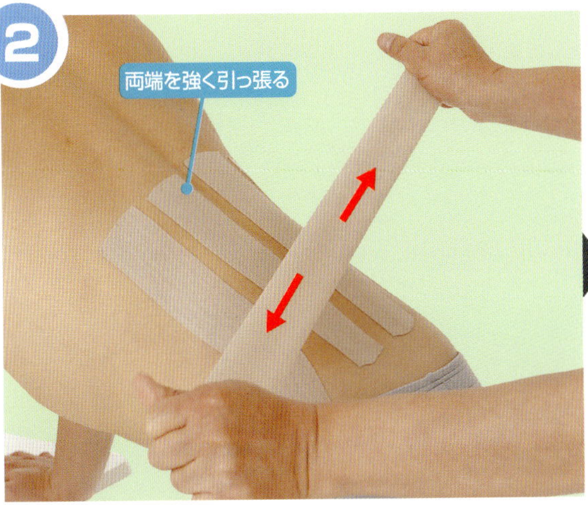

両端を強く引っ張る

写真1のテープに重ねて4本のテープを斜めに貼る。まず、テープの両端を強く引っ張る。

3

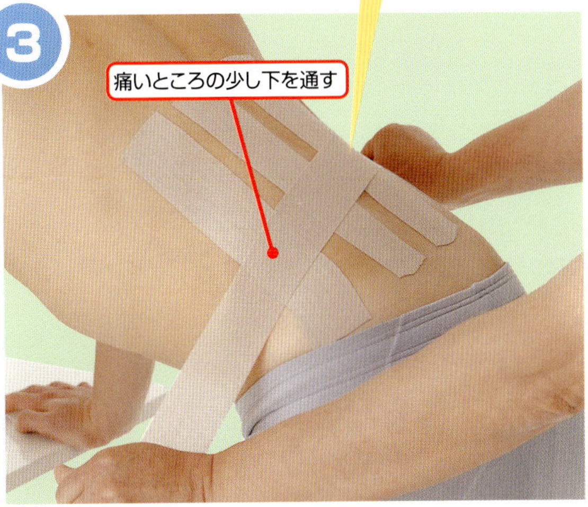

痛いところの少し下を通す

痛いところから少し下を通すように、斜めにテープを貼る。

5

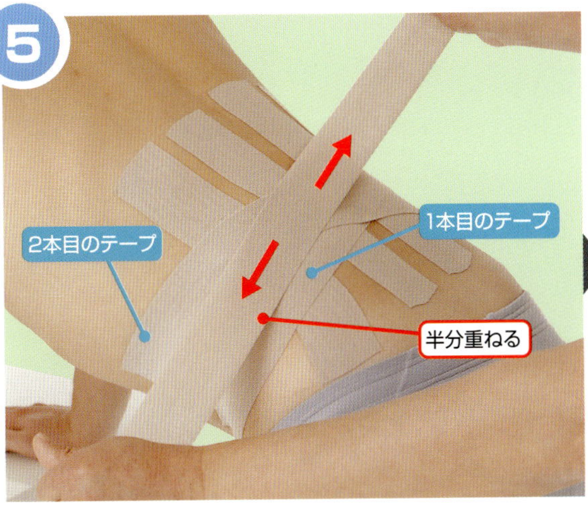

2本目のテープ
1本目のテープ
半分重ねる

両端を強く引っ張り、1本目のテープの上半分を重ねるように3本目のテープを貼る。

6

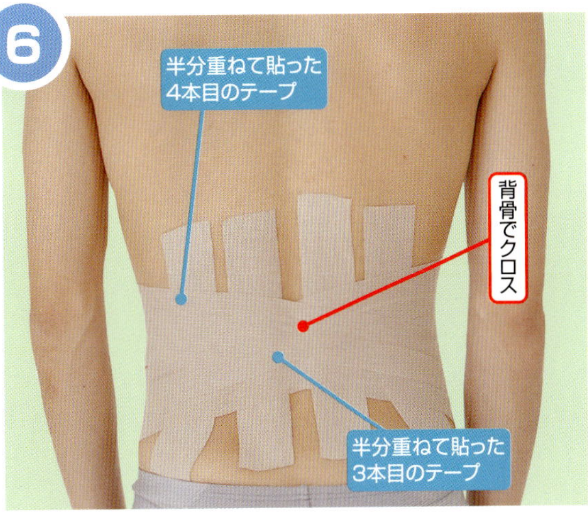

半分重ねて貼った4本目のテープ
背骨でクロス
半分重ねて貼った3本目のテープ

2本目のテープの上半分を重ねるように、4本目のテープを貼って完成。

腰を動かすと痛い
運動するときのテーピング

ここに注意!

テープを貼るときの姿勢は、やや前かがみで台などに手をつき、お尻を突き出すようにする。

使用するテープ

キネシオロジーテープ（50ミリ）

運動する場合はテープを補強して腰をサポートする

運動するときは**P.120～P.121**のテーピングにテープを補強して、腰をサポートする必要があります。腰に不安があると試合などで力を十分に発揮できません。

どのような動きにも対応できるように、2本のテープで腰をしっかりサポートしましょう。

1

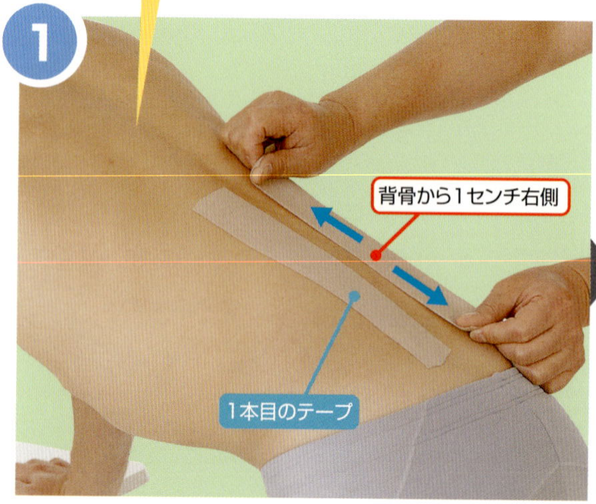
背骨から1センチ右側
1本目のテープ

テープの両端を軽く引っ張りながら、背骨から左右1センチのところにテープを貼る（→**P.117**写真2·3）。

4

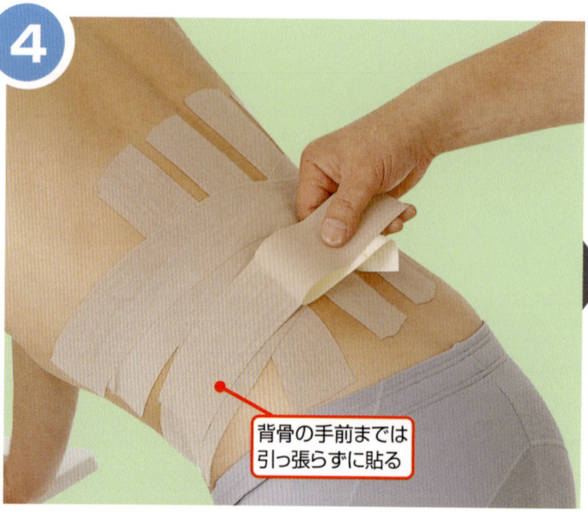
背骨の手前までは
引っ張らずに貼る

斜めに貼った下端から横方向にまっすぐテープを貼る。

5

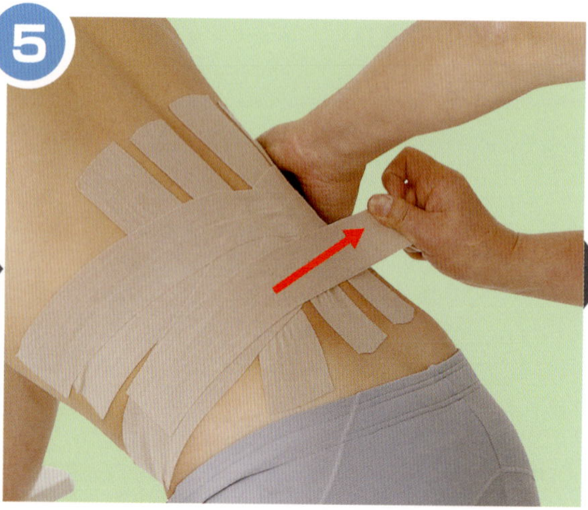

背骨の手前まで貼ったら、強く引っ張りながら残りのテープをまっすぐ貼る。

テープの強度 → 強く → 軽く

テーピング・レッスン

下の1〜3のテーピングは**P.120〜P.121**の1〜6と同じ方法。

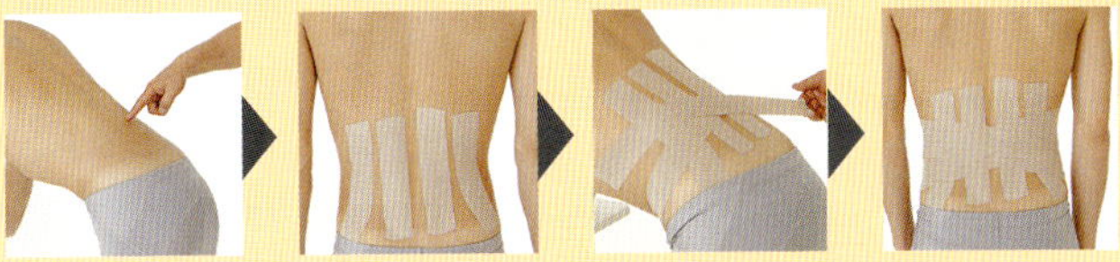

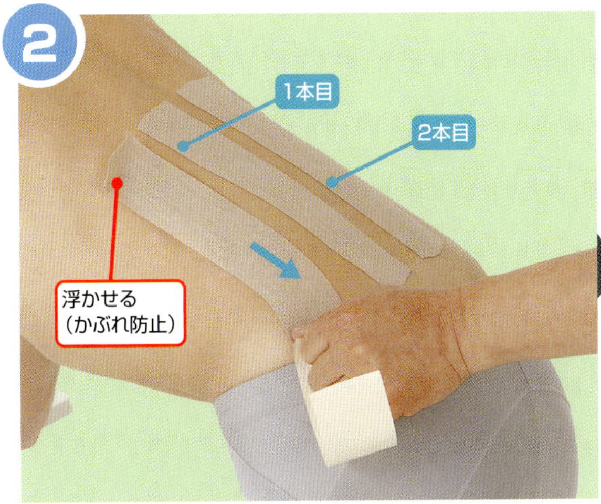
2
1本目
2本目
浮かせる
（かぶれ防止）

腰の上部に貼ってから軽く引っ張り、お尻の曲線に合わせて左右にテープを貼る（→**P.117**写真4・5）。

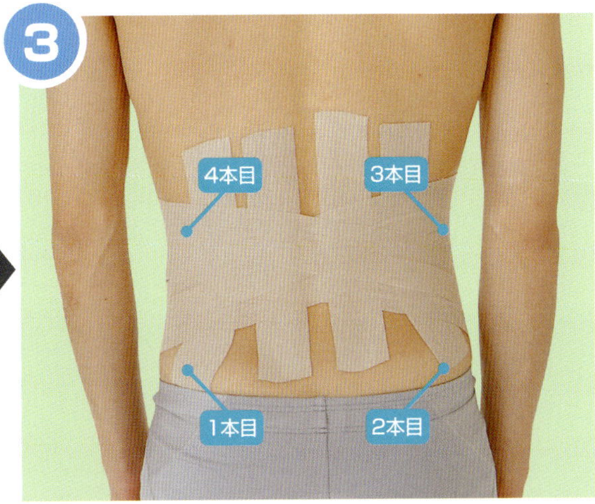
3
4本目
3本目
1本目
2本目

背骨でクロスするように両端を引っ張りながらテープを2本貼り、さらに半分重ねて斜めに2本テープを貼る（→**P.118〜P.119**）。

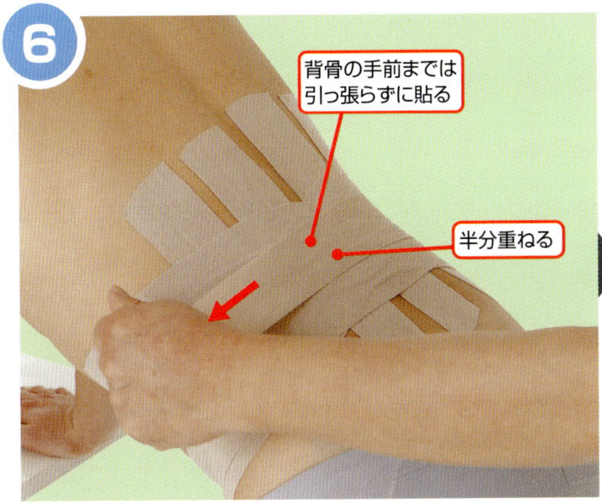
6
背骨の手前までは
引っ張らずに貼る
半分重ねる

反対側から1本目のテープに半分重ねながら、写真5と同じ方法でテープを貼る。

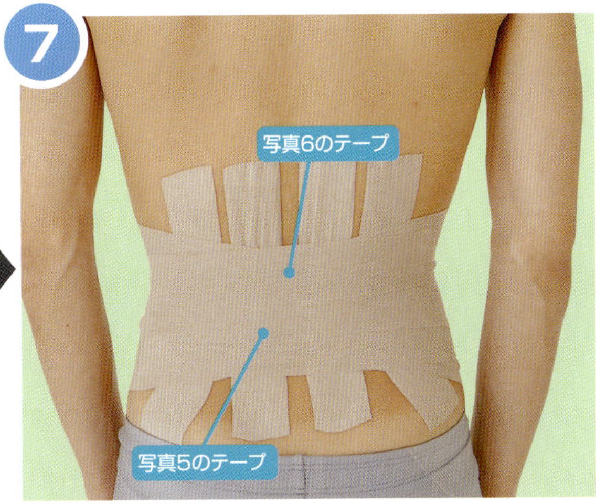
7
写真6のテープ
写真5のテープ

これが完成の形。不安なときは、写真5・6のようにテープを増やすと強度が増す。

腰

腰痛の緩和・再発を防止する セルフ・テーピング

使用するテープ

キネシオロジーテープ（50ミリ）を2本使用

テープを2本クロスに貼って腰痛を予防

腰のセルフ・テーピングは、テープを後面に貼らなければならないので少しむずかしいのですが、ぜひ挑戦してください。後ろ側のテープはシワができやすいので、全身の映る鏡の前などでテープを貼りましょう。

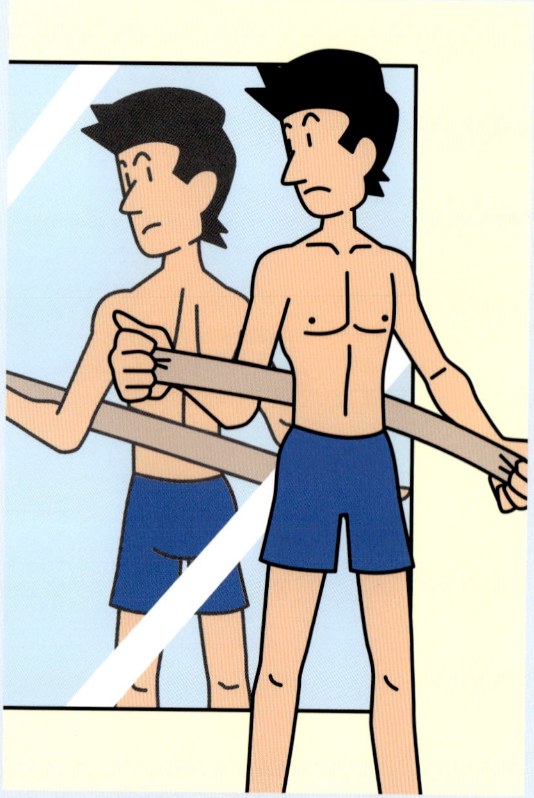

1

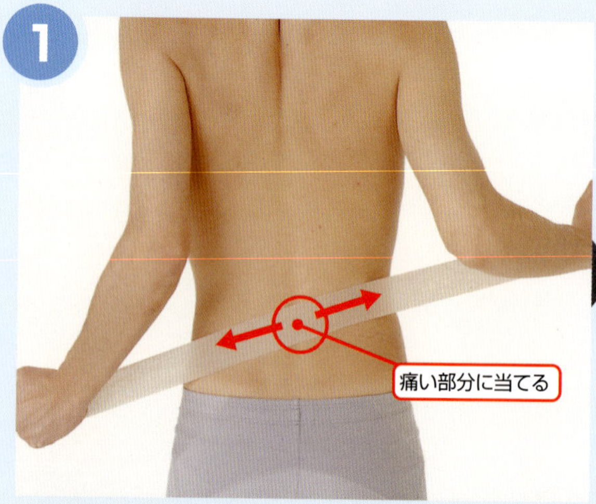

両端を斜めに強く引っ張り、痛い部分（不安な部分）に当てる。

4

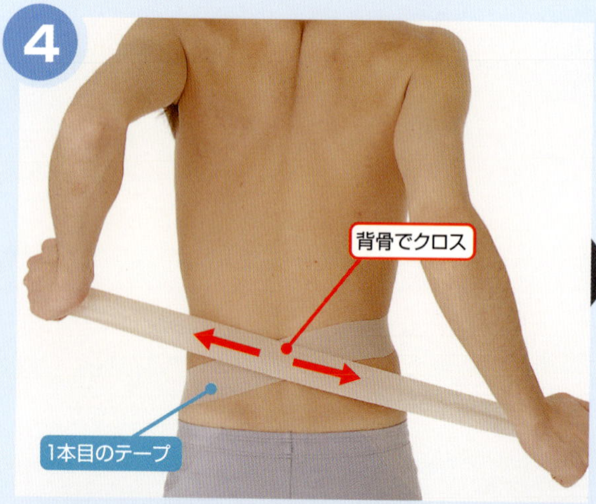

両端を斜めに強く引っ張り、1本目のテープと背骨でクロスするように2本目を貼る。

テープの強度　→ 強く　→ 軽く

ここに注意!

背面に貼るときはテープを強く引っ張りますが、前面に貼るときは力を少しゆるめること。

2

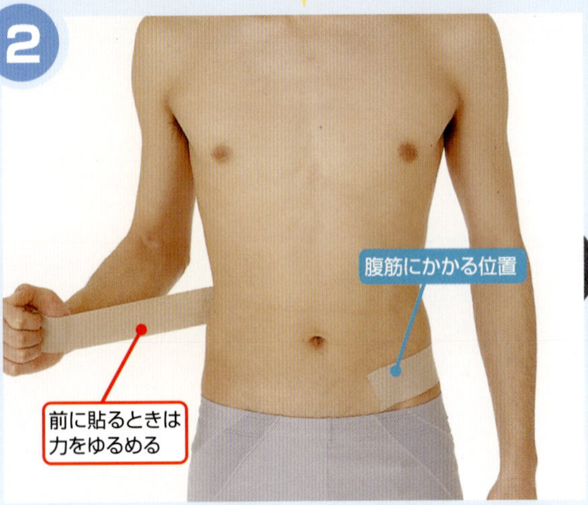
腹筋にかかる位置
前に貼るときは
力をゆるめる

左手側のテープを腹筋にかかる位置に貼る。右手側のテープはまだ引っ張ったままでいる。

3

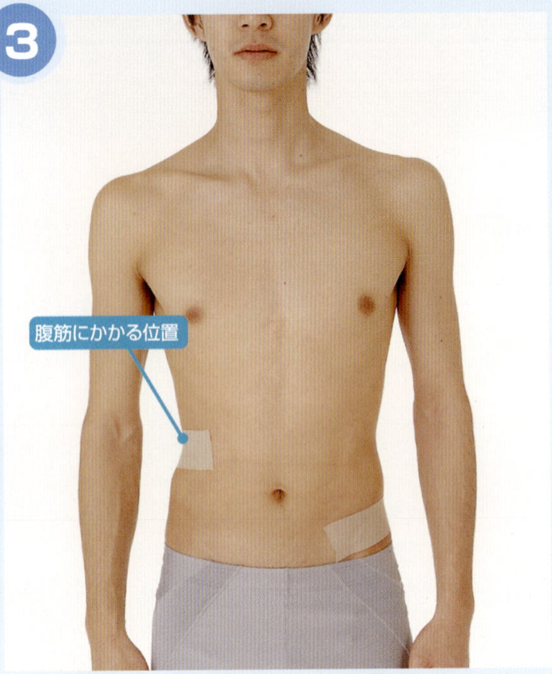
腹筋にかかる位置

右手側のテープも腹筋にかかる位置に貼り、1本目は終了。

5

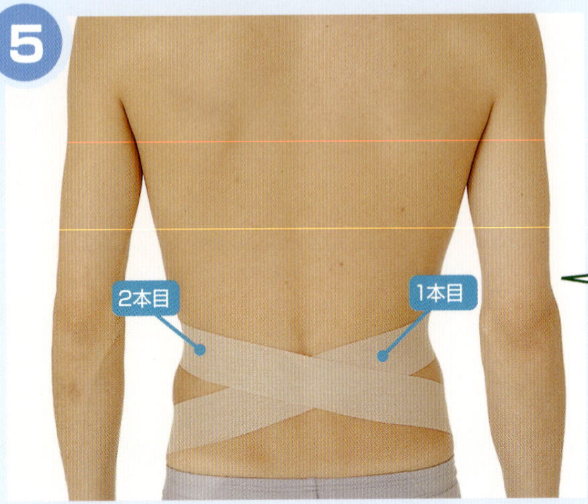
2本目
1本目

1本目と同じように、テープの両端が腹筋にかかるように貼る。これで完成。

マルチアングル（斜め前）

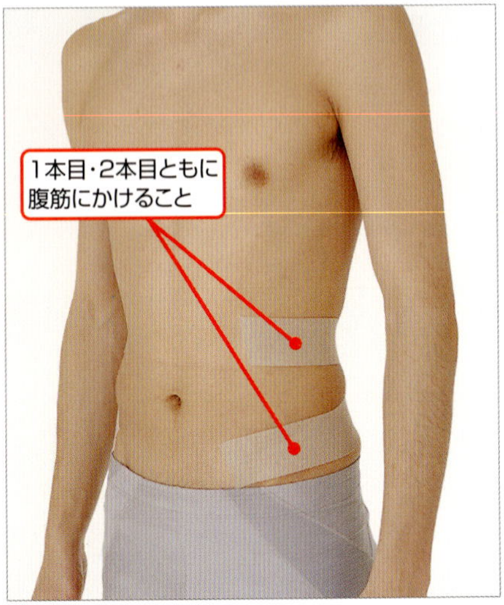
1本目・2本目ともに
腹筋にかけること

おわりに テープを巻かれる人の身になってテーピングをすることが大切！

ここまで読んでいただいた読者の方には、テーピングの意味と方法をご理解いただけたと思います。ただ、部位別にテーピングの方法を覚えるだけでは不十分で、プラスアルファが必要です。

私のテーピングセミナーでは、必ず受講者の方に次のように話します。

「テーピングは、何十回、何百回巻く練習をしてもダメ。テープを巻かれる人の身になってテーピングしないと意味がありません。だから、実際に巻いてもらって感じることが必要です」。

また、「実際に選手にテーピングするのであれば、勉強の場として、競技を限定しないようにしましょう」。

つまり、本を読めばテープを巻けるかもしれませんが、テープの巻く微妙な強さ、角度、位置などがまちがってインプットされてしまうケースがよくあるのです。たとえば、きれいに巻けているのに選手がはずしてしまったり、ハサミを入れてしまったりしているケースを見ます。アメフトやラグビーだから強めにがっちり巻くというのは昔の話です。競技場の条件(天然芝や人工芝)、天候(室外の雨)、けがの状況(再発予防、若干の痛みがある)など、同じ競技でもテーピングの方法は変えるものなのです。

ですから、けがの治り具合で徐々に軽いテーピングに変えていって、最後にテーピングをしないでプレーするように指導、見守っていくのもトレーナーの仕事と考えています。

本書では、スポーツ用のテーピング、運動後・生活用のテーピングと分けて解説していますが、実際に現場でテーピングをする場合には、併用つまり混ぜて使っていただいたほうが、より選手に合ったテーピングができると思います。

本の中では、あくまでも仮定の状況を想定してテーピングしています。実際には想定外のケースも出てくると思いますので、選手のけがの状況、筋力、動きのくせ、競技特性などを把握して、あなた自身のテーピング方法をしてもらえばいいのです。

スポーツテーピングは長時間やらないもので、試合や練習が終わったらなるべく早くはずすことはおわかりいただけたと思いますが、運動後・日常生活のテーピングでも、長い時間貼り続けることはあまりおすすめしません。できれば、お風呂に入ってテープが濡《ぬ》れてはがれやすくなったら、はがしてもらったほうが皮膚にはよいでしょう。毎日貼る場合は、貼らない時間を設けるとよいと思います。

いろいろな人にテーピングして、またはテーピングされて、自分独自のテーピングを会得していただければ幸いです。

齋藤　隆正

著者略歴

齋藤　隆正（さいとう たかまさ）

約30年に渡ってテープメーカー「ニチバン」に勤務。昭和56年、ニチバンがテーピングテープを販売開始時から、テープの品質改良、販売促進を担当。小学生から柔整師、医師まで幅広い層を対象に、独自のわかりやすいテーピングセミナーを年間30回全国各地で開催。また、インターハイ、国体などでテーピングの効果を理解してもらうためテーピングサービスをする一方、高校や大学などのチームに出向き、トレーナーにテーピング指導するなど啓蒙活動を実践。現在、専門学校のテーピング講師、テープメーカー、サポーターメーカーのアドバイザーとして、また地方団体のテーピングセミナー講師として活躍中。

著書、監修・指導書

『スポーツテーピング』（高橋書店）、『生活テーピングで体の痛みをとる』（宝島社）

モデル

高丘　真由（Takaoka Mayu）
Super Wing所属

永友　一成（Nagatomo Kazunari）
Super Wing所属

スタッフ

■写真撮影
国光義彦
■本文A.D.·DTP
HOP BOX(福井)
■イラスト
奥田志津男
風間康志
■執筆協力
杉本喜公
■編集協力
(株)文研ユニオン(間瀬)
■協力
ニチバン株式会社
■カバー撮影協力
日本大学アメリカンフットボール部

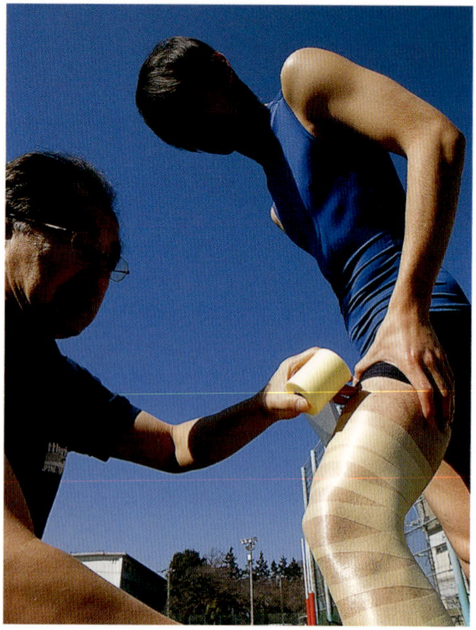

いちばんわかりやすい
テーピング 図解テクニック

2013年8月11日　発行
著　者　齋藤 隆正
発行者　佐藤 龍夫
発行所　株式会社**大泉書店**
住所·〒162-0805　東京都新宿区矢来町27
電話·(03)3260-4001(代)　FAX·(03)3260-4074
印　刷　株式会社東京印書館
製　本　株式会社明光社

落丁·乱丁本は小社にてお取り替えします。
本書の内容についてのご質問は、ハガキまたはFAXでお願いします。
URL http://www.oizumishoten.co.jp
ISBN 978-4-278-04690-8 C0075　R96